LES CLASSIQUES
DE L'HISTOIRE AU MOYEN ÂGE
continuation
des Classiques
de l'Histoire de France au Moyen Âge

FONDÉS PAR LOUIS HALPHEN
PUBLIÉS SOUS LA DIRECTION DE PHILIPPE DEPREUX
SOUS LE PATRONAGE DE L'ASSOCIATION GUILLAUME BUDÉ

58ᵉ volume

LES CLASSIQUES DE L'HISTOIRE AU MOYEN ÂGE

ANNALES DU ROYAUME DES FRANCS

Texte d'après l'édition de Friedrich Kurze,
traduction, notes et index,
sous la direction de
Michel Sot
Professeur émérite - Sorbonne Université

et

Christiane Veyrard-Cosme
Professeur - Université Sorbonne Nouvelle/CERAM-EA 173

– Volume II –

Les *Annales du royaume des Francs*
version longue (de 741 à 829)

Texte, traduction et notes

PARIS
LES BELLES LETTRES
2022

Texte établi d'après l'édition de Friedrich Kurze, MGH SS rer. Germ. 6.

Ouvrage réalisé avec la participation de Pierre-Yves Cauty, Caroline Chevalier-Royet, Sylvie Joye, Klaus Krönert, Jordi Pià-Comella, Enimie Rouquette, Sumi Shimahara, Jens Schneider, Anne-Flore Thiébaut-Georges et Claire Tignolet.

Conformément aux statuts de l'Association Guillaume Budé, ce volume a été soumis à l'approbation de la commission technique, qui a chargé MM. François Bougard & François Ploton-Nicollet d'en faire la révision et d'en surveiller la correction en collaboration avec Mme Christiane Veyrard-Cosme et M. Michel Sot.

www.lesbelleslettres.com

Retrouvez Les Belles Lettres sur Facebook et Twitter.

ISBN : 978-2-251-45313-2

Annales du royaume des Francs

Version longue (741-829)

ANNALES REGNI FRANCORUM
Annales qui dicuntur Einhardi

[741] DCCXLI. Hoc anno Karlus maior domus diem obiit, tres filios heredes relinquens, Carlomannum scilicet et Pippinum atque Grifonem. Quorum Grifo, qui ceteris minor natu erat, matrem habuit nomine Swanahildem, neptem Odilonis ducis Baioariorum. Haec illum maligno consilio ad spem totius regni concitauit, in tantum ut sine dilatione Laudunum ciuitatem occuparet ac bellum fratribus indiceret. Qui celeriter exercitu collecto Laudunum obsidentes fratrem in deditionem accipiunt atque inde ad regnum ordinandum ac prouincias quae post mortem patris a Francorum societate desciuerant reciperandas animos intendunt. Et ut in externa

1. Avec les éditeurs G. H. Pertz et F. Kurze, nous considérons que cette version longue est le texte complet des *Annales du royaume des Francs*. Comme eux, nous indiquons pour mémoire le titre *Annales d'Éginhard* qui leur a été longtemps donné. Ce texte a été transmis par la dernière et la plus abondante classe de manuscrits, la classe *E*. Il est composé, pour les années 741-801, de la partie des *Annales* révisée à partir de la version brève publiée dans le volume 1, et pour les années 801 à 829, de la continuation unique (Voir l'introduction dans le vol. I., p. XVII-XXIX).
2. Charles Martel (694-741), maire du palais d'Austrasie et de Neustrie, avait, à la suite de son père Pépin II, dit de Herstal

ANNALES DU ROYAUME DES FRANCS
Annales dites d'Éginhard[1]

741. Cette année-là, Charles, maire du palais, quitta ce monde, laissant pour héritiers trois fils, Carloman, Pépin et Grifon[2]. Grifon, le plus jeune d'entre eux, avait pour mère Swanahilde, nièce d'Odilon, duc des Bavarois[3]. Par ses conseils malintentionnés, elle éveilla en son fils l'espoir de s'emparer du royaume tout entier, au point qu'il prit sans délai possession de la cité de Laon et déclara la guerre à ses frères. Ces derniers, en hâte, réunirent une armée, assiégèrent Laon, reçurent la reddition de leur frère et, à partir de ce moment-là, ne pensèrent qu'à réorganiser le royaume et reprendre les provinces qui s'étaient dissociées des Francs

(† 714), imposé l'autorité de la famille des Pippinides à l'ensemble des pays francs ou soumis aux Francs. À sa mort, il partage son « royaume » entre les deux fils nés de Rotrude, sa première épouse : Carloman est maire du palais de 741 à 747 date à laquelle il embrasse la vie monastique ; Pépin (III), dit le Bref, est maire du palais en même temps que son frère Carloman de 741 à 746, puis seul jusqu'en 751, date à laquelle il est sacré roi des Francs. Cf. J. Jarnut, U. Nonn, M. Richter, M. Becher et W. Reinsch, *Karl Martel in seiner Zeit* (Beihefte der Francia, 37), Sigmaringen, 1994.

3. Grifon est le fils de Swanahilde, troisième épouse de Charles Martel, ramenée de Bavière lors d'une expédition en 725. Elle est parente du duc Odilon (736-748), sans que l'on sache à quel degré, et appartient donc à la grande famille des Agilolfings.

profecti domi omnia tuta dimitterent, Carlomannus Grifonem
sumens in Nouo-castello, quod iuxta Arduennam situm est,
custodiri fecit, in qua custodia usque ad tempus quo idem
Carlomannus Romam profectus est dicitur permansisse.

[742] DCCXLII. Carlomannus et Pippinus Francorum
regno potiti primo Aquitaniam recipere uolentes contra
Hunoldum, illius prouinciae ducem, cum exercitu eandem
Aquitaniam ingrediuntur ; et capto quodam castello, quod
Luccas uocatur, priusquam ex ea prouincia secederent,
regnum quod communiter habuerunt diuiserunt inter se in
loco qui uocatur Vetus-Pictauis. Eodemque anno, postquam
domum regressi sunt, Carlomannus Alamanniam, quae et
ipsa a Francorum societate defecerat, cum exercitu ingressus
ferro et igni uastauit.

[743] DCCXLIII. Carlomannus et Pippinus iunctis
copiis contra Odilonem ducem Baioariorum profecti sunt
proelioque commisso exercitum eius fuderunt. Et postquam inde reuersi sunt, Carlomannus solus in Saxoniam
profectus est et castrum, quod dicitur Hohseoburg, et in
eo Theodericum Saxonem, illius loci primarium, in deditionem accepit.

[744] DCCXLIIII. Item idem fratres Carlomannus et
Pippinus iuncta manu Saxoniam ingressi sunt praedic-
tumque Theodericum iterum in deditionem acceperunt.

[745] DCCXLV. Hoc anno Carlomannus, quod diu ante
praemeditatus est, patefecit fratri suo Pippino saecularem
conuersationem se uelle dimittere et habitu monachico Deo
seruire. Propter hoc dimissa expeditione anni praesentis ad
uota Carlomanni perficienda et iter illius disponendum

4. Il s'agit principalement de l'Aquitaine, de la Bavière et de
l'Alémanie, que les historiens, à la suite de K.F. Werner, appellent
des principautés périphériques. Le texte dit qu'elles faisaient partie
de la *societas Francorum* dont elles se sont retirées : c'est pourquoi nous traduisons par « dissociées des Francs ». On retrouve
la même expression *(societas Francorum)* à la fin de l'année 742
à propos de la dissidence des Alamans.

depuis la mort de leur père[4]. Et, pour qu'ils puissent partir en terre étrangère en ayant auparavant assuré la sécurité intérieure, Carloman se saisit de Grifon, le fit garder à Neufchâteau[5] situé dans les Ardennes où, dit-on, il demeura sous bonne garde jusqu'au temps où Carloman partit pour Rome.

742. Carloman et Pépin, ayant pris possession du royaume des Francs, voulurent en premier lieu reprendre l'Aquitaine contre Hunald, duc de cette province, et ils pénètrent dans la même Aquitaine avec une armée ; ils prirent le château appelé Loches[6] et, avant de se retirer de cette province, ils se partagèrent le royaume qu'ils tenaient ensemble, en un lieu appelé Vieux-Poitiers[7]. La même année, après leur retour chez eux, Carloman dévasta l'Alémanie qui s'était dissociée des Francs, par le fer et par le feu, après y être entré avec son armée.

743. Carloman et Pépin, après avoir joint leurs troupes, partirent en guerre contre Odilon, duc des Bavarois ; ils livrèrent bataille et mirent son armée en déroute. Et après leur retour, Carloman partit seul de son côté pour la Saxe, reçut la reddition du fort qu'on nomme Hohseoburg[8] et simultanément du Saxon Dietrich qui en avait le commandement.

744. De même, lesdits frères, Carloman et Pépin, joignirent leurs forces, pénétrèrent en Saxe et reçurent à nouveau la reddition du susdit Dietrich.

745. Cette année-là, Carloman s'ouvrit à son frère Pépin de sa volonté de renoncer à la vie du siècle et de servir Dieu en menant la vie monastique, ce à quoi il pensait depuis longtemps. Pour cette raison, Pépin renonça à la campagne de cette même année, tout à son désir d'accomplir les vœux

5. Neufchâteau, prov. de Luxembourg, ch.-l. d'arr., Belgique, au cœur des Ardennes belges.

6. Loches, dép. Indre et Loire, ch.-l. d'arr.

7. Vieux-Poitiers, au confluent de la Vienne et du Clain, aujourd'hui Naintré, dép. Vienne, arr. Châtellerault.

8. Hohseoburg, identifié avec Seeburg, à 12 kilomètres au sud-est d'Eisleben, Land de Saxe-Anhalt.

– nam Romam proficisci statuerat – et Pippinus uacabat, dans operam ut frater honorifice ac decenter illo quo desiderabat perueniret.

[746] DCCXLVI. Carlomannus Romam profectus dimissa saeculari gloria habitum mutauit et in monte Soracti monasterium in honorem sancti Siluestri aedificauit, ubi quondam tempore persecutionis quae sub Constantino imperatore facta est sanctus Siluester latuisse fertur. Ibique aliquandiu commoratus meliori consilio hoc loco dimisso ad monasterium sancti Benedicti in Samnio prouincia iuxta Casinum castrum constitutum Deo seruiturus uenit ibique monachicum habitum suscepit.

[747] DCCXLVII. Frater Carlomanni et Pippini, nomine Grifo, Pippino fratri suo subiectus esse nolens, quamquam sub illo honorifice uiueret, collecta manu in Saxoniam profugit collectoque Saxonum exercitu super fluuium Ouacra in loco qui dicitur Orheim consedit. Et Pippinus cum exercitu Francorum per Thuringiam profectus contra fratris dolos Saxoniam ingressus est conseditque super fluuium Missaha in loco qui uocatur Skahningi. Proelium tamen non est inter eos commissum, sed ex placito discesserunt.

[748] DCCXLVIII. Grifo Saxonum fidei diffidens Baioariam petiit et copiis, quae de Francia ad eum confluebant, ipsum ducatum in suam redegit potestatem,

9. Le mont Soracte est situé dans le Latium, à une quarantaine de kilomètres au Nord de Rome. Carloman y a fait construire un monastère consacré au pape Sylvestre Ier (314-335). Cf. *Liber pontificalis,* éd. L. Duchesne, vol. 1, Paris 1886, p. 170. Selon la *Vie de Sylvestre* le prêtre Sylvestre, qui allait devenir pape, aurait fui les persécutions de l'empereur Constantin, avant la conversion de ce dernier au christianisme.

10. Abbaye du Mont-Cassin (prov. de Frosinone, Latium), entre Rome et Naples, fondée par saint Benoît en 529.

de Carloman et de préparer le voyage de ce dernier qui avait en effet résolu de partir pour Rome ; et il veilla à ce que son frère, en route pour le lieu où il désirait se rendre, fût entouré des honneurs dignes de son rang.

746. Carloman partit pour Rome, abandonna la gloire du siècle, changea de mode de vie et fit édifier un monastère en l'honneur de saint Sylvestre sur le mont Soracte[9] où, à ce qu'on rapporte, le saint avait jadis trouvé refuge au temps de la persécution qui se produisit sous le règne de Constantin. Carloman, après y être resté quelque temps, prit une résolution encore meilleure et, après avoir quitté ce lieu, se rendit, pour servir Dieu, au monastère de saint Benoît situé près du fort du mont Cassin[10], dans la province du Samnium : et là il mena la vie de moine.

747. Le frère de Carloman et de Pépin, nommé Grifon, refusant d'être soumis à son frère Pépin, alors même que ce dernier le traitait avec honneur, leva une troupe et s'enfuit en Saxe. Là, ayant rassemblé une armée de Saxons, il s'installa sur l'Ocker en un lieu nommé Orheim[11]. Mais Pépin, voulant contrecarrer la traîtrise de son frère, traversa la Thuringe avec une armée de Francs et entra en Saxe pour s'installer, en un lieu appelé Schöningen[12], sur la Meissau. Toutefois, ils ne se livrèrent pas bataille mais quittèrent les lieux d'un commun accord.

748. Grifon, se défiant de la bonne foi des Saxons, gagna la Bavière puis, grâce aux troupes qui convergeaient de Francie vers lui, soumit à son pouvoir le duché, reçut

11. Orheim ou Ohrum, Land de Basse-Saxe, à environ 5 kilomètres au sud de Wolfenbüttel, sur l'Ocker, affluent de l'Aller, lui-même affluent de la Weser.

12. Schöningen, Land de Basse-Saxe, à une dizaine de kilomètres au sud de Helmstedt.

Tassilonem et Hiltrudem in deditionem accepit, Swithgerum ad auxilium sibi uenientem suscepit. Haec cum ad Pippinum perlata fuissent, cum maximo exercitu Baioariam profectus est fratremque suum Grifonem cum omnibus qui cum ipso uel ad ipsum uenerant cepit, Tassilonem in ducatum restituit domumque reuersus Grifonem more ducum duodecim comitatibus donauit. Sed ille tali beneficio contentus non erat, nam eodem anno ad Waifarium ducem Aquitaniae profugit.

[749] DCCXLVIIII. Burchardus Wirziburgensis episcopus et Folradus presbyter capellanus missi sunt Romam ad Zachariam papam ut consulerent pontificem de causa regum, qui illo tempore fuerunt in Francia, qui nomen tantum regis, sed nullam potestatem regiam habuerunt ; per quos praedictus pontifex mandauit melius esse illum uocari regem apud quem summa potestatis consisteret ; dataque auctoritate sua iussit Pippinum regem constitui.

13. Hiltrude, fille de Charles Martel, sœur des maires du palais franc Carloman et Pépin, avait épousé contre leur gré le duc Odilon de Bavière (mort au début de 748). Tassilon III (v. 742-v. 795), fils de Hiltrude, est alors âgé de six ans. Bien que Grifon ait tenté de profiter de cette situation, Pépin impose finalement le jeune Tassilon comme duc.

14. Swithger, comte du Nordgau.

15. Pépin constitue pour Grifon un duché. On peut penser qu'il est conçu comme une marche analogue à la marche de Bretagne qui réunissait douze comtés.

16. Waifre (744-768) a succédé à son père Hunald qui, vaincu en 742 et 745, avait été contraint par Carloman et Pépin de livrer des otages et de jurer fidélité. Il s'était retiré dans un monastère de l'île de Ré et son fils avait repris la lutte contre les maires du palais franc.

la reddition de Tassilon et de Hiltrude[13], et accueillit Swithger[14] qui venait à son aide.

Pépin, à l'annonce de ces faits, partit en Bavière avec une très grande armée, captura son frère Grifon, ainsi que tous ceux qui étaient venus avec lui et à lui, et rétablit Tassilon dans la charge ducale ; de retour chez lui, il gratifia Grifon, comme c'était l'usage pour les ducs, de douze comtés[15]. Mais Grifon ne se contentait pas d'un tel bienfait : la même année, il se réfugia auprès de Waifre, duc d'Aquitaine[16].

749. Burchard, évêque de Wurtzbourg[17], et Fulrad, prêtre et chapelain[18], furent envoyés à Rome auprès du pape Zacharie[19] pour consulter le pontife à propos des rois qu'il y avait alors en Francie et qui n'avaient que le titre de roi mais aucun pouvoir royal. Le susdit pontife fit savoir par ces envoyés, qu'il valait mieux appeler roi celui entre les mains duquel se trouvait la totalité du pouvoir et, en vertu de son autorité, il commanda de faire Pépin roi.

17. Burchard de Wurtzbourg (742-753), installé comme évêque par Boniface, est, comme ce dernier, un Saxon venu de Grande-Bretagne.

18. Fulrad, issu d'une grande famille d'Alsace, alliée en particulier à celle des Widonides, semble être venu très tôt à la cour, mais c'est avec cette mission à Rome, en 749, qu'il apparaît dans les sources comme membre éminent de la chapelle de Pépin. Il devient abbé de Saint-Denis en 750 et c'est lui qui, en 754, accueille le pape Étienne II venu sacrer Pépin et ses fils. Il reste abbé de Saint-Denis jusqu'à sa mort en 784.

19. Zacharie (741-752). Cet épisode d'une intervention du pape Zacharie, qui n'est pas évoqué dans le *Liber Pontificalis* romain, est peu crédible. Il semble bien faire partie d'une élaboration carolingienne de l'histoire à la fin du VIIIe s. destinée à renforcer l'importance du sacre pontifical par Étienne II en 754. (Cf. R. McKitterick, *Histoire et mémoire dans le monde carolingien,* Turnhout, 2009, p. 164-165).

[750] DCCL. Hoc anno secundum Romani pontificis sanctionem Pippinus rex Francorum appellatus est et ad huius dignitatem honoris unctus sacra unctione manu sanctae memoriae Bonifatii archiepiscopi et martyris et more Francorum eleuatus in solium regni in ciuitate Suessona. Hildericus uero, qui falso regis nomine fungebatur, tonso capite in monasterium missus est[a].

[751]

[752]

[753] DCCLIII. Hoc anno Pippinus rex cum exercitu magno Saxoniam ingressus est ; et quamuis Saxones ei obstinatissime resisterent, pulsi tamen cesserunt, et ipse usque ad locum qui dicitur Rimi, qui est super fluuium Wisuram, accessit. In qua expeditione Hildigarius archiepiscopus interfectus est in monte qui dicitur Iuburg. Reuertenti uero regi de Saxonia nuntius uenit de morte fratris sui Grifonis et a quo uel qualiter fuisset interfectus.

---

a. Karlus ab Italia regrediens dedicationem ecclesiae sancti Nazarii martyris et translationem corporis ipsius in monasterio nostro Lauresham celebrauit anno incarnationis Domini DCCLXXIIII die Kal. Septembr. *add.* C3, C4, C5.

20. Boniface (674-754), anglo-saxon évangélisateur de la Germanie, devint archevêque de Mayence et mourut martyr des Frisons en 754. Selon notre texte, c'est lui qui a procédé au premier sacre royal de Pépin III.

21. De fait, en novembre 751.

22. Childéric III, dernier des rois mérovingiens, avait été mis sur le trône en 743 par les maires du palais Carloman et Pépin, après que le trône fut resté vacant pendant quatre ans. En 751, il est relégué au monastère de Sithiu (Saint-Omer). Les manuscrits C3, 4 et 5 ajoutent ici : « Charles, à son retour d'Italie, célébra la dédicace de l'église du martyr saint Nazaire et la translation de son corps dans notre monastère de Lorsch, l'année 774 de l'Incarnation du Seigneur, le jour des calendes de septembre ».

750. Cette année-là, suivant la décision du pontife romain, Pépin fut appelé roi des Francs et, pour la dignité de cette charge, fut oint d'une onction sacrée par la main de Boniface[20], archevêque et martyr de sainte mémoire ; il fut élevé à la royauté selon la coutume des Francs, dans la cité de Soissons[21]. Quant à Childéric, qui fallacieusement portait le titre de roi, il fut tondu et envoyé dans un monastère[22].

[751].

[752][23].

753. Cette année-là, le roi Pépin envahit la Saxe avec une grande armée ; et les Saxons eurent beau opposer une résistance des plus opiniâtre, ils furent enfoncés ; et Pépin poussa jusqu'au lieu nommé Rehme, sur la Weser[24]. Dans cette expédition, l'archevêque Hildegaire[25] fut tué sur le mont nommé Iburg[26]. Alors que le roi revenait de Saxe, il reçut l'annonce de la mort de son frère Grifon, et apprit par qui et de quelle façon il avait été tué.

23. Aucun des manuscrits ne donne de notice pour les années 751 et 752. Il semble bien qu'elles n'ont jamais été écrites car la présentation du passage de la famille mérovingienne à la famille carolingienne (du « coup d'État » des maires du palais) était fort délicate pour un auteur au service des Carolingiens. La « continuation » de Frédégaire n'en parle pas non plus. Sur plusieurs manuscrits, un espace a été gardé pour inscrire plus tard les notices mais personne n'a osé le faire. Sur le blanc de ces deux années dans les manuscrits, voir H. Reimitz, « Der Weg zum Königtum in historiographischen Kompendien der Karolingerzeit », dans M. Becher et J. Jarnut éds., *Der Dynastiewechsel von 751...*, 2004, p. 283 et s.

24. Rehme, à quelques kilomètres au sud de Minden, Land de Rhénanie-du-Nord-Westphalie.

25. Hildegaire, archevêque de Cologne (750-753).

26. Iburg ou Iuburg : lieu fortifié proche de Bad-Driburg, Land de Rhénanie-du-Nord-Westphalie, à une quinzaine de kilomètres à l'est de Paderborn.

Eodem anno Stephanus papa uenit ad Pippinum regem in uilla, quae uocatur Carisiacus, suggerens ei ut se et Romanam ecclesiam ab infestatione Langobardorum defenderet. Venit et Carlomannus frater regis, iam monachus factus, iussu abbatis sui, ut apud fratrem suum precibus Romani pontificis obsisteret ; inuitus tamen hoc fecisse putatur quia nec ille abbatis sui iussa contempnere nec abbas ille praeceptis regis Langobardorum, qui ei hoc imperauit, audebat resistere.

[754] DCCLIIII. Stephanus papa, postquam a rege Pippino ecclesiae Romanae defensionis firmitatem accepit, ipsum sacra unctione ad regiae dignitatis honorem consecrauit et cum eo duos filios eius Karlum et Carlomannum ; mansitque hiberno tempore in Francia.

Eodem anno Bonifatius archiepiscopus Mogontiacensis in Frisia uerbum Dei praedicans a paganis interfectus martyrio coronatus est.

[755] DCCLV. Pippinus rex inuitante atque suggerente praedicto Romano pontifice propter iustitiam beati Petri apostoli a rege Langobardorum exigendam Italiam cum ualida manu ingreditur. Resistentibus Langobardis et claustra Italiae tuentibus ad ipsas montium clusas acerrime pugnatum est ; cedentibusque Langobardis omnes copiae Francorum quamuis difficilem uiam non magno labore superarunt.

27. Étienne II (752-757) est le premier pape à avoir franchi les Alpes. Menacé à Rome par les Lombards, il est venu en pays franc, au tout début de l'année 754 et, le 28 juillet à Saint-Denis, il a sacré roi Pépin, auquel il donne le titre de « patrice des Romains ». C'est en vertu de ce rôle de protecteur des Romains que Pépin intervient en Italie les années suivantes.

28. Quierzy-sur-Oise (dép. Aisne, arr. Laon) à 10 kilomètres à l'est de Noyon. En fait, Pépin a accueilli Étienne II à Ponthion (dép. Marne, arr. Vitry-le-François) le 6 janvier 754 (cf. Frédégaire,

En cette même année, le pape Étienne[27] vint trouver le roi Pépin dans le domaine appelé Quierzy[28], l'invitant à défendre sa personne et l'Église romaine contre les invasions des Lombards. Carloman, le frère du roi, désormais moine, vint aussi sur l'ordre de son abbé, afin de contrer, auprès de Pépin, les prières du pontife romain ; on pense toutefois qu'il entreprit cette démarche-là contre son gré, parce qu'il n'osait mépriser les ordres de son abbé, et que son abbé, pour sa part, n'osait résister aux commandements du roi des Lombards qui lui avait intimé cela[29].

754. Le pape Étienne, après avoir reçu du roi Pépin l'assurance qu'il défendrait l'Église romaine, le consacra par l'onction sacrée lui conférant la charge de la dignité royale, et il consacra avec lui ses deux fils, Charles et Carloman[30] ; et il passa l'hiver en Francie.

En cette même année, Boniface, archevêque de Mayence, qui prêchait la parole de Dieu en Frise, fut tué par les païens et reçut la couronne du martyre.

755. Le roi Pépin, à l'invitation et à la demande du susdit pontife romain, marcha sur l'Italie avec une puissante armée afin d'exiger du roi des Lombards le respect des droits du bienheureux apôtre Pierre. Mais comme les Lombards résistaient et tenaient les verrous de l'Italie, on combattit avec un très grand acharnement dans les cluses des montagnes ; les Lombards se repliant, toutes les troupes des Francs franchirent le passage pourtant difficile, sans trop de peine.

Chron., Cont., 36) puis l'a installé à Saint-Denis. En avril, lors d'une assemblée à Quierzy, Pépin a promis au pape d'intervenir en Italie et de lui remettre les territoires conquis.

29. Cette démarche de Carloman lui a valu d'être arrêté par son frère et enfermé dans un monastère à Vienne où il mourut : voir ci-après, a. 755.

30. Le 28 juillet 754.

Heistulfus uero rex Langobardorum manum conserere non ausus in ciuitate Papia a rege Pippino obsessus est ; qui ante obsidionem non soluit quam firmitatis causa pro reddenda sanctae Romanae ecclesiae iustitia obsides XL recepisset. Datis uero XL obsidibus promissisque iureiurando firmatis ipse quidem in regnum suum regressus est et Stephanum papam cum Folrado presbytero capellano et non minima Francorum manu Romam remisit.

Carlomannus autem monachus, frater regis, qui cum Berhtrada regina in Vienna ciuitate remansit, priusquam rex de Italia reuerteretur, febre correptus diem obiit ; cuius corpus iussu regis ad monasterium sancti Benedicti, in quo monachicum habitum susceperat, relatum est.

[756] DCCLVI. Heistulfus rex Langobardorum, quamquam anno superiore obsides dedisset et de reddenda sanctae Romanae ecclesiae iustitia tam se quam optimates suos iureiurando obstrinxisset, nihil de promissis opere compleuit. Propter hoc Pippinus rex iterum cum exercitu Italiam intrauit et Heistulfum in Papia ciuitate se includentem obsedit et obsidione ad impletionem promissorum suorum conpulit redditamque sibi Rauennam et Pentapolim et omnem exarchatum ad Rauennam pertinentem ad sanctum Petrum tradidit.

Atque his peractis in Galliam reuersus est. Heistulfus autem post abscessum eius, cum meditaretur quomodo sua promissa non tam impleret quam dolose ea quae impleta fuerant conmutaret, in uenatione de equo suo casu prolapsus

31. Aistulf, roi des Lombards (749-756), qui avait succédé à son frère Ratchis, reprit une politique offensive contre les Byzantins et contre Rome, raison pour laquelle le pape Étienne II fit appel au roi Pépin.

32. Bertrade ou Berthe est la mère de Charlemagne, connue dans la littérature épique sous le nom de Berthe aux grands pieds. Elle avait épousé Pépin III en 733 et elle mourut en 783.

33. Au Mont-Cassin.

34. L'exarchat de Ravenne regroupe, sous le commandement d'un exarque résidant à Ravenne, le reste de possessions

Aistulf, roi des Lombards[31], qui n'avait pas osé engager le combat, fut assiégé dans la cité de Pavie par le roi Pépin qui refusa de lever le siège avant d'avoir reçu quarante otages pour garantir que les possessions enlevées à la sainte Église romaine seraient restaurées dans ses droits. Les quarante otages lui furent donnés et les promesses furent garanties par serment ; Pépin retourna dans son royaume et renvoya à Rome le pape Étienne avec le prêtre et chapelain Fulrad, qu'accompagnait une importante troupe franque.

Le moine Carloman, frère du roi, qui avait fait halte en la cité de Vienne avec la reine Bertrade[32], fut pris de fièvre avant que le roi ne rentrât d'Italie et il quitta ce monde. Sur l'ordre du roi, son corps fut rapporté au monastère de saint Benoît[33] où il avait pris l'habit monastique.

756. Aistulf, roi des Lombards, alors même qu'il avait, l'année précédente, donné des otages et engagé aussi bien sa personne que ses grands en promettant par serment de rendre ses droits à la sainte Église de Rome, ne mit à exécution aucune de ses promesses. C'est pourquoi le roi Pépin entra une seconde fois en Italie avec son armée, assiégea dans la cité de Pavie Aistulf qui s'y était enfermé et, l'assiégeant, le contraignit à tenir ses promesses ; s'étant fait restituer Ravenne, la Pentapole et tout ce qui faisait partie de l'exarchat de Ravenne[34], il les remit à saint Pierre[35].

Après quoi, il retourna en Gaule. Mais Aistulf qui, après son départ, méditait de quelle manière il pourrait, non pas tant remplir ses engagements que détourner artificiellement ceux qui l'avaient déjà été, tomba accidentellement de cheval lors d'une chasse, en contracta une maladie et mourut

byzantines en Italie après l'installation des Lombards. Il est divisé en duchés dont celui de la Pentapole réunissant en particulier les cités de Rimini, Pesaro, Fano, Sinigaglia et Ancône.

35. C'est l'origine du Patrimoine de saint Pierre qui deviendra les États de l'Église.

est ; atque ex hoc aegritudine contracta intra paucos dies
uiuendi terminum fecit. Cui Desiderius, qui comes stabuli
eius erat, successit in regnum.

[757] DCCLVII. Constantinus imperator misit Pippino
regi multa munera, inter quae et organum ; quae ad eum
in Conpendio uilla peruenerunt, ubi tunc populi sui generalem conuentum habuit. Illuc et Tassilo dux Baioariorum
cum primoribus gentis suae uenit et more Francico in manus
regis in uassaticum manibus suis semetipsum commendauit
fidelitatemque tam ipso regi Pippino quam filiis eius Karlo
et Carlomanno iureiurando supra corpus sancti Dionysii
promisit ; et non solum ibi, sed etiam super corpus sancti
Martini et sancti Germani simili sacramento fidem se praedictis dominis suis diebus uitae suae seruaturum est pollicitus.
Similiter et omnes primores ac maiores natu Baioarii, qui cum
eo in praesentiam regis peruenerant, fidem se regi et filiis
eius seruaturos in praedictis uenerabilibus locis promiserunt.

[758] DCCLVIII. Pippinus rex cum exercitu Saxoniam
adgressus est ; et quamuis Saxonibus ualidissime resistentibus et munitiones suas tuentibus, pulsis proelio propugna-
toribus per ipsum, quo patriam defendere conabantur, uallum
intrauit. Commissisque passim proeliis plurimam ex ipsis
multitudinem cecidit coegitque ut promitterent se omnem
uoluntatem illius esse facturos et annis singulis honoris causa
ad generalem conuentum equos CCC pro munere daturos.
His ita compositis et more Saxonico, ut rata esse deberent,
confirmatis in Galliam sese cum exercitu suo recepit.

36. Didier, dernier roi des Lombards (756-774), n'est pas
le fils de son prédécesseur Aistulf, mort sans enfants.

37. Constantin V, 741-775.

38. Le terme *placitum* (plaid) qui désignait l'assemblée
des grands autour du roi dans la version brève des *Annales*
est le plus souvent remplacé par *conuentus* ou *concilium* dans
la version révisée.

39. Voir ci-dessus, a. 748.

en très peu de jours. Didier[36], qui était son connétable, lui succéda à la tête du royaume.

757. L'empereur Constantin[37] envoya au roi Pépin nombre de cadeaux et, entre autres, un orgue ; ces dons lui parvinrent au domaine de Compiègne, où se tenait alors l'assemblée générale de son peuple[38]. C'est là que Tassilon, duc des Bavarois[39], se rendit avec les grands de sa nation et, selon l'usage franc, se recommanda en mettant ses mains dans celles du roi en qualité de vassal, et jura fidélité sur le corps de saint Denis, non seulement au roi Pépin lui-même, mais aussi à ses fils Charles et Carloman. Ce ne fut pas seulement là qu'il s'engagea par un tel serment à conserver sa fidélité envers ses seigneurs susdits tout au long de sa vie ; il le fit aussi sur le corps de saint Martin et celui de saint Germain. De même, tous les Bavarois les plus importants et de haute naissance[40] qui étaient venus avec Tassilon en présence du roi promirent aussi fidélité au roi ainsi qu'à ses fils, dans les susdits lieux de vénération.

758. Le roi Pépin, avec une armée, attaqua la Saxe et, malgré la force avec laquelle les Saxons résistaient et tenaient leurs fortifications, après avoir mis en fuite leurs défenses avancées, franchit, pour y pénétrer, le retranchement par lequel ils tentaient de défendre leur patrie[41]. Après avoir engagé divers combats, il tailla en pièces une grande partie des Saxons, les força à lui promettre d'agir en tout point conformément à sa volonté et de remettre chaque année, en signe de déférence, lors de l'assemblée générale, trois cents chevaux à titre de don. Une fois ces dispositions établies et entérinées comme elles devaient l'être selon l'usage saxon, il revint en Gaule avec son armée.

---

40. *Maiores natu* renvoie plutôt à l'âge en latin classique (« les aînés » ou les « anciens »). L'expression désigne ici le rang social le plus élevé.

41. Le texte des *Annales* non révisées indique que le lieu de ce retranchement était Sythen, aujourd'hui partie de l'agglomération de Haltern-am-See, Land de Rhénanie-du-Nord-Westphalie, à environ 35 kilomètres au sud-est de Münster.

[759] DCCLVIIII. Natus est Pippino regi filius quem suo nomine Pippinum uocari uoluit. Sed puer inmatura morte praeuentus tertio post natiuitatem suam anno decessit.

Hoc anno celebrauit rex natalem Domini in Lonclare et pascha in Iopila ; neque extra regni sui terminos aliquod iter fecit.

[760] DCCLX. Waifarius dux Aquitaniae, cum res quae in sua potestate erant et ad ecclesias sub manu Pippini regis constitutas pertinebant rectoribus ipsorum uenerabilium locorum reddere noluisset ipsumque regem pro his se per legatos suos commonentem audire contemneret, contumacia sua ad suscipiendum contra se bellum concitauit. Nam rex contractis undique copiis Aquitaniam ingressus bello se res et iustitias ecclesiarum exacturum pronuntiauit.

Cumque in loco, qui Tedoad uocatur, positis castris consedisset, Waifarius bello certare non ausus missa ad regem legatione spondet se imperata facturum, ecclesiarum iustitias redditurum, obsides qui imperarentur daturum ; dedit etiam duos de primoribus gentis, Adalgarium et Itherium. Et hoc facto commotum contra se regis animum adeo mitigauit ut statim bello desisteret. Nam acceptis obsidibus qui ad fidem promissionibus faciendam dati sunt rex bello abstinuit domumque reuersus dimisso exercitu in uilla Carisiaco hiemauit in qua et natalem Domini et pascha celebrauit.

---

42. Longlier, com. de Neufchâteau, prov. Luxembourg, Belgique.

43. Jupille, en aval de Liège, sur la rive droite de la Meuse, au pied de la colline de Chèvremont, fait aujourd'hui partie de l'agglomération de Liège.

44. Voir ci-dessus, a. 748.

45. L'intervention de Pépin est justifiée par la protection qu'il accorde aux églises franques qui avaient reçu, en Aquitaine, des biens dont Waifre s'était emparé.

759. Il naquit au roi Pépin un fils qu'il voulut appeler de son propre nom, Pépin. Mais l'enfant, enlevé par une mort prématurée, s'en alla en sa troisième année.

Cette année-là, le roi célébra la Naissance du Seigneur à Longlier[42] et Pâques à Jupille[43] ; il ne se rendit pas au-delà des limites de son royaume.

760. Comme le duc d'Aquitaine Waifre[44] avait refusé de rendre aux recteurs de ces lieux vénérables les biens qui étaient en sa possession et qui appartenaient aux églises relevant du roi Pépin, et comme il dédaignait d'écouter ledit roi qui l'admonestait sur ces faits par l'intermédiaire de ses légats, son obstination folle suscita contre lui le déclenchement de la guerre[45]. Le roi, ayant de toutes parts réuni des troupes, entra en Aquitaine et déclara publiquement qu'il rendrait aux églises, par la force armée, leurs biens et leurs droits.

Comme Pépin avait établi son camp en un lieu que l'on appelle *Tedoad*[46], Waifre, n'osant en découdre militairement, envoya une légation auprès du roi et promit qu'il exécuterait les ordres qu'on lui donnerait, qu'il rendrait leurs droits aux églises et livrerait les otages qu'on lui enjoindrait de livrer. Il livra deux des grands de son peuple, Adalgaire et Ithier. Et par ce geste, il apaisa si bien l'esprit du roi, courroucé contre lui, que ce dernier renonça immédiatement à la guerre. Après avoir accepté les otages qu'on lui livrait en gage de l'exécution des promesses, le roi s'abstint d'entreprendre la guerre, rentra chez lui, renvoya l'armée et passa l'hiver dans le domaine de Quierzy, où il célébra et la Naissance du Seigneur, et Pâques.

---

46. Ce *Tedoad* doit être situé en Auvergne. Il s'agit probablement de Doyet, dép. Allier, arr. Montmarault selon M. Rouche, *L'Aquitaine des Wisigoths aux Arabes (418-781), Naissance d'une région*, Paris, 1979, p. 523, n. 76, qui récuse une autre identification possible : Doué-la-Fontaine (*Teodadum*, cf. a. 814).

[761] DCCLXI. Waifarius dux, quamquam obsides dedisset, sacramenta iurasset, satius tamen ratus si de inlato sibi anno superiore bello ultionem exigeret, exercitum suum qui Francorum possessiones popularetur usque ad Cabillonem ciuitatem fecit accedere. Quod cum Pippino regi generalem conuentum agenti in uilla Duria fuisset nuntiatum, coactis undique auxiliis cum magno belli apparatu Aquitaniam ingressus quaedam oppida atque castella manu cepit ; in quibus praecipua fuere Burbonis, Cantilla, Clarmontis. Quaedam se uictori ultro dediderunt, maximeque Aruernorum castella, quae tunc bello premebantur. Rex tamen cuncta, quae extra munitiones inuenit, ferro et igni deuastans, postquam ad Limouicas oppidum uenit, reuersus est et in uilla Carisiaco hibernis habitis natalem Domini ac pascha celebrauit. In hac expeditione fuit cum rege filius eius primogenitus Karlus ad quem post patris obitum totius imperii summa conuersa est.

[762] DCCLXII. Pippinus rex suscepto a se bello finem inponere cupiens iterum Aquitanicam prouinciam cum magnis copiis intrat, captisque Biturica ciuitate et castello Toarcis reuertitur. Hiemauitque in uilla Gentiliaco atque in ea natalem Domini ac paschalis festi sollemnia celebrauit.

[763] DCCLXIII. Redeunte anni congruo tempore conuentu in Niuernis habito et contractis undique copiis rex Pippinus Aquitaniam repetit et omnia quae extra munitiones erant ferro et igni depopulatus usque ad Cadurciam

---

47. Aujourd'hui Chalon-sur-Saône, ch.-l. dép. Saône-et-Loire.
48. Düren, Land de Rhénanie-du-Nord-Westphalie, entre Aix-la-Chapelle et Cologne.
49. Bourbon-l'Archambault, dép. Allier, arr. Moulins ; Chantelle, dép. Allier, arr. Ganat ; Clermont, ch.-l. dép. Puy-de-Dôme.
50. Le futur Charlemagne.

761. Le duc Waifre, bien qu'il eût donné des otages et prêté serment, ayant estimé fort satisfaisant de tirer vengeance de la guerre qui avait été portée contre lui l'année précédente, fit avancer son armée, pour ravager les possessions des Francs, jusqu'à la cité de Chalon[47]. Quand on eut annoncé la nouvelle au roi Pépin qui tenait alors l'assemblée générale dans le domaine de Düren[48], ce dernier fit venir de toutes parts des troupes de secours, puis entra en Aquitaine en grand appareil de guerre et s'empara par la force d'un certain nombre de places et de châteaux, notamment et entre autres, Bourbon, Chantelle et Clermont[49]. Certains se livrèrent d'eux-mêmes au vainqueur, tout particulièrement les châteaux des Arvernes que le poids de la guerre écrasait alors. Le roi pourtant dévasta par le fer et par le feu tous les espaces hors des lieux fortifiés, puis, après être arrivé à la place de Limoges, s'en retourna ; et, ayant pris ses quartiers d'hiver au domaine de Quierzy, il y célébra la Naissance du Seigneur et Pâques. Dans cette expédition, il y avait, pour accompagner le roi, son fils premier-né, Charles[50], lequel, après la disparition de son père, reçut la totalité du pouvoir suprême.

762. Le roi Pépin, désirant mettre fin à la guerre qu'il avait entreprise, entre de nouveau dans la province d'Aquitaine avec de grandes troupes et s'en revient, après la prise de la cité de Bourges et celle du château de Thouars[51]. Il passa l'hiver dans le domaine de Gentilly[52] et c'est là qu'il célébra la Naissance du Seigneur et les solennités des fêtes pascales.

763. Au retour du moment propice de l'année, l'assemblée eut lieu à Nevers et, avec des troupes regroupées de toutes parts, le roi Pépin gagne de nouveau l'Aquitaine et, après avoir ravagé par le fer et par le feu tous les espaces hors des lieux fortifiés, il poussa jusqu'à la place de Cahors. De là, pour rentrer en Francie avec son armée entière, il

---

51. Thouars, dép. Deux-Sèvres, arr. Bressuire.
52. Tout près de Paris, au sud, sur la Bièvre.

oppidum accessit. Inde cum integro exercitu in Franciam se recepturus per Lemouicam regreditur. De qua expeditione Tassilo Baioariae dux aegritudine per dolum simulata patriam reuersus est firmatoque ad defectionem animo ad regis conspectum ulterius se uenturum abiurauit.

Rex dimisso in hiberna exercitu ad hiemandum in uilla Lonclare consedit atque ibi natalem Domini ac pascha celebrauit. Facta est autem eo tempore tam ualida atque aspera hiems ut inmanitate frigoris nullae praeteritorum annorum hiemi uideretur posse conferri.

[764] DCCLXIIII. Rex Pippinus distracto in diuersa animo propter duo bella, Aquitanicum iam olim susceptum et Baioaricum propter Tassilonis ducis defectionem suscipiendum, populi sui generalem conuentum habuit in Wormacia ciuitate. Dilataque in futurum expeditione illo anno domi se continuit. Hiemauitque in uilla Carisiaco atque in ea natalem Domini et sanctum paschalis festi sollemne celebrauit.

Eclipsis solis facta est II. Non. Iun. hora sexta.

[765] DCCLXV. Hoc anno rex Pippinus domi se continuit neque propter Aquitanicum bellum quamuis nondum finitum regni sui terminos egressus est sed generalem populi sui conuentum in Attiniaco uilla, hiberna Aquisgrani habuit ubi et natalem Domini et pascha celebrauit.

[766] DCCLXVI. Pippinus rex propter conficiendum Aquitanicum bellum conuentu Aurelianis habito in Aquitaniam profectus destructum a Waifario Argentomagum castrum reaedificat dispositoque ibi necnon et in Biturica ciuitate Francorum praesidio regreditur natalemque Domini Salmontiaci, pascha uero Gentiliaci celebrauit.

---

53. Nous traduisons *domi* par « chez lui », c'est-à-dire en pays franc, par opposition à *foris* qui désigne les régions soumises ou à soumettre (Aquitaine et Bavière en particulier).

54. Attigny, dép. Ardennes, arr. Vouziers.

repasse par Limoges. De cette expédition se retira Tassilon, le duc de Bavière qui, simulant par ruse la maladie, rentra dans sa patrie et, après avoir conforté son esprit dans la volonté de faire défection, abjura son serment de revenir plus tard en présence au roi.

Le roi renvoya son armée pour l'hiver, alla passer cette saison dans le domaine de Longlier et y célébra la Naissance du Seigneur et Pâques. Cette année-là, l'hiver fut si rigoureux et si rude qu'il ne semble pas pouvoir être comparé aux hivers des années précédentes pour l'intensité de sa froidure.

764. Le roi Pépin, l'esprit tiraillé en sens contraires à cause des deux guerres, l'une déjà entreprise naguère contre l'Aquitaine, et l'autre à entreprendre contre la Bavière en raison de la défection du duc Tassilon, tint l'assemblée générale de son peuple dans la cité de Worms. Il différa son expédition et demeura chez lui[53] cette année-là. Il passa l'hiver dans le domaine de Quierzy et y célébra la Naissance du Seigneur et la sainte fête de Pâques.

Une éclipse de soleil se produisit le 2 des nones de juin (4 juin), à la sixième heure.

765. Cette année-là, le roi Pépin demeura chez lui et ne sortit pas des limites de son royaume, pas même pour mener la guerre d'Aquitaine bien qu'elle ne fût pas encore finie, mais il tint l'assemblée générale de son peuple dans le domaine d'Attigny[54] et passa l'hiver à Aix où il célébra la Naissance du Seigneur et Pâques.

766. Le roi Pépin, pour terminer la guerre d'Aquitaine, après avoir tenu l'assemblée à Orléans, part en Aquitaine, fait rebâtir le fort d'Argenton[55] qui avait été détruit par Waifre et, après avoir mis en place une garnison de Francs à cet endroit ainsi que dans la cité de Bourges, il revient célébrer la Naissance du Seigneur à Samoussy[56] et Pâques à Gentilly.

---

55. Argenton-sur-Creuse, dép. Indre, arr. Châteauroux.
56. Samoussy, dép. Aisne, arr. Laon.

[767] DCCLXVII. Orta quaestione de sancta Trinitate et de sanctorum imaginibus inter orientalem et occidentalem ecclesiam, id est Romanos et Grecos, rex Pippinus conuentu in Gentiliaco uilla congregato synodum de ipsa quaestione habuit. Eoque peracto ad bellum praedictum conficiendum post natalem Domini in Aquitaniam proficiscitur et per Narbonam iter agens Tolosam adgressus cepit, Albiensem et Gauuldanum pagos in deditionem accepit. Et Viennam reuersus, postquam ibi et paschalis festi sacra peregit et exercitum a labore refecit, iam prope aestate confecta mense Augusto ad reliquias belli profectus est ; et Bituricam ueniens conuentum more Francico in campo egit. Indeque ad Garonnam fluuium accedens castella multa et petras atque speluncas, in quibus se hostium manus plurima defendebat, cepit ; inter quae praecipua fuere Scoralia, Torinna et Petrocia. Reuersusque Bituricam exercitum in hiberna dimisit, ipse ibi considens natalem Domini celebrauit. Eo anno Paulus papa Romanus defunctus est, cuius rei nuntius ibi ad regem peruenit.

[768] DCCLXVIII. Rex Pippinus, cum primum ad bellum gerendum tempus congruum esse uideret, euocato undique exercitu, ad Santonicam ciuitatem contendit. Captoque in itinere Rimistaino, cum ad urbem praedictam uenisset, mater et soror et neptes Waifarii ducis ad conspectum eius adductae

---

57. La Trinité divine est au cœur du christianisme : un seul dieu en trois personnes, le Père, le Fils et le Saint-Esprit. Sa définition théologique a donné lieu à de nombreux débats. La question des images est posée en Orient par ce que l'on appelle souvent l'iconoclasme (la destruction des images) : les empereurs ont interdit les images du Christ et des saints à partir de 725. Le motif théologique est que le culte qui leur était rendu tenait de l'idolâtrie et que la représentation figurée, du Christ en particulier, ne pouvait rendre compte que de sa personne humaine et non de sa personne divine. Les évêques francs ont débattu de ces questions au synode de Gentilly.

58. Le rédacteur emploie ici deux mots pour désigner l'assemblée de Gentilly : *conuentus* que nous traduisons par « assemblée » et *synodus* que nous traduisons aussi habituellement par

767. Comme une controverse était née, à propos de la sainte Trinité et des images des saints, entre l'Église d'Orient et l'Église d'Occident, c'est-à-dire entre les Romains et les Grecs[57], le roi Pépin, après avoir réuni l'assemblée dans le domaine de Gentilly, y tint un synode sur cette controverse[58]. Une fois le synode terminé, pour achever la susdite guerre, il part, après la Naissance du Seigneur, en Aquitaine et, passant par Narbonne, attaqua Toulouse qu'il prit avant de recevoir la reddition des *pagi* d'Albi et du Gévaudan[59]. De retour à Vienne, après y avoir également assisté à la sainte fête de Pâques et avoir accordé du repos à son armée, alors que l'été était déjà bien avancé – on était au mois d'août – il partit pour achever la guerre. Il arriva à Bourges et y tint une assemblée, à l'extérieur, selon la coutume franque. De là, il s'avança jusqu'à la Garonne et prit plusieurs châteaux, rocs et cavernes, dans lesquels d'importantes forces ennemies se retranchaient. Les plus importants étaient Escorailles, Turenne et Peyrusse[60]. Revenu à Bourges, le roi renvoya son armée pour l'hiver, lui-même restant dans cette cité où il célébra la Naissance du Seigneur. Cette année-là mourut le pape romain Paul[61] ; la nouvelle en parvint au roi à Bourges.

768. Le roi Pépin, dès qu'il vit que le moment était propice pour reprendre la guerre, convoqua de toutes parts son armée et prit la direction de la cité de Saintes. En chemin, il captura Rémistan[62] et, après son arrivée dans la ville susdite, la mère, la sœur et les nièces du duc Waifre furent amenées devant lui. Après les avoir reçues avec déférence,

« assemblée » mais que nous traduisons ici exceptionnellement par « synode » puisqu'il est consacré à des questions théologiques.

59. Le Gévaudan, évêché de Mende, correspond à peu près au département actuel de la Lozère.

60. Escorailles, dép. Cantal, arr. Mauriac ; Turenne, dép. Corrèze, arr. Brives ; Peyrusse, dép. Aveyron, arr. Villefranche.

61. Paul Ier (757-767).

62. Rémistan, fils du duc Eudes et oncle de Waifre.

sunt. Quas cum pie susceptas seruari iussisset, ad Garonnam fluium proficiscitur, ubi ei Erowicus cum alia praedicti ducis sorore occurrit in loco, qui Montes uocatur, seque et illam regi tradidit. Rebus igitur aliquot prospere gestis rex reuertitur et in castello, quod dicitur Sels, pascha celebrauit.

Adsumptaque secum uxore atque familia sua iterum ad urbem Santonicam uenit ; dimissaque ibi uxore et familia, cum omnibus copiis ad persequendum Waifarium ducem animum intendit nec prius destitit quam aut caperet aut interficeret rebellantem. Interfecto igitur duce Waifario in territorio Petragorico confectoque, ut sibi uidebatur, Aquitanico bello Santonas reuersus est.

Cumque ibi aliquantum temporis moraretur, aegritudine decubuit ; in ipsa tamen ualitudine Turonos delatus apud sancti Martini memoriam orauit. Inde cum ad Parisios uenisset, VIII. Kal. Oct. diem obiit. Cuius corpus in basilica beati Dionysii martyris humatum est. Filii uero eius Karlus et Carlomannus consensu omnium Francorum reges creati, et Karlus in Nouiomo ciuitate, Carlomannus in Suessona insignia regni susceperunt. Karlusque, qui maior natu erat, Aquasgrani profectus ibi natalem Domini et in Ratumago ciuitate pascha celebrauit.

[769] DCCLXVIIII. Postquam hi duo fratres patri succedentes regnum inter se partiti sunt, Aquitania prouincia, quae in sortem maioris natu Karli regis cesserat, remanentibus in ea transacti belli reliquiis, conquiescere non potuit. Nam Hunoldus quidam regnum adfectans prouincialium animos ad noua molienda concitauit. Contra quem ipse, cui eadem

63. Érowic est probablement l'époux de l'autre sœur de Waifre.

64. Peut-être Montguyon, Montlieu-la-garde ou Montendre, aujourd'hui réunis en un canton de Trois-Monts (Charente-Maritime).

65. Sels, aujourd'hui Chantoceaux, sur la Loire, dép. Maine et Loire, arr. Cholet.

66. *Familia* désigne l'entourage du roi.

67. Le 7 des ides d'octobre (9 octobre), précise la version brève des *Annales* (cf. vol. 1, p. 17).

il donna l'ordre de les placer sous bonne garde, puis il part en direction de la Garonne, quand Érowic[63], accompagné de l'autre sœur du duc, vient à lui au lieu appelé Monts[64] et remit en son pouvoir sa propre personne et cette sœur de Waifre. Après un certain nombre de succès donc, le roi s'en retourne et il célébra Pâques au château nommé Sels[65].

Il prit ensuite avec lui sa femme et sa famille[66] et vint une nouvelle fois dans la ville de Saintes ; après avoir laissé là sa femme et sa famille, il consacra toute son énergie à poursuivre, avec l'ensemble de ses troupes, le duc Waifre, et il refusa de s'arrêter avant d'avoir ou capturé ou tué le rebelle. Le duc Waifre fut donc tué dans le *pagus* de Périgueux et, une fois la guerre d'Aquitaine bel et bien terminée à ses yeux, le roi revint à Saintes.

Il y demeura quelque temps et tomba malade ; dans cet état toutefois, il fut transporté à Tours, au tombeau de saint Martin, et y pria. De là il s'en vint à Paris, où il mourut le 8 des calendes d'octobre (24 septembre). Son corps fut inhumé dans la basilique du bienheureux martyr Denis. Ses fils Charles et Carloman furent faits rois par le consentement unanime des Francs et ils reçurent les insignes de la royauté, Charles dans la cité de Noyon[67], Carloman dans celle de Soissons. Charles, qui était l'aîné, partit pour Aix ; il y célébra la Naissance du Seigneur et célébra Pâques[68] à Rouen.

769. Après que les deux frères, succédant à leur père, se furent réparti le royaume, la province d'Aquitaine, que le sort avait attribuée à l'aîné, le roi Charles, ne put demeurer en repos, en raison des séquelles de conflit qui persistaient en elle. Un certain Hunald[69], aspirant au pouvoir royal, excita l'esprit des habitants de la province à ourdir de nouvelles rébellions. Contre lui, le roi Charles, à qui cette province était échue en

68. 2 avril 769. Le rédacteur place dans la notice 768 les deux fêtes de Pâques de 768 et de 769.
69. Hunald (II), probablement fils de Waifre.

prouincia sorte obuenerat, rex Karlus cum exercitu profectus
est. Sed cum fratris auxilium habere non posset, qui procerum
suorum prauo consilio ne id faceret inpediebatur, conloquio
tantum cum eo habito in loco, qui Duasdiues uocatur, fratre in
regnum suum remeante ille Egolisenam Aquitaniae ciuitatem
proficiscitur et inde contractis undique copiis fugientem
Hunoldum persequitur ; paulumque abfuit quin caperet.
Sed ille notitia locorum, in quibus regis exercitum latere
poterat, liberatus est dimissaque Aquitania Wasconiam petiit,
tutum se ibi fore arbitratus. Erat tunc Wasconum dux Lupus
nomine, cuius fidei se Hunoldus committere non dubitauit.
Ad quem rex missa legatione iubet sibi perfugam reddi, ea
conditione mandata, si dicto audiens sibi non fuisset, sciret se
bello Wasconiam ingressurum neque inde prius digressurum
quam illius inoboedientiae finem inponeret. Lupus minis regis
perterritus Hunoldum et uxorem eius sine cunctatione reddidit,
se quoque, quaecumque imperarentur, facturum spopondit.
At rex, donec legati, quos miserat, reuerterentur, castellum
quoddam iuxta Dornoniam fluuium uocabulo Fronciacum
aedificat. Reuersis igitur legatis, reducto perfuga, aedificato
castello in regnum suum regreditur ; celebrauitque natalem
Domini in uilla Duria et pascha apud sanctum Lantbertum
in uico Leodico.

[770] DCCLXX. Domnus Karlus rex habuit populi sui
conuentum generalem in Wormacia ciuitate. Berhtrada uero,
mater regum, cum Carlomanno minore filio apud Salusiam
locuta pacis causa in Italiam proficiscitur peractoque, propter

70. Au confluent de deux bras de la Dive, aujourd'hui
Moncontour, dép. Vienne, arr. Châtellerault.
71. Nous traduisons *Wasconia* par Vasconie et *Wascones*
par Vascons parce que la langue, à cette époque, ne distingue
pas les Gascons des Basques. Hunald s'est enfui au sud de
la Garonne qui sépare l'Aquitaine de la Vasconie, d'où le duc
Loup le renvoie au roi (cf. R. Collins, *The Basques*, Oxford, 1990
(1986), p. 110-112).

partage, marcha avec une armée. Mais, comme il ne pouvait obtenir l'aide de son frère qui en était empêché par les mauvais conseils de ses grands, il eut avec lui un entretien sur ce point en un lieu appelé Deux-Dives[70] ; tandis que son frère retournait dans son royaume, Charles part pour Angoulême, cité d'Aquitaine, y rassemble de toutes parts des troupes et poursuit Hunald en fuite ; peu s'en fallut qu'il ne le prît ! De fait, Hunald dut la liberté à sa connaissance des lieux où il pouvait se cacher de l'armée du roi. Il quitta l'Aquitaine et gagna la Vasconie[71] pensant y être à l'avenir en sécurité. Le duc des Vascons était alors un nommé Loup, en la confiance duquel Hunald n'hésita pas à se remettre. Le roi lui envoie une légation pour lui ordonner de lui livrer le transfuge, l'avertissant que, s'il ne se soumettait pas à cette injonction, il devait savoir que lui entrerait militairement en Vasconie et n'en sortirait qu'après avoir imposé fin à sa désobéissance. Loup, terrifié par les menaces du roi, livra sans délai Hunald et son épouse, et promit aussi d'exécuter tout ordre qui lui serait donné. Le roi, en attendant le retour des légats qu'il avait envoyés, fait édifier un château appelé Fronsac[72], au bord de la Dordogne. Après le retour des légats, une fois le transfuge ramené et le château édifié, il regagne son royaume et il célébra la Naissance du Seigneur dans le domaine de Düren et Pâques auprès de saint Lambert dans l'agglomération de Liège[73].

770. Le seigneur roi Charles tint l'assemblée générale de son peuple dans la cité de Worms. Bertrade, la mère des rois, eut un entretien à Seltz[74] avec Carloman, son plus jeune fils, pour l'engager à la paix, et elle part pour l'Italie. Après avoir conclu l'affaire pour laquelle elle était partie[75]

---

72. Fronsac, dép. Gironde, arr. Libourne.

73. Nous traduisons ici *uicus* par « agglomération ». Le texte non révisé précisait *uicus publicus* (agglomération fiscale). Liège ne devient évêché (cité) qu'à la fin du VIIIe s.

74. Seltz, dép. Bas-Rhin, arr. Wissembourg.

75. Il s'agit de la négociation du mariage de Charles avec la fille de Didier, roi des Lombards.

quod illo profecta est, negotio, adoratis etiam Romae sanctorum apostolorum liminibus ad filios in Galliam reuertitur. Karlus autem rex natalem Domini Mogontiaci sanctumque pascha in uilla Haristallio celebrauit.

[771] DCCLXXI. Peracto secundum morem generali conuentu super fluuium Scaldiam in uilla Valentianas, rex Karlus ad hiemandum proficiscitur. Cumque ibi aliquam diu moraretur, Carlomannus frater ad II. Nonas Decembris decessit in uilla Salmontiaco. Et rex ad capiendum ex integro regnum animum intendens Carbonacum uillam uenit. Ibi Wilharium episcopum Sedunensem et Folradum presbyterum et alios plures sacerdotes, comites etiam atque primates fratris sui, inter quos uel praecipui fuere Warinus et Adalhardus, ad se uenientes suscepit. Nam uxor eius et filii cum parte optimatum in Italiam profecti sunt ; rex autem profectionem eorum in Italiam quasi superuacuam patienter tulit. Celebrauitque natalem Domini Attiniaco et pascha Haristallio.

[772] DCCLXXII. Romae Stephano papa defuncto Adrianus in pontificatu successit.

Rex uero Karlus congregato apud Wormaciam generali conuentu Saxoniam bello adgredi statuit eamque sine mora ingressus ferro et igni cuncta depopulatus Eresburgum

76. Expression consacrée pour désigner les tombeaux des apôtres Pierre et Paul.

77. Herstal, près de Liège, de l'autre côté de la Meuse.

78. Corbény, dép. Aisne, arr. Laon.

79. En fait, vraisemblablement Wilchaire, archevêque de Sens (v. 769-785) : le texte non révisé le désigne comme *archiepiscopus*, sans indiquer de lieu. Mais le réviseur semble l'avoir identifié à Willichaire, évêque de Sion et abbé de Saint-Maurice-d'Agaune (v. 762-785), identification qui n'est pas impossible.

80. Fulrad, voir a. 749.

81. Warin, comte d'Alémanie depuis 746, à moins qu'il ne s'agisse du comte de Chalon (av. 760-ap. 819). Dans le texte non révisé, il est appelé *comes* (comte) sans désignation de lieu, comme Adalard (cf. note suivante).

là-bas et avoir aussi vénéré à Rome les seuils des saints apôtres[76], elle retourne en Gaule auprès de ses fils. Le roi Charles célébra la Naissance du Seigneur à Mayence et la sainte Pâque dans le domaine de Herstal[77].

771. Après avoir, selon la coutume, tenu l'assemblée générale sur l'Escaut, dans le domaine de Valenciennes, le roi Charles s'en va prendre ses quartiers d'hiver. Et comme il demeurait là quelque temps, Carloman, son frère, le 2 des nones de décembre (4 décembre), s'éteignit dans le domaine de Samoussy. Et le roi, qui avait l'intention de s'emparer de l'intégralité du royaume, se rendit dans le domaine de Corbény[78]. Il y reçut l'évêque de Sion Wilchaire[79], le prêtre Fulrad[80] et plusieurs autres évêques, comtes et aussi dignitaires de son frère, parmi lesquels se distinguaient particulièrement Warin[81] et Adalard[82], qui venaient à lui ; quant à l'épouse et aux fils du roi Carloman, ils étaient partis pour l'Italie avec une partie des grands. Le roi prit sur lui de supporter leur départ pour l'Italie comme quelque chose de peu d'importance. Et il célébra la Naissance du Seigneur à Attigny et Pâques à Herstal.

772. À Rome, après la mort du pape Étienne, ce fut Adrien[83] qui lui succéda au pontificat.

Le roi Charles, après avoir tenu l'assemblée générale à Worms, résolut de porter la guerre en Saxe, y entra immédiatement, ravagea tout par le fer et le feu, prit le fort d'Eresburg[84]

---

82. Probablement Adalard (752-826), petit-fils de Charles Martel et donc cousin de Charlemagne, futur abbé de Corbie qui joua un rôle important, en particulier comme *missus* de Charlemagne en Italie. Cf. a. 809, 821- 823 (Ph. Depreux, *Prosopographie de l'entourage de Louis le Pieux (781-840),* Sigmaringen, 1997, p. 76 et s.)

83. Étienne III (768-772) ; Adrien Ier (772-795).

84. Eresburg, dominant la Diemel, affluent de la Weser, aujourd'hui Marsberg, Land de Rhénanie-du-Nord-Westphalie, au sud de Paderborn.

castrum cepit, idolum, quod Irminsul a Saxonibus uocabatur, euertit. In cuius destructione cum in eodem loco
per triduum moraretur, contigit ut propter continuam caeli
serenitatem exsiccatis omnibus illius loci riuis ac fontibus
aqua ad bibendum inueniri non posset. Sed ne diutius siti
confectus laboraret exercitus, diuinitus factum creditur ut
quadam die, cum iuxta morem tempore meridiano cuncti
quiescerent, iuxta montem, qui castris erat contiguus, tanta
uis aquae in concauo cuiusdam torrentis eruperit ut cuncto
exercitui sufficeret. Tum rex idolo destructo ad Wisuram
fluuium accessit ibique a Saxonibus duodecim obsides
accepit. Inde in Franciam reuersus in uilla Heristallio et
natalem Domini et sanctam paschalis festi sollemnitatem
celebrauit.

[773] DCCLXXIII. Adrianus papa, cum insolentiam
Desiderii regis et Langobardorum oppressionem ferre non
posset, decreuit ut legationem ad Karlum regem Francorum
mitteret eumque sibi atque Romanis aduersus Langobardos
opem ferre rogaret. Et quia id terreno itinere per Italiam fieri
non poterat, eum, quem miserat, legatum nomine Petrum
Romae nauem conscendere et Massiliam usque per mare
ire atque inde terreno itinere in Franciam fecit peruenire.
Qui cum ad regem in Theodoneuilla, ubi tunc hiemauerat,
peruenisset et ei legationis suae causam aperuisset, eadem,
qua uenerat, uia Romam regressus est. Rex uero rebus, quae
inter Romanos ac Langobardos gerebantur, diligenti cura
pertractatis bellum sibi contra Langobardos pro defensione
Romanorum suscipiendum ratus cum toto Francorum exercitu Genuam Burgundiae ciuitatem iuxta Rhodanum sitam

---

85. Le texte non révisé parle du sanctuaire (*fanum*) de l'Irminsul
(cf. vol. 1, p. 19). Le réviseur précise que l'Irminsul est une idole. Au
début des années 860, l'hagiographe Raoul de Fulda le décrit comme
un arbre géant vénéré par les Saxons comme pilier de la voûte céleste.

et abattit l'idole appelée Irminsul[85] par les Saxons. Comme il s'était arrêté trois jours en ce lieu pour cette destruction, il arriva que, à cause d'un ciel resté sans nuage, toutes les rivières et sources du lieu étaient à sec et qu'on ne pouvait trouver d'eau à boire. Mais, pour que l'armée ne souffrît pas davantage en étant plus longtemps éprouvée par la soif, un jour – fait, à ce que l'on croit, d'origine divine – alors que tous se reposaient selon la coutume à l'heure de midi, une si grande quantité d'eau remplit tout à coup le lit du torrent auprès du mont auquel le camp était adossé qu'il y en eut à suffisance pour l'armée tout entière. Alors le roi, ayant détruit l'idole, s'avança jusqu'à la Weser et là, reçut douze otages de la part des Saxons. De retour en Francie, il célébra la Naissance du Seigneur et la solennité de la sainte fête de Pâques, dans le domaine de Herstal.

773. Le pape Adrien, ne pouvant supporter ni l'insolence du roi Didier, ni le joug des Lombards, décida d'envoyer une légation à Charles, roi des Francs, et de lui demander d'apporter son aide armée aux Romains et à lui-même contre les Lombards. Et, comme cela ne pouvait se faire à travers l'Italie par voie de terre, il fit embarquer à bord d'un bateau, à Rome, le légat qu'il avait envoyé, appelé Pierre, et le fit ainsi aller par mer jusqu'à Marseille et poursuivre ensuite par voie de terre son chemin pour la Francie. Après être arrivé auprès du roi à Thionville où ce dernier passait alors l'hiver et lui avoir exposé le motif de sa légation, il retourna à Rome par le même itinéraire qu'à l'aller. Le roi, ayant examiné avec grande attention ce qui se passait entre les Romains et les Lombards, fut d'avis qu'il lui fallait entreprendre une guerre contre les Lombards pour la défense des Romains et se rendit avec l'armée des Francs au complet à Genève, cité de Burgondie, située sur le Rhône[86]. Et là, il délibéra

---

86. La vieille ville de Genève domine le Rhône à sa sortie du lac Léman.

uenit. Ibique de bello suscipiendo deliberans copias, quas secum adduxerat, diuisit et unam partem cum Bernhardo patruo suo per montem Iouis ire iussit ; alteram ipse ducens per montem Cinisium Italiam intrare contendit. Superatoque Alpium iugo Desiderium regem frustra sibi resistere conantem citra congressionem fugauit Ticenoque inclusum obsedit et in obpugnatione ciuitatis, quia difficilis erat, totum hiberni temporis spatium multa moliendo consumpsit.

[774] DCCLXXIIII. Dum haec in Italia geruntur, Saxones uelut peroportunam de absentia regis nancti occasionem contiguos sibi Hassorum terminos ferro et igni populantur. Cumque in eo loco, qui nunc Frideslar ab incolis nominatur, basilicam a beato Bonifatio martyre dedicatam incendere molirentur atque hoc efficere casso labore conarentur, inmisso sibi diuinitus pauore subitaneo, turpi trepidatione confusi domum fugiendo reuertuntur.

At rex dimisso ad obsidionem atque expugnationem Ticeni exercitu orandi gratia Romam proficiscitur ; et cum peractis uotis inde ad exercitum fuisset reuersus fatigatam longa obsidione ciuitatem ad deditionem compulit. Quam ceterae ciuitates secutae omnes se regis ac Francorum potestati subdiderunt ; et rex subacta et pro tempore ordinata Italia in Franciam reuertitur, captiuum ducens Desiderium regem. Nam Adalgis filius eius in quo Langobardi multum spei habere uidebantur desperatis patriae rebus relicta Italia in Greciam ad Constantinum imperatorem se contulit ibique in patriciatus ordine atque honore consenuit.

87. Bernard (av. 732-787), fils de Charles Martel et demi-frère de Pépin III, est le père d'Adalard (cf. a. 771).

88. Le col du Mont-Joux, aujourd'hui col du Grand-Saint-Bernard, qui relie le Valais (Suisse) au Val d'Aoste (Italie).

89. Le col du Mont-Cenis relie la vallée de la Maurienne (France) et le Val de Suse (Italie).

90. Fritzlar, sur l'Eder, affluent de la Fulda, au sud-ouest de Kassel, en Hesse.

sur la manière d'entamer la guerre et divisa les troupes qu'il avait amenées avec lui : il donna l'ordre à l'une des parties de passer, avec Bernard, son oncle paternel[87], par le Mont-Joux[88], tandis que lui-même, à la tête de l'autre, se chargeait d'entrer en Italie en passant par le Mont-Cenis[89] ; il franchit ainsi les crêtes des Alpes et mit en fuite le roi Didier qui s'efforçait en vain de lui résister sans aller toutefois jusqu'à l'affronter ; il l'assiégea dans Pavie où il s'était enfermé et passa tout l'hiver en tentatives multiples pour faire tomber la cité, opération qui n'était pas aisée.

774. Pendant que ces événements se déroulent en Italie, les Saxons, saisissant une occasion qu'ils trouvaient particulièrement favorable – l'absence du roi – ravagent par le fer et par le feu les territoires des Hessois qui confinaient aux leurs. Comme, dans le lieu qui est maintenant appelé Fritzlar[90] par les habitants, ils cherchaient à incendier la basilique que le bienheureux martyr Boniface y avait dédiée et s'efforçaient en vain d'y parvenir, ils sont saisis d'une subite frayeur d'origine divine et, dans le désordre provoqué par une indigne terreur, ils s'enfuient pour retourner chez eux.

Le roi, ayant laissé son armée à Pavie pour continuer le siège et prendre la cité, part pour Rome afin d'y prier ; et comme après avoir accompli ses vœux, il était retourné à son camp, il contraignit la cité, épuisée par un long siège, à la reddition. Toutes les autres cités la suivirent et s'en remirent au pouvoir du roi et des Francs ; et le roi, ayant soumis et mis en ordre pour un temps l'Italie, revient en Francie, emmenant prisonnier le roi Didier. De fait, son fils Adalgis, en qui les Lombards semblaient mettre beaucoup d'espoirs, voyant les affaires de sa patrie perdues, abandonna l'Italie pour se rendre en Grèce auprès de l'empereur Constantin, et il vécut là jusqu'à un âge avancé avec le titre et le rang de patrice[91].

91. L'ancienne dignité de patrice est accordée, à la cour de Constantinople, à des princes étrangers.

Rex autem domum regressus, priusquam eum Saxones uenisse sentirent, tripertitum in eorum regiones misit exercitum qui incendiis ac direptionibus cuncta deuastans, compluribus etiam Saxonum, qui resistere conati sunt, interfectis cum ingenti praeda regressus est.

[775] DCCLXXV. Cum rex in uilla Carisiaco hiemaret, consilium iniit ut perfidam ac foedifragam Saxonum gentem bello adgrederetur et eo usque perseueraret dum aut uicti christianae religioni subicerentur aut omnino tollerentur. Habitoque apud Duriam uillam generali conuentu, Rheno quoque transmisso cum totis regni uiribus Saxoniam petiit et primo statim impetu Sigiburgum castrum, in quo Saxonum praesidium erat, pugnando cepit. Eresburgum aliud castrum a Saxonibus destructum muniuit et in eo Francorum praesidium posuit. Inde ad Wisuram fluuium ueniens in eo loco, qui Brunesberg uocatur, congregatam Saxonum multitudinem offendit quae eum transitu fluminis arcere conabatur, sed frustra ; nam in prima congressione pulsi fugatique sunt, et magnus eorum numerus ibidem interfectus est.

Et rex amne traiecto cum parte exercitus ad Ouaccrum fluuium contendit, ubi ei Hessi, unus e primoribus Saxonum, cum omnibus Ostfalais ei occurrens et obsides quos rex imperauerat dedit et sacramentum fidelitatis iurauit. Inde regresso, cum in pagum, qui Bucki uocatur, peruenisset, Angrarii cum suis primoribus occurrerunt et sicut Ostfalai, iuxta quod imperauerat, obsides ac sacramenta dederunt.

92. La nation des Saxons est qualifiée de *foedifraga* (« briseuse de serments) ». Ce terme rare que l'on trouve chez Tite-Live (IV, 33, 1) et Tacite (*Agricola*, 31, 4), témoigne de la culture de l'annaliste.

93. Hohensyburg, au confluent de la Ruhr et de la Lenne, au sud de Dortmund, Land de Rhénanie-du-Nord-Westphalie.

94. Brunesberg, sur la Weser, lieu aujourd'hui désert en amont de Corvey, Land de Rhénanie-du-Nord-Westphalie.

95. Hessi est appelé Hassio dans le texte non révisé (cf. vol. 1, p. 25).

Lorsque le roi fut de retour chez lui, avant même que les Saxons en eussent été informés, il envoya dans leurs territoires une armée en trois détachements, qui mit tout à feu et à sang, tua aussi un grand nombre de Saxons qui s'efforçaient de résister et revint en Francie avec un immense butin.

775. Le roi, passant l'hiver dans le domaine de Quierzy, arrêta la décision d'attaquer militairement la perfide nation des Saxons, briseuse de serments[92], et de ne s'arrêter qu'après les avoir vaincus et soumis à la religion chrétienne, ou après les avoir exterminés. Après avoir tenu l'assemblée générale dans le domaine de Düren, il passa le Rhin et gagna la Saxe avec toutes les forces du royaume, enleva immédiatement, dès le premier assaut, le fort de Syburg[93] dans lequel se trouvait une garnison saxonne. Il rétablit les défenses d'un autre fort, Eresburg, qu'avaient détruit les Saxons, et y mit une garnison franque ; de là il gagna la Weser et attaqua, au lieu appelé Brunesberg[94], une multitude de Saxons assemblés qui tentaient de lui interdire, mais en vain, le passage du fleuve ; au premier affrontement, ils furent repoussés et mis en fuite, et un grand nombre d'entre eux périt en ce lieu.

Et le roi passa le fleuve et s'avança avec une partie de son armée jusqu'à l'Ocker, où vint le rejoindre Hessi[95], un des grands des Saxons, amenant avec lui tous les Ostphaliens[96] ; il donna les otages que le roi avait exigés et lui jura fidélité par serment. Charles étant revenu sur ses pas et arrivé dans le *pagus* que l'on appelle Bucki[97], les Angrariens accoururent à lui avec leurs principaux chefs et, tout comme les Ostphaliens, ils lui donnèrent des otages, ainsi qu'il l'avait exigé, et lui prêtèrent serment.

96. On distingue trois ensembles principaux de tribus saxonnes : les Westphaliens à l'ouest, les Angrariens ou Angrivariens au centre, les Ostphaliens à l'est, auxquels il faut ajouter les Nordalbingiens (au Nord de l'Elbe).

97. La région autour de Bückeburg, sur l'Aa, en Basse-Saxe, au sud-est de Minden.

Interea pars exercitus, quam ad Wisuram dimisit, in eo loco, qui Hlidbeki uocatur, castris positis incaute se agendo Saxonum fraude circumuenta atque decepta est. Nam cum pabulatores Francorum circa nonam diei horam reuerterentur in castra, Saxones eis, quasi et ipsi eorum socii essent, sese miscuerunt ac sic Francorum castra ingressi sunt ; dormientesque ac semisomnos adorti non modicam incautae multitudinis caedem fecisse dicuntur. Sed uigilantium ac uiriliter resistentium uirtute repulsi castris excesserunt et ex pacto quod inter eos in tali necessitate fieri poterat discesserunt. Quod cum regi fuisset adlatum, quanta potuit celeritate adcurrens fugientium terga insecutus magnam ex eis prostrauit multitudinem ; et tum demum Westfalaorum obsidibus acceptis ad hiemandum in Franciam reuertitur.

[776] DCCLXXVI. Regi domum reuertenti nuntiatur Hruodgaudum Langobardum, quem ipse Foroiuliensibus ducem dederat, in Italia res nouas moliri et iam conplures ad eum ciuitates defecisse. Ad quos motus comprimendos cum sibi festinandum iudicaret, strenuissimum quemque suorum secum ducens raptim Italiam proficiscitur ; Hruodgaudoque, qui regnum adfectabat, interfecto, ciuitatibus quoque, quae ad eum defecerant, sine dilatione receptis et in eis Francorum comitibus constitutis eadem qua uenerat uelocitate reuersus est.

Cui uix Alpes transgresso occurrerunt qui nuntiarent Eresburgum castrum a Saxonibus expugnatum ac praesidium

98. Lübbecke, à l'est de Minden, Land de Rhénanie-du-Nord-Westphalie.
99. Le texte non révisé précise qu'il célébra Noël à Sélestat, dép. Bas-Rhin, ch.-l. arr. (cf. vol. 1, p. 27).

Cependant la partie de l'armée que Charles avait laissée près de la Weser, installa son camp dans le lieu appelé Lübbecke[98] et, se conduisant imprudemment, fut circonvenue et trompée par la fraude des Saxons. Comme les fourrageurs des Francs retournaient au camp vers la neuvième heure du jour, les Saxons, feignant d'être leurs compagnons, se mêlèrent à eux, et ainsi entrèrent dans le camp des Francs ; ils les assaillirent pendant leur sommeil ou leur demi-sommeil et massacrèrent, dit-on, une partie non négligeable de cette multitude imprudente. Cependant, repoussés par la vaillance de ceux qui s'étaient réveillés et leur résistaient valeureusement, ils sortirent du camp et s'éloignèrent, conformément à un accord entre eux sur ce qu'il fallait faire en pareil cas. Quand on eut apporté au roi cette nouvelle, il se mit en marche avec toute la rapidité possible, se mit aux trousses des fuyards et en terrassa une multitude imposante ; et il reçut alors enfin des otages des Westphaliens et retourne en Francie pour y passer l'hiver[99].

776. On annonce au roi à son retour que le Lombard Rotgaud[100], qu'il avait lui-même donné comme duc aux Frioulans, soulevait des mouvements de révolte en Italie et que déjà plusieurs cités avaient fait défection pour se rallier à lui. Alors le roi, jugeant qu'il lui fallait réprimer promptement ces mouvements, emmène avec lui tous les guerriers les plus décidés et part sur-le-champ pour l'Italie. Rotgaud, qui aspirait à la royauté, fut tué ; les cités qui avaient fait défection pour se rallier à lui, furent reprises sans délai et le roi y mit des comtes Francs ; après quoi il rentra en Francie, aussi vite qu'il en était venu.

À peine eut-il traversé les Alpes que des envoyés vinrent à sa rencontre pour lui apprendre que le fort d'Eresburg avait été pris d'assaut par les Saxons et que la garnison franque,

100. Rotgaud a été installé comme duc de Frioul par Charlemagne, devenu roi des Lombards après la déposition de Didier en 774.

Francorum, quod in eo posuerat, expulsum ; Sigiburgum aliud castellum oppugnatum quidem, sed non captum eo quod hi qui in eo causa praesidii fuerant constituti facta eruptione incautos atque obpugnationi intentos Saxones a tergo inuaserunt et plurimis interfectis reliquos non solum obpugnationem dimittere, sed etiam fugere compulerunt palantesque ac dispersos ad Lippiam usque fluuium persecuti sunt.

Haec cum regi adlata fuissent, conuentu apud Wormaciam habito Saxoniam sine mora statuit cum exercitu esse petendam contractisque ingentibus copiis tanta celeritate ad destinatum a se in Saxonia locum peruenit ut omnes hostium conatus, quibus ei resistere parabant, illa festinatione praeuerteret. Nam ad fontem Lippiae ueniens inmensam illius perfidi populi multitudinem uelut deuotam ac supplicem, et quam erroris sui paeniteret, ueniam poscentem inuenit. Cui cum et misericorditer ignouisset et eos qui se christianos fieri uelle adfirmabant baptizari fecisset, datis et acceptis pro fide seruanda fraudulentis eorundem promissionibus, obsidibus quoque, quos imperauerat, receptis, Eresburg castro, quod dirutum erat, restaurato alioque castello super Lippiam constructo et in utroque non modico praesidio relicto ipse in Galliam reuersus in uilla Heristallio hiemauit.

[777] DCCLXXVII. Rex prima ueris adspirante temperie Nouiomagum profectus est et post celebratam ibidem paschalis festi sollemnitatem propter fraudulentas Saxonum promissiones quibus fidem habere non poterat ad locum, qui Padrabrunno uocatur, generalem populi sui conuentum in eo habiturus cum ingenti exercitu in Saxoniam profectus est. Eo cum uenisset, totum perfidae gentis senatum ac populum,

mise là par le roi, en avait été expulsée ; il apprit aussi que Syburg, autre château, avait été attaqué mais n'avait pas été pris parce que les troupes placées pour sa garde avaient fait une sortie, attaqué par derrière les Saxons imprudents dont l'esprit était occupé par le siège et tué un grand nombre d'entre eux, et parce que ceux qui restaient, elles les avaient non seulement contraints à abandonner le siège, mais même à fuir, et que ces Saxons errants et dispersés, elles les avaient poursuivis jusqu'à la Lippe.

Ces nouvelles lui ayant été apportées, le roi tint l'assemblée à Worms et décida qu'il lui fallait gagner la Saxe avec son armée sans attendre : il leva des troupes considérables et parvint au lieu qu'il avait fixé en Saxe avec une si grande rapidité qu'il devança, grâce à cette hâte, tous les desseins par lesquels les ennemis s'apprêtaient à lui résister. En approchant de la source de la Lippe, il trouva ce peuple perfide, foule immense qui venait, comme soumise et suppliante, se repentant de son erreur, implorer son pardon. Comme le roi lui avait pardonné avec miséricorde et avait fait baptiser ceux qui affirmaient vouloir devenir chrétiens, il reçut et accepta d'eux des promesses de fidélité trompeuses, obtint aussi les otages qu'il avait exigés, fit réparer le fort d'Eresburg qui avait été détruit et fit construire un autre château sur la Lippe ; après avoir laissé dans chacun une garnison qui n'était pas négligeable, il retourna pour sa part en Gaule et passa l'hiver dans le domaine de Herstal.

777. Au premier souffle du printemps, le roi partit pour Nimègue et, après y avoir célébré la solennité de la fête de Pâques, comme il ne pouvait aucunement avoir foi dans les trompeuses promesses des Saxons, il résolut de tenir, au lieu appelé Paderborn, l'assemblée générale de son peuple et il partit pour la Saxe avec une immense armée. Quand il fut arrivé là, il trouva l'ensemble du sénat et du peuple[101] de cette

---

101. Réminiscence chez l'annaliste de la formule antique *senatus populusque Romanus.*

quem ad se uenire iusserat, morigerum ac fallaciter sibi deuotum inuenit. Nam cuncti ad eum uenerunt praeter Widokindum, unum ex primoribus Westfalaorum, qui multorum sibi facinorum conscius et ob id regem ueritus ad Sigifridum Danorum regem profugerat. Ceteri qui uenerant in tantum se regis potestati permisere ut ea condicione tunc ueniam accipere mererentur, si ulterius sua statuta uiolarent et patria et libertate priuarentur. Baptizata est ex eis ibidem maxima multitudo, quae se, quamuis falso, christianam fieri uelle promiserat. Venit eodem in loco ac tempore ad regis praesentiam de Hispania Sarracenus quidam nomine Ibin al Arabi cum aliis Sarracenis sociis suis, dedens se ac ciui-tates quibus eum rex Sarracenorum praefecerat. Idcirco rex peracto memorato conuentu in Galliam reuersus natalem Domini in Dutciaco uilla, pascha uero in Aquitania apud Cassinoilum celebrauit.

[778] DCCLXXVIII. Tunc ex persuasione praedicti Sarraceni spem capiendarum quarundam in Hispania ciui-tatum haud frustra concipiens congregato exercitu profectus est superatoque in regione Wasconum Pyrinei iugo, primo Pompelonem Nauarrorum oppidum adgressus in deditionem accepit. Inde Hiberum amnem uado traiciens Caesaraugustam

---

102. Widukind (milieu VIIIe s. - 810) est le principal chef saxon : d'origine westphalienne, il incarne, dans l'évocation de la longue guerre de conquête de la Saxe (772-804), la résistance à la domination franque et à la christianisation.

103. Ce Sigfrid, roi des Danois, apparaît trois fois dans les *Annales*, en 777, 782 et 798.

104. Sulaymân Ibn al-'Arabî, gouverneur de Barcelone et de Gérone, est en conflit avec l'émir omeyyade de Cordoue 'Abd al-Rahmân Ier. Le texte non révisé évoque, parmi les autres Sarrasins, un « fils de Deiuzefi [Yûsuf] – dont le nom en latin est Joseph » et le gendre d'Ibn al-'Arabî (cf. vol. 1, p. 31).

nation perfide – il leur avait donné l'ordre de venir le trouver – feignant le dévouement et l'obéissance à sa personne. En effet tous vinrent devant lui, excepté Widukind[102], un des grands parmi les Westphaliens, qui, bien conscient du nombre de ses crimes – et de ce fait redoutant le roi – avait fui auprès de Siegfrid, roi des Danois[103]. Tous les autres qui étaient venus, s'en remirent à la puissance du roi, si bien qu'ils méritèrent d'obtenir leur pardon à la condition que, si à l'avenir ils violaient les engagements établis, ils seraient privés de leur patrie et de leur liberté. Une immense foule d'entre eux fut baptisée en ce lieu, après avoir fait la promesse – mensongère évidemment – de vouloir se convertir au christianisme. Dans les mêmes lieu et temps, vint aussi en présence du roi un Sarrasin nommé Ibn al Arabi[104], venu d'Hispanie avec d'autres Sarrasins ses compagnons, et il remit à Charles sa personne, ainsi que les villes à la tête desquelles l'avait placé le roi des Sarrasins. Aussi Charles, ayant clos l'assemblée dont nous avons fait mention, retourna-t-il en Gaule et il célébra la Naissance du Seigneur dans le domaine de Douzy[105], et Pâques à Chasseneuil[106] en Aquitaine.

778. À cette date, sur l'insistance du susdit Sarrasin, concevant, non sans raison, l'espoir de s'emparer de certaines cités d'Hispanie, le roi rassembla son armée et partit ; il franchit les hauteurs des Pyrénées dans le pays des Vascons, attaqua pour commencer Pampelune, place forte de Navarre, et en reçut la reddition. De là, passant l'Èbre à gué, il s'avança vers Saragosse, principale cité de ce pays, reçut les otages que

---

105. Douzy, dép. Ardennes, arr. Sedan, cant. Carignan.

106. Chasseneuil-en-Poitou, dép. Vienne, arr. Poitiers. Louis, futur Louis le Pieux, y naît le 18 avril 778. Le rédacteur place dans la notice 777 les deux fêtes de Pâques de 777 et de 778 (Cf. a. 768).

praecipuam illarum partium ciuitatem accessit acceptisque quos Ibin al Arabi et Abuthaur quosque alii quidam Sarraceni obtulerunt obsidibus Pompelonem reuertitur. Cuius muros, ne rebellare posset, ad solum usque destruxit ac regredi statuens Pyrinei saltum ingressus est. In cuius summitate Wascones insidiis conlocatis extremum agmen adorti totum exercitum magno tumultu perturbant. Et licet Franci Wasconibus tam armis quam animis praestare uiderentur, tamen et iniquitate locorum et genere inparis pugnae inferiores effecti sunt. In hoc certamine plerique aulicorum quos rex copiis praefecerat interfecti sunt, direpta impedimenta et hostis propter notitiam locorum statim in diuersa dilapsus est. Cuius uulneris accepti dolor magnam partem rerum feliciter in Hispania gestarum in corde regis obnubilauit.

Interea Saxones uelut occasionem nancti sumptis armis ad Rhenum usque profecti sunt. Sed cum amnem traicere non possent, quicquid a Diutia ciuitate usque ad fluenta Mosellae uicorum uillarumque fuit, ferro et igni depopulati sunt. Pari modo sacra profanaque pessumdata ; nullum aetatis aut sexus discrimen ira hostis fecerat, ut liquido appareret eos non praedandi, sed ultionem exercendi gratia Francorum terminos introisse. Cuius rei nuntium cum rex apud Autesiodorum ciuitatem accepisset, extemplo Francos orientales atque Alamannos ad propulsandum hostem festinare iussit. Ipse ceteris copiis dimissis Heristallium uillam, in qua hiemare constituerat, uenit. At Franci et Alamanni, qui contra Saxones missi erant, magnis itineribus ad eos ire contendunt si forte in finibus suis eos inuenire possent. Sed

107. Abû Thawr, gouverneur de Huesca.

lui offrirent Ibn al Arabi, Abutaur[107] et d'autres Sarrasins, et
revient à Pampelune. Il en rasa complètement les murailles
pour l'empêcher de se révolter et, voulant s'en retourner, il
entra dans l'espace sauvage des Pyrénées. Mais les Vascons
avaient placé des hommes en embuscade sur les hauteurs ;
ils attaquèrent l'arrière-garde et mettent toute l'armée en
grand désordre. Bien que, par le courage tout autant que par
les armes, les Francs semblassent l'emporter sur les Vascons,
ils se trouvèrent en infériorité à cause du terrain défavorable
et d'un mode de combat déloyal. Plusieurs des grands de
la cour, à qui le roi avait donné le commandement des troupes,
furent tués dans cette bataille. Les bagages furent pillés ; et
l'ennemi, par sa connaissance des lieux, se volatilisa aussitôt.
La douleur de la blessure qui l'avait frappé voila fortement,
dans le cœur du roi, le succès de ses hauts faits en Hispanie.

Pendant ce temps, les Saxons, saisissant pour ainsi dire
l'occasion, prirent les armes et s'avancèrent jusqu'au Rhin ;
mais ne pouvant traverser le fleuve, ils ravagèrent par le fer et
par le feu tout ce qu'il y avait d'agglomérations et de domaines
depuis la cité de Deutz[108] jusqu'au cours de la Moselle.
Ils ruinèrent, à part égale, biens sacrés et biens profanes ;
la colère de l'ennemi n'avait fait de distinction ni de sexe
ni d'âge, au point qu'il parut clairement qu'ils étaient entrés
sur le territoire des Francs non pas pour piller, mais pour
assouvir leur vengeance. Quand le roi eut appris la nouvelle
de cet événement en la cité d'Auxerre, il ordonna sur-le-
champ aux Francs orientaux et aux Alamans d'aller en toute
hâte repousser l'ennemi. Lui-même, ayant renvoyé les autres
troupes, se rendit au domaine de Herstal où il avait décidé
de passer l'hiver. Les Francs et les Alamans, qui avaient été
envoyés contre les Saxons, foncent sur eux à marche forcée
pour pouvoir éventuellement les atteindre dans le territoire
franc. Mais les autres, ayant achevé leur entreprise, étaient

108. Deutz, sur la rive droite du Rhin, fait aujourd'hui partie
de la ville de Cologne.

illi iam re peracta reuertebantur ad sua. Quorum uestigia secuti, qui a rege missi fuerunt in pago Hassiorum super fluuium Adernam iter agentes inuenerunt eosque statim in ipso fluminis uado adorti tanta strage ceciderunt ut ex ingenti multitudine ipsorum uix pauci domum fugiendo peruenisse dicantur.

[779] DCCLXXVIIII. At rex de Heristallio, ubi hiemauerat et ubi natalem Domini ac sanctum pascha celebrauerat, prima ueris temperie mouens Compendium uenit. Et cum inde peracto propter quod uenerat negotio reuertisset, occurrit ei Hildibrandus dux Spolitinus cum magnis muneribus in uilla Wirciniaco. Quem et benigne suscepit et muneribus donatum in ducatum suum remisit.

Ipse animo ad Saxonicam expeditionem intento Duriam uenit habitoque iuxta morem generali conuentu Rhenum in eo loco, qui Lippeham uocatur, cum exercitu traiecit. Cui cum Saxones in quodam loco, qui Buocholt uocatur, uana spe ducti resistere temptarent, pulsi fugatique sunt. Et rex Westfalaorum regionem ingressus omnes eos in deditionem accepit. Inde ad Wisuram ueniens castris positis in loco nomine Midufulli statiua per aliquot dies habuit. Ibi Angrarii et Ostfalai uenientes et obsides dederunt et sacramenta iurauerunt. Quibus peractis rex trans Rhenum Wormaciam ciuitatem in hiberna se recepit.

[780] DCCLXXX. Inde, cum primum temporis oportunitas adridere uisa est, iterum cum magno exercitu Saxoniam profectus est transiensque per castrum Eresburgum ad fontem Lippiae uenit, ubi castrametatus per aliquot dies moratus est.

---

109. Le texte de la version brève précise que les Francs ont poursuivi les Saxons à travers le Lahngau et les ont défaits à Leisa (cf. vol. 1, p. 33).
110. Hildebrand, duc lombard de Spolète (773-789).
111. Verzenay, dép. Marne, arr. de Reims.
112. Lippeham, au confluent de la Lippe et du Rhin.
113. Bocholt, au nord de Wesel, Land de Rhénanie-du-Nord-Westphalie.

déjà sur le chemin du retour chez eux. Les troupes que le roi avait envoyées, marchant sur leurs traces, les atteignirent dans le *pagus* des Hessois, alors qu'ils allaient franchir l'Eder[109] ; elles les attaquèrent aussitôt, sur le gué même du fleuve, et en firent un tel carnage que, dit-on, de cette immense multitude, quelques-uns à peine purent fuir pour rentrer chez eux.

779. Or le roi, au début du printemps, quitta Herstal où il avait passé l'hiver et célébré la Naissance du Seigneur et la sainte Pâque, et vint à Compiègne. Et comme il s'en retournait, après avoir achevé l'affaire pour laquelle il était venu, Hildebrand, duc de Spolète[110], porteur de cadeaux importants, vint à sa rencontre dans le domaine de Verzenay[111]. Le roi le reçut avec bienveillance, le combla de cadeaux et le renvoya dans son duché.

Quant à lui, se disposant intérieurement à une expédition en Saxe, il vint à Düren, tint, selon la coutume, l'assemblée générale, et traversa le Rhin avec une armée au lieu appelé Lippeham[112]. Les Saxons, conduits par une vaine espérance, s'efforcèrent de lui résister en un lieu appelé Bocholt[113], mais furent repoussés et mis en fuite. Le roi entra dans la région des Westphaliens et reçut la reddition de tous. De là il s'avança jusqu'à la Weser, dressa son camp en un lieu nommé Midufulli[114] et y fit halte quelques jours. Les Angrariens et les Ostphaliens y vinrent, donnèrent des otages et prêtèrent serment. Après quoi, le roi traversa le Rhin et se rendit dans la cité de Worms pour y passer l'hiver.

780. De là, dès qu'il jugea qu'un moment opportun lui souriait, le roi partit de nouveau avec une grande armée pour la Saxe ; il passa par le fort d'Eresburg, vint à la source de la Lippe où il établit son camp et y demeura quelques jours. De là, changeant de route pour aller vers l'est, il

114. Medofulli dans le texte non révisé (cf. vol. 1, p. 35). Peut-être Metfülle, mais on ne connaît pas de lieu de ce nom proche de la Weser.

Inde ad orientem itinere conuerso ad Ouaccrum fluuium accessit. Cui cum ibi omnes orientalium partium Saxones, ut iusserat, occurrissent, maxima eorum multitudo in loco, qui Orheim appellatur, solita simulatione baptizata est. Profectus inde ad Albiam castrisque in eo loco, ubi Ora et Albia confluunt, ad habenda statiua conlocatis tam ad res Saxonum, qui citeriorem, quam et Sclauorum, qui ulteriorem fluminis ripam incolunt, conponendas operam inpendit ; quibus tunc pro tempore ordinatis atque dispositis in Franciam reuersus est.

Initoque consilio orandi ac uota soluendi causa Romam statuit proficisci sumptisque secum uxore ac liberis sine mora in Italiam profectus est celebrauitque natalem Domini Ticeni atque ibi residuum hiemis manendo compleuit.

[781] DCCLXXXI. Inde Romam ueniens honorifice ab Adriano papa susceptus est. Et cum ibi sanctum pascha celebraret, baptizauit idem pontifex filium eius Pippinum unxitque eum in regem ; unxit etiam et Hludowicum fratrem eius ; quibus et coronam inposuit. Quorum maior, id est Pippinus, in Langobardia, minor uero, id est Hludowicus, in Aquitania rex constitutus est. Rege uero Roma digresso ac Mediolanum ueniente Thomas eiusdem urbis archiepiscopus baptizauit ibi filiam eius nomine Gislam et de sacro fonte suscepit. Quibus gestis in Franciam reuersus est.

Sed cum Romae esset, conuenit inter ipsum atque Adrianum pontificem ut simul legatos mitterent ad Tassilonem

115. Voir a. 747.

116. Au nord de Magdebourg.

117. Le texte non révisé précise que ces Saxons sont « les habitants du Bardengau et de nombreux *Nordleudi* », c'est à dire des Saxons du Nord de l'Elbe (Nordalbingiens) (cf. vol. 1, p. 35).

118. On pourrait traduire *Langobardia* par Langobardie pour bien spécifier qu'il ne s'agit pas de la Lombardie actuelle mais du royaume des Lombards conquis par le roi Charles en 774.

119. Pépin, né en 776, avait près de six ans. Il s'appelait jusque-là Carloman. Il reçoit le nom de son grand-père, le roi Pépin III, et devient roi d'Italie. Louis, le futur Louis le Pieux, né en 778, déjà roi d'Aquitaine, avait juste trois ans.

arriva sur l'Ocker. Tous les Saxons des parties orientales vinrent à lui, ainsi qu'il leur en avait donné l'ordre ; et, avec leur sournoiserie accoutumée, la plus grande partie d'entre eux reçut le baptême dans le lieu nommé Orheim[115]. De là le roi s'avança vers l'Elbe et, après avoir installé son camp pour faire halte quelque temps au lieu où l'Elbe et l'Ohre se rejoignent[116], il s'occupa de régler tout autant les affaires des Saxons qui habitent sur cette rive du fleuve, que celles des Slaves qui habitent sur l'autre rive[117] ; les ayant arrangées et mises en ordre pour un temps, il revint en Francie.

Il conçut le projet et décida de partir pour Rome afin d'y prier et d'accomplir des vœux, et, en emmenant avec lui son épouse et ses enfants, sans retard il partit en Italie, et célébra la Naissance du Seigneur à Pavie où il demeura pour le reste de l'hiver.

781. De là, venant à Rome, il fut reçu par le pape Adrien avec tous les honneurs ; et comme il célébrait en ce lieu la sainte fête de Pâques, le même pontife baptisa son fils Pépin et lui conféra l'onction royale. Il donna également l'onction à son frère Louis ; et à tous deux, il imposa la couronne. L'aîné des fils, à savoir Pépin, fut établi roi en Lombardie[118] ; le plus jeune, à savoir Louis, roi en Aquitaine[119]. Le roi[120] quitta Rome et vint à Milan ; Thomas, archevêque de cette ville[121], baptisa là sa fille, nommée Gisèle, et la recueillit au sortir des fonts sacrés[122]. Après quoi, le roi revint en Francie.

Mais alors qu'il était à Rome, il fut convenu entre le pontife Adrien et lui qu'ils enverraient ensemble des légats auprès de Tassilon, duc de Bavière, pour lui remémorer

120. Dans le texte non révisé, le roi Charles est, à cette date de 781, appelé pour la première fois *Carolus magnus* (Charles le Grand ou Charlemagne) (cf. vol. 1, p. 37).

121. Thomas, archevêque de Milan, 755-783.

122. Expression qui signifie qu'il est son parrain. Dans le baptême antique par immersion, le parrain recueillait le nouveau baptisé en le faisant sortir de la piscine. Au VIIIe s. le baptême est un baptême par infusion (versement d'eau sur la tête) mais l'expression a été conservée.

ducem Baioariae qui eum commonerent de sacramento, quod Pippino regi et filiis eius ac Francis iuauerat, scilicet ut subiectus et obediens eis esse deberet. Electi ac directi sunt in hanc legationem de parte pontificis Formonsus ac Damasus episcopi et de parte regis Richolfus diaconus atque Eburhardus magister pincernarum. Qui cum, ut iussi erant, cum memorato duce locuti essent, in tantum cor eius emollitum est ut diceret se statim uelle ad regis properare praesentiam, si sibi tales obsides dentur, sub quibus de sua salute dubitare nulla sit necessitas. Quibus datis sine cunctatione apud Wormaciam ad regem uenit, sacramentum, quod iubebatur, iurauit, obsides duodecim, qui imperabantur, sine mora dedit ; quos Sindbertus, Reginensis episcopus, de Baioaria in Carisiaco ad conspectum regis adduxit. Sed idem dux domum reuersus non diu in ea, quam promiserat, fide permansit. Rex autem in eadem uilla hiemem transiens et natalem Domini et pascha eodem in loco celebrauit.

[782] DCCLXXXII. Aestatis initio, cum iam propter pabuli copiam exercitus duci poterat, in Saxoniam eundum et ibi, ut in Francia quotannis solebat, generalem conuentum habendum censuit. Traiectoque apud Coloniam Rheno, cum omni Francorum exercitu ad fontem Lippiae uenit et castris positis per dies non paucos ibidem moratus est. Ubi inter cetera negotia etiam legatos Sigifridi regis Danorum, et quos ad se caganus et iugurrus principes Hunorum uelut pacis causa miserunt, et audiuit et absoluit.

123. Un Riculf est archevêque de Mayence de 787 à 813.

124. La version non révisée du texte précise qu'il s'agit de « Halptan (*Halptanus*) avec ses compagnons » (cf. vol. 1, p. 39).

125. Le khan et le iougour sont princes de différents groupes d'Avars, les Avars constituant une entité politique et non un peuple à proprement parler. On rencontrera plus loin le tudun qui est aussi un prince avar (795, 811). Cf. W. Pohl, *Die Awaren. Ein Steppenvolk in Mitteleuropa, 567-822* (Munich 1988, ³2015). Version anglaise avec compléments, *Id., The Avars. A Steppe*

le serment qu'il avait prêté au roi Pépin, à ses fils et aux Francs : il devait leur être soumis et obéissant. Les hommes choisis et envoyés dans cette légation furent, de la part du pontife, les évêques Formose et Damase, et de la part du roi, le diacre Riculf[123] et le maître des échansons Eberhard. Ils parlèrent au duc en question, comme ils en avaient reçu l'ordre, et son cœur fut tellement attendri qu'il dit vouloir se rendre en toute hâte devant le roi, si l'on voulait bien lui donner des otages tels qu'il ne dût avoir aucune inquiétude pour sa sûreté. Une fois les otages donnés, il vint sans hésitation devant le roi à Worms, prêta le serment qu'on lui ordonnait de prêter et donna sans délai les douze otages qui étaient exigés ; Sindbert, évêque de Ratisbonne, les amena de Bavière à Quierzy, devant le roi en personne. Mais le duc, une fois rentré chez lui, ne demeura pas longtemps fidèle à ce qu'il avait promis. Quant au roi, il passa l'hiver dans ce même domaine et célébra en ce même lieu la Naissance du Seigneur et Pâques.

782. Au commencement de l'été, alors que l'abondance de fourrage permettait d'emmener l'armée en campagne, le roi décida de partir pour la Saxe et de tenir là, comme il avait l'habitude de la tenir chaque année en Francie, l'assemblée générale. Après avoir traversé le Rhin près de Cologne, il arriva avec toute l'armée des Francs à la source de la Lippe et, après y avoir dressé son camp, demeura en ce même endroit un grand nombre de jours. Et là, entre autres affaires également, il donna audience puis congé aux ambassadeurs[124] de Sigfrid, roi des Danois, et à ceux que lui avaient envoyés le khan et le iougour, princes des Huns[125], comme pour conclure une paix.

Empire in Central Europe, 567-822, Ithaca-Londres, 2018. Notons que la version révisée des *Annales* parle ici des Huns et non des Avars comme la version brève, mais pour les entrées de 822 et 826 elle recourt de nouveau au terme Avars.

Cumque conuentu completo trans Rhenum in Galliam se recepisset, Widokindus, qui ad Nordmannos profugerat, in patriam reuersus uanis spebus Saxonum animos ad defectionem concitauit. Interea regi adlatum est quod Sorabi Sclaui, qui campos inter Albim et Salam interiacentes incolunt, in fines Thuringorum ac Saxonum, qui eis erant contermini, praedandi causa fuissent ingressi et direptionibus atque incendiis quaedam loca uastassent. Qui statim accitis ad se tribus ministris suis, Adalgiso camerario et Geilone comite stabuli et Worado comite palatii, praecepit ut sumptis secum orientalibus Francis atque Saxonibus contumacium Sclauorum audaciam quanta potuissent celeritate conprimerent. Qui cum iussa facturi Saxoniae fines ingressi fuissent, compererunt Saxones ex consilio Widokindi ad bellum Francis inferendum esse praeparatos ; omissoque itinere, quo ad Sclauos ituri erant, cum orientalium Francorum copiis ad locum in quo Saxones audierant congregatos ire contendunt. Quibus in ipsa Saxonia obuiauit Theodericus comes, propinquus regis, cum his copiis quas audita Saxonum defectione raptim in Ribuaria congregare potuit. Is festinantibus legatis consilium dedit ut primo per exploratores, ubi Saxones essent uel quid apud eos ageretur, sub quanta fieri posset celeritate cognoscerent, tum, si loci qualitas pateretur simul eos adorirentur. Cuius consilio conlaudato una cum illo usque ad montem, qui Suntal appellatur, in cuius septentrionali latere Saxonum castra erant posita peruenerunt. In quo loco cum Theodericus castra posuisset, ipsi, sicut cum eo conuenerat,

126. Les *Nordmanni* sont « les hommes du nord », en l'occurrence les Danois. Nous traduisons dans tout le texte *Nordmanni* par « Normands ».

127. Le chambrier, le connétable et le comte du palais sont les trois officiers les plus importants de la cour. C'est peut être ce qui explique l'emploi du terme *ministri* pour les désigner. C'est la seule occurrence de ce mot dans notre texte.

128. Thierry, comte d'Autun, est parent du roi en tant que petit-fils d'une sœur de Plectrude, épouse de Pépin II, et de Bertrade « l'ancienne », grand-mère de Bertrade (Berthe), mère de Charlemagne (E. Hlawitschka, « Die Vorfahren Karls des Grossen », dans W. Braunfels éd., *Karl der Grosse...*, vol. 1, p. 76).

Alors que Charles, une fois l'assemblée menée à son terme, avait traversé le Rhin et était rentré en Gaule, Widukind, qui avait trouvé refuge chez les Normands[126], revint dans sa patrie et, en donnant de vains espoirs, incita à la défection les esprits des Saxons. Sur ces entrefaites, on apporta au roi la nouvelle que les Slaves Sorabes – qui habitent les plaines s'étendant entre l'Elbe et la Saale – étaient entrés, pour les piller, sur les terres des Thuringiens et des Saxons limitrophes des leurs, et qu'ils avaient dévasté certains lieux par le pillage et par le feu. Sur le champ, le roi fit venir trois de ses ministres, le chambrier Adalgise, le connétable Geilon et le comte du palais Worad[127], et leur enjoignit de prendre avec eux des Francs orientaux et des Saxons, afin de réprimer, avec toute la rapidité possible, l'audace des Slaves obstinés. Alors que, pour accomplir les ordres reçus, ils avaient pénétré en Saxe, ils trouvèrent les Saxons prêts, suivant le dessein de Widukind, à engager la guerre contre les Francs ; laissant alors de côté l'itinéraire initialement prévu pour marcher contre les Slaves, ils décidèrent de se rendre, avec les troupes des Francs orientaux, au lieu où ils avaient entendu dire que les Saxons étaient rassemblés. Le comte Thierry, parent du roi[128], les rejoignit en Saxe même, avec les forces qu'il avait pu rassembler rapidement dans le pays des Ripuaires[129], aussitôt qu'il avait appris la défection des Saxons. Il conseilla aux légats du roi qui se hâtaient, de s'enquérir d'abord, avec la rapidité la plus grande possible, par l'intermédiaire d'éclaireurs, du lieu où étaient les Saxons et de ce qui se passait chez eux, puis de les attaquer tous ensemble, si la nature des lieux le permettait. Cet avis reçut l'approbation générale et tous se rendirent ensemble jusqu'au mont appelé Süntel, sur le versant septentrional duquel avait été installé le camp des Saxons[130]. Tandis que Thierry avait

129. Nous traduisons *Ribuaria* par « pays des Ripuaires ». Les Ripuaires sont les Francs du Rhin, établis dans le land actuel de Rhénanie-du-Nord-Westphalie. Ils sont souvent appelés « Francs orientaux » dans les *Annales*.

130. Le Süntel est un petit massif montagneux en Basse-Saxe, sur la rive droite de la Weser entre les villes de Hameln et de Minden.

quo facilius montem circumire possent, transgressi Wisuram in ipsa fluminis ripa castra posuerunt. Habitoque inter se conloquio ueriti sunt ne ad nomen Theoderici uictoriae fama transiret, si eum in eodem proelio secum haberent. Ideo sine illo cum Saxonibus congredi decernunt, sumptisque armis non quasi ad hostem in acie stantem, sed quasi ad fugientium terga insequenda spoliaque diripienda, prout quemque uelocitas equi sui tulerat, qua Saxones pro castris in acie stabant, unusquisque eorum summa festinatione contendit. Quo cum esset male peruentum, male etiam pugnatum est ; nam commisso proelio circumuenti a Saxonibus, paene omnes interfecti sunt. Qui tamen euadere potuerunt, non in sua, unde profecti sunt, sed in Theoderici castra, quae trans montem erant, fugiendo peruenerunt. Sed maior Francis quam pro numero iactura fuit quia legatorum duo, Adalgisus et Geilo, comitum quattuor aliorumque clarorum atque nobilium usque ad uiginti interfecti, praeter ceteros qui hos secuti potius cum eis perire quam post eos uiuere maluerunt.

Cuius rei nuntium cum rex accepisset, nihil sibi cunctandum arbitratus collecto festinanter exercitu in Saxoniam proficiscitur accitisque ad se cunctis Saxonum primoribus de auctoribus factae defectionis inquisiuit. Et cum omnes Widokindum huius sceleris auctorem proclamarent, eum tamen tradere nequirent, eo quod is re perpetrata ad Nordmannos se contulerat, ceterorum, qui persuasioni eius morem gerentes tantum facinus peregerunt, usque ad quattuor milia D traditi et super Alaram fluuium in loco, qui Ferdun uocatur, iussu regis omnes una die decollati sunt. Huiusmodi uindicta patrata rex Theodoneuilla in hiberna concessit ibique natalem Domini, ibi et pascha more solito celebrauit.

---

131. C'est-à-dire de l'autre côté du mont, au sud.
132. Verden sur l'Aller, près de son confluent avec la Weser, en Basse-Saxe.

établi son camp en cet endroit, les légats du roi, ainsi qu'il en avait été convenu avec lui, pour pouvoir contourner plus facilement le mont, franchirent la Weser et installèrent leur camp sur la rive même du fleuve[131]. Mais, après s'être concertés, ils craignirent que toute la gloire de la victoire ne revînt à Thierry s'ils l'avaient à leurs côtés dans ce combat. C'est pourquoi ils décident de marcher sur les Saxons sans lui ; saisissant ses armes, non pas comme pour affronter un ennemi en ordre de bataille mais comme pour poursuivre des fuyards et s'emparer de leurs dépouilles, chacun arriva à toute allure, à la vitesse que lui permettait son cheval, au lieu où les Saxons se tenaient en ordre de bataille devant leur camp. Tout comme on était parvenu là de mauvaise manière, de mauvaise manière aussi se déroula le combat ; car, une fois l'affrontement engagé, ils furent encerclés par les Saxons et presque tous tués. Ceux qui purent, malgré tout, en réchapper, ne retournèrent pas à leur camp, d'où ils étaient partis, mais dans leur fuite gagnèrent celui de Thierry, qui était de l'autre côté du mont. Les dommages subis par les Francs ne se limitèrent pas au nombre de morts : deux des légats du roi, Adalgise et Geilon, quatre comtes et jusqu'à vingt autres hommes illustres et nobles, furent en effet tués, sans compter ceux qui, les ayant suivis, préférèrent périr avec eux plutôt que vivre après eux.

Quand le roi eut appris la nouvelle de cet événement, il jugea bon de ne pas tergiverser ; il rassembla en hâte une armée et part pour la Saxe ; il fit venir à lui tous les grands parmi les Saxons et s'enquit des auteurs de la défection qui avait eu lieu. Et comme tous désignaient haut et fort Widukind comme l'auteur de ce forfait – sans toutefois pouvoir le livrer, parce qu'après avoir perpétré cet acte, il s'était rendu chez les Normands – au moins 4 500 de ceux qui s'étaient laissé persuader par Widukind et avaient commis un si grand crime furent, sur l'ordre du roi, livrés et tous décapités en un seul jour, au lieu appelé Verden, sur l'Aller[132]. Après avoir exercé sa vindicte, le roi passa l'hiver à Thionville, et y célébra, selon la coutume, la Naissance du Seigneur ainsi que Pâques.

[783] DCCLXXXIII. Adridente ueris temperie, cum ad expeditionem Saxonicam se praeparasset – nam de omnimoda eorum defectione ad eum perlatum fuerat – priusquam de memorata uilla moueret, Hildigardis regina uxor eius decessit II. Kal. Mai. Cuius funeri cum more solemni iusta persolueret, in Saxoniam, sicut dispositum habebat, duxit exercitum. Cumque Saxones in eo loco, qui Theotmelli uocatur, ad pugnam se praeparare comperisset, ad eos, quanta potuit celeritate, contendit ; commissoque cum eis proelio tanta eos caede prostrauit ut de innumerabili eorum multitudine perpauci euasisse dicantur. Cumque de loco proelii ad Padrabrunnon se cum exercitu recepisset atque ibi castris positis partem exercitus, quae adhuc de Francia uenire debuerat, operiretur, audiuit Saxones in finibus Westfalaorum super fluuium Hasam ad hoc congregari ut ibi cum eo, si uenisset, acie confligerent. Quo nuntio commotus adunatis quae tum ad se uenerant quasque ante secum habebat Francorum copiis ad locum, ubi congregati erant, sine dilatione profectus est congressusque cum eis eadem qua et prius felicitate dimicauit. Caesa est eorum infinita multitudo, spoliaque direpta, captiuorum quoque magnus abductus est numerus. Inde uictor ad orientem iter conuertit primoque usque ad Wisuram, deinde usque ad Albiam cuncta deuastando peragrauit.

Inde reuersus in Franciam duxit uxorem filiam Radolfi comitis natione Francam, nomine Fastradam, ex qua duas filias procreauit. Eodem anno defuncta est bonae memoriae mater regis Berhtrada IIII. Id. Iul. Ipse in Heristallio uilla ibidem hiematurus consedit ibique natalem Domini ac sanctum pascha celebrauit.

133. Detmold, Rhénanie-du-Nord-Westphalie, au nord de Paderborn.
134. La Hase, affluent de l'Ems, dont la source est près d'Osnabrück.
135. Fastrade, fille de Radulf, comte en Franconie. Les deux filles qu'elle eut de Charlemagne sont Théodrade, qui fut abbesse d'Argenteuil, et Hiltrude.

783. Quand le printemps commença à sourire, alors que le roi s'était préparé à une expédition en Saxe – on lui avait rapporté que, de tous côtés, les Saxons faisaient défection – avant qu'il n'eût quitté le domaine en question, la reine Hildegarde, son épouse, mourut le 2 des calendes de mai (30 avril). Après avoir célébré, avec solennité et comme il se devait, ses funérailles, il conduisit, comme il l'avait projeté, une armée en Saxe. Ayant appris que les Saxons se préparaient au combat dans le lieu que l'on appelle Detmold[133], il fondit sur eux avec toute la rapidité possible ; et il engagea le combat contre eux et les terrassa, faisant un si grand carnage que, de cette innombrable multitude, à ce que l'on dit, fort peu réussirent à s'échapper. Lorsqu'il se fut retiré, avec son armée, du champ de bataille à Paderborn, après y avoir dressé son camp en attendant les troupes qui devaient encore venir de Francie, il apprit que les Saxons se rassemblaient sur la Hase[134], en territoire des Westphaliens, dans le dessein de l'y combattre s'il venait là. Irrité par cette nouvelle, il réunit les troupes des Francs – celles qu'il venait de recevoir et celles qui étaient déjà avec lui – et partit sans délai pour le lieu où les ennemis s'étaient rassemblés et, les ayant atteints, il les combattit avec le même succès qu'auparavant. Une multitude infinie d'entre eux fut massacrée, les dépouilles furent saisies et un grand nombre de prisonniers fut emmené. De là, le vainqueur fit route vers l'est et, dévastant tout sur son passage, il alla d'abord jusqu'à la Weser, ensuite jusqu'à l'Elbe.

Puis, de retour en Francie, il prit pour épouse la fille du comte Radulf, franque de naissance, nommée Fastrade, de laquelle il eut deux filles[135]. En cette même année, mourut la mère du roi, Bertrade, de bonne mémoire, le 4 des ides de juillet (12 juillet)[136]. Le roi s'installa dans le domaine de Herstal pour y passer l'hiver, y célébra la Naissance du Seigneur et la sainte Pâque.

---

136. Bertrade, épouse de Pépin le Bref, morte le 12 juillet 783. Elle est appelée Berthe dans la version non révisée (cf. vol. 1, p. 19 et 41).

[784] DCCLXXXIIII. Cum primum oportunitas temporis aduenit, ad reliquias belli Saxonici conficiendas rex animo intento cum exercitu in loco, qui Lippeham uocatur, Rhenum traiecit et uastatis Westfalaorum pagis uenit ad Wisuram. Cumque in eo loco, qui Huculbi dicitur, castris super fluuium positis consedisset, uidit se in aquilonales Saxoniae partes, sicut statuerat, propter nimias aquarum inundationes, quae tum subito ex iugitate pluuiarum acciderant, transire non posse. Idcirco iter in Thuringiam conuertit et filium suum Karlum cum parte exercitus in Westfalaorum finibus sedere iussit. Ipse per Thuringiam iter faciens uenit in campestria Saxoniae, quae Albi atque Salae fluminibus adiacent, depopulatisque orientalium Saxonum agris ac uillis incensis de Scahningi – hoc loco nomen erat – in Franciam regressus est.

Karlus uero filius eius, cum ei iter agenti in pago Draigni iuxta Lippiam fluuium Saxonum occurrisset exercitus, commisso cum eis equestri proelio felici ac prospero euentu dimicauit ; nam magno eorum numero interfecto, ceteris in diuersa fugatis uictor ad patrem Wormaciam reuersus est. Rex autem congregato iterum exercitu in Saxoniam profectus est celebratoque in castris natalicio Domini die super Ambram fluuium in pago Huettagoe iuxta castrum Saxonum, quod dicitur Skidroburg, ad locum uocabulo Rimi, in quo Wisura et Waharna confluunt, populabundus accessit. Cumque eum ulterius progredi tam hiemalis temporis asperitas quam aquarum inundatio prohiberet, Eresburgum castrum in hiberna concessit.

137. Huculbi sur la Weser, aujourd'hui Petershagen, Rhénanie-du-Nord-Westphalie, au nord de Minden.
138. Charles le Jeune († 811), premier fils de Charlemagne et de Hildegarde, serait né en 772 ou 773 et aurait donc été âgé d'une douzaine d'années en 784, précision qui rend surprenants les faits d'armes qui lui sont ici attribués.
139. Schöningen, en Basse-Saxe entre l'Ocker et l'Aller, au sud-est de Brunswick (Braunschweig).
140. Le Dreingau, entre la Lippe et l'Ems, au sud de Münster.
141. Schieder, au nord-est de Paderborn.

784. Dès qu'arriva le moment favorable, le roi, décidé à mettre un terme aux derniers reliquats de guerre contre les Saxons, traversa le Rhin avec son armée, au lieu appelé Lippeham et, après avoir dévasté les *pagi* des Westphaliens, arriva à la Weser. Et comme il avait pris position et dressé son camp au bord du fleuve, dans le lieu nommé Huculbi[137], il vit qu'il ne pouvait passer, comme il l'avait résolu, dans la partie septentrionale de la Saxe, en raison des grandes inondations que des pluies continues avaient soudainement provoquées. C'est pourquoi il infléchit alors sa route vers la Thuringe et ordonna à son fils Charles[138] de rester avec une partie de l'armée dans le territoire des Westphaliens. Pour sa part, il traversa la Thuringe et vint dans les plaines de Saxe qui touchent à l'Elbe et à la Saale, et, après avoir ravagé les terres des Saxons orientaux et brûlé leurs domaines, il revint de Schöningen[139] – c'était le nom du lieu – en Francie.

Quant à son fils Charles, comme il faisait route dans le *pagus* de Dreingau[140], sur la Lippe, une armée de Saxons vint à sa rencontre ; après avoir engagé contre eux un combat de cavalerie, il livra bataille avec bonheur et succès : il en tua un grand nombre et mit les autres en fuite, et il retourna en vainqueur à Worms auprès de son père. Le roi réunit de nouveau son armée et partit pour la Saxe et, après avoir célébré le jour de la Naissance du Seigneur dans son camp sur l'Emmer, dans le Weissgau, près du fort saxon que l'on nomme Skidroburg[141], il marcha pour le ravager vers le lieu appelé Rehme au confluent de la Weser et de la Werne[142]. Mais, comme l'âpreté de l'hiver tout autant que les inondations l'empêchaient d'aller plus avant, il s'installa dans le fort d'Eresburg, pour passer l'hiver[143].

142. Rehme au confluent de la Weser et de la Werne, aujourd'hui partie de l'agglomération de Bad Oeynhausen, Rhénanie-du-Nord-Westphalie.

143. La version non révisée des *Annales* dit qu'il fêta Noël dans le domaine de Lügde (entre Paderborn et Hameln) et non à Eresburg (cf. vol. 1, p. 43).

[785] DCCLXXXV. Cum ibi hiemare decreuisset, accitis atque adductis ad se uxore ac liberis relictoque cum eis in eodem castro satis fido ac firmo praesidio ipse cum expedita manu ad Saxonum pagos uastandos ac uillas diripiendas egressus inquietam satis hiemem ubique discurrendo et cuncta caedibus atque incendiis permiscendo tam per se ipsum quam per duces quos miserat Saxonibus reddidit. Cumque huiusmodi uastationibus per totum hiberni temporis spatium omnes fere Saxonum regiones ingenti clade adfecisset, transacta tandem hieme et aduectis ex Francia commeatibus publicum populi sui conuentum in loco, qui Padrabrunno uocatur, more solemni habuit. Ac peractis his quae ad illius conuentus rationem pertinebant in pagum uocabulo Bardengoo proficiscitur ibique audiens Widokindum ac Abbionem esse in Transalbiana Saxonum regione primo eis per Saxones ut omissa perfidia ad suam fidem uenire non ambigerent suadere coepit. Cumque ipsi facinorum suorum sibi conscii regis fidei se committere dubitarent, tandem accepta ab eo, quam optabant, inpunitatis sponsione atque impetratis, quos sibi dari precabantur, suae salutis obsidibus, quos eis Amalwinus, unus aulicorum, a rege missus adduxerat, cum eodem ipso ad eius praesentiam in Attiniaco uilla uenerunt atque ibi baptizati sunt. Nam rex, postquam ad eos accersiendos memoratum Amalwinum direxit, in Franciam reuersus est ; quieuitque illa Saxonicae perfidiae peruicacitas per annos aliquot, ob hoc maxime quoniam occasiones deficiendi ad rem pertinentes inuenire non potuerunt.

785. Ayant décidé de passer l'hiver en ce lieu, il fit appeler et venir à lui son épouse et ses enfants ; et, ayant laissé avec eux dans ce fort une garnison suffisamment nombreuse et fidèle, il sortit avec une armée légère pour dévaster le territoire des Saxons et piller leurs domaines ; parcourant le pays en tous sens et bouleversant tout par les destructions et les incendies, il fit vivre aux Saxons, tant de son fait que par les ducs qu'il avait envoyés, un hiver sans aucun repos. Et comme, par de telles dévastations, il avait, pendant toute la période hivernale, infligé à presque toutes les régions des Saxons des dommages considérables, une fois l'hiver enfin terminé et les convois acheminés depuis la Francie, il tint, selon la coutume annuelle, l'assemblée publique de son peuple au lieu appelé Paderborn. Et après avoir mené à bien les affaires qui devaient y être traitées, il part pour le *pagus* appelé Bardengau[144], et là, apprenant que Widukind et Abbion étaient dans la région des Saxons d'au-delà de l'Elbe, il recourut d'abord aux Saxons pour les convaincre de renoncer à leur perfidie et de se soumettre à lui sans tergiverser. Conscients de leurs forfaits, ils hésitaient à s'en remettre à la foi du roi. Mais après avoir finalement obtenu de lui la promesse d'impunité souhaitée et avoir reçu les otages instamment demandés pour leur sûreté qu'Amalwin, un grand de la cour, envoyé par le roi, leur avait amenés, ils se rendirent avec lui au domaine d'Attigny où ils se présentèrent devant le roi et furent baptisés. Car le roi, après leur avoir envoyé ledit Amalwin pour qu'il les lui amenât, était retourné en Francie ; et l'opiniâtre perfidie des Saxons s'apaisa pendant quelques années, surtout parce que ces derniers ne purent trouver d'occasions favorables à une défection.

---

144. Le Bardengau est le territoire qui entoure la place commerciale de Bardowick, sur l'Inhau, affluent de l'Elbe, à l'ouest de Lunebourg.

Facta est eodem anno trans Rhenum apud orientales Francos aduersus regem inmodica coniuratio, cuius auctorem Hardradum comitem fuisse constabat. Sed huius indicium cito ad regem delatum est, eiusque sollertia tam ualida conspiratio citra ullum grande periculum in breui conquieuit, auctoribus eius partim priuatione luminum partim exilii deportatione condemnatis.

[786] DCCLXXXVI. Cum et hiemis tempus expletum et sanctum pascha in Attiniaco uilla fuisset a rege celebratum, exercitum in Brittanniam cismarinam mittere constituit. Nam cum ab Anglis ac Saxonibus Brittannia insula fuisset inuasa, magna pars incolarum eius mare traiciens in ultimis Galliae finibus Venetorum et Coriosolitarum regiones occupauit. Is populus a regibus Francorum subactus ac tributarius factus inpositum sibi uectigal licet inuitus soluere solebat. Cumque eo tempore dicto audiens non esset, missus illuc regiae mensae praepositus Audulfus perfidae gentis contumaciam mira celeritate compressit regique apud Wormaciam et obsides, quos acceperat, et complures ex populi primoribus adduxit.

Rex pace undique parta statuit Romam proficisci et partem Italiae quae nunc Beneuentus uocatur adgredi conueniens esse arbitratus, ut illius regni residuam portionem suae potestati subiceret, cuius caput in capto Desiderio rege maioremque partem in Langobardia iam subacta tenebat. Nec diu moratus, sed contractis celeriter Francorum copiis

145. Hardrad et ses complices sont condamnés l'année suivante à l'assemblée de Worms. Cette révolte n'est pas mentionnée dans la version non révisée des *Annales*.

146. Peuples celtiques de Bretagne, les Vénètes occupent le pays de Vannes (dép. Morbihan) et les Coriosolites, les territoires à cheval sur les départements des Côtes d'Armor et d'Ille-et-Vilaine. Ils ont donné leur nom à Corseul près de Saint-Malo.

147. Audulf est désigné comme « sénéchal » dans la version brève (cf., vol. I, p. 45). *Praepositus mensae* est une formulation recherchée du réviseur.

148. Nous traduisons *gens* par « nation », bien que *natio* soit employé ailleurs dans notre texte (cf. a. 789). On pourrait traduire

En cette même année, il se fit, de l'autre côté du Rhin, parmi les Francs orientaux, une conjuration de grande ampleur contre le roi, dont il est établi que le comte Hardrad[145] était l'instigateur. Mais on en rapporta rapidement des preuves au roi et, grâce à son habileté, cette conspiration si puissante se désagrégea très vite, sans avoir présenté un trop grand danger ; il condamna les instigateurs à être, les uns privés de la vue, les autres déportés en exil.

786. Quand l'hiver fut terminé et que la sainte Pâque eut été célébrée par le roi dans le domaine d'Attigny, ce dernier décida d'envoyer une armée en Bretagne, celle qui est de ce côté-ci de la mer. En effet, quand l'île de Bretagne eut été envahie par les Angles et les Saxons, une grande partie de ses habitants traversa la mer et prit possession du territoire des Vénètes et des Coriosolites[146], aux confins de la Gaule. Ce peuple, soumis par les rois des Francs et assujetti à tribut, s'acquittait généralement – quoique de mauvaise grâce – de la contribution qui lui était imposée. Et comme, à cette époque, il faisait la sourde oreille, l'émissaire Audulf, préposé à la table royale[147], écrasa là, avec une rapidité étonnante, l'obstination de la perfide nation[148] et amena au roi, à Worms, à la fois les otages qu'il avait reçus et de nombreux grands de ce peuple.

Le roi, comme la paix était établie partout, décida de se rendre à Rome et, jugeant qu'il convenait d'attaquer la région d'Italie qui est maintenant appelée Bénévent, pour soumettre à son pouvoir le reste de ce royaume dont il tenait le chef, en la personne du roi Didier[149] qui était son prisonnier, et la majeure partie de la Lombardie déjà soumise. Et il n'attendit pas longtemps, mais rassembla rapidement des troupes de Francs et pénètre en Italie, dans la rigueur

par « peuple », mais *populus* est fréquemment employé (cf. lignes précédentes et suivantes).

149. Didier, roi des Lombards depuis 757, s'est soumis à Charlemagne en mars 774, après le long siège de Pavie. Charlemagne est alors devenu roi des Lombards.

in ipsa hiemalis temporis asperitate Italiam ingreditur. Cumque in Florentia Tuscorum ciuitate natalem Domini celebrasset, quanta potuit celeritate Romam ire contendit.

Quo cum uenisset ac de profectione sua in Beneuentum tam cum Adriano pontifice quam cum suis optimatibus deliberasset, Aragisus dux Beneuentanorum audito eius aduentu compertaque in terram suam intrandi uoluntate propositum eius auertere conatus est. Misso enim Rumoldo maiore filio suo cum muneribus ad regem rogare coepit ne terram Beneuentanorum intraret. Sed ille longe aliter de rebus inchoatis faciendum sibi iudicans retento secum Rumoldo cum omni exercitu suo Capuam Campaniae ciui-tatem accessit ibique castris positis consedit, inde bellum gesturus ni memoratus dux intentionem regis salubri consilio praeuenisset. Nam relicta Beneuento, quae caput illius terrae habetur, in Salernum maritimam ciuitatem uelut munitiorem se cum suis contulit missaque legatione utrosque filios suos regi obtulit, promittens se ad omnia, quae imperarentur, libenter oboediturum. Cuius precibus rex adnuens diuini etiam timoris respectu bello abstinuit et minore ducis filio nomine Grimoldo obsidatus gratia suscepto maiorem patri remisit. Accepit insuper a populo obsides undecim misitque legatos qui et ipsum ducem et omnem Beneuentanum populum per sacramenta firmarent. Ipse post haec cum legatis Constantini imperatoris, qui propter petendam filiam suam ad se missi fuerant, locutus est atque illis dimissis Romam reuersus sanctum paschale festum magna cum hilaritate celebrauit.

150. C'est-à-dire de Toscane.

151. Aréchis II, duc de Bénévent (758-787).

152. La version brève mentionne au début de l'entrée 787 douze otages auxquels s'ajoute Grimoald (cf. vol. I, p. 47). Ici, il est fait mention de Grimoald comme otage, auquel s'ajoutent onze otages et non douze.

153. Constantin VI (780-797), empereur en titre depuis la mort de son père Léon IV. C'est de fait sa mère, l'impératrice Irène, qui

même de l'hiver. Et comme il avait célébré la Naissance du Seigneur à Florence, la cité des Étrusques[150], il s'empressa d'aller à Rome avec toute la rapidité possible.

Et comme il y était arrivé et qu'il avait délibéré de son départ pour Bénévent, aussi bien avec le pontife Adrien qu'avec ses grands, Aréchis, duc des Bénéventains[151], ayant appris sa venue et découvert sa volonté d'envahir sa terre, s'efforça de le détourner de son projet. Il envoya en effet au roi son fils aîné Romuald avec des cadeaux, pour le prier de ne pas envahir la terre des Bénéventains. Mais lui, jugeant, pour ce qu'il avait entrepris, qu'il devait agir bien autrement, retint avec lui Romuald et se rendit avec toute son armée à Capoue, cité de Campanie, installa là son camp et s'y établit ; il aurait de là mené la guerre si le susdit duc n'avait prévenu l'intention du roi par une saine décision. En effet, ayant quitté Bénévent, que l'on tient pour la capitale de ce territoire, il se rendit avec les siens à Salerne, cité maritime qui paraissait plus sûre et, envoyant une légation, il offrit ses deux fils au roi, promettant qu'il obéirait volontiers à tout ce qui lui serait ordonné. Le roi, pour accéder à ses prières et aussi par crainte de Dieu, s'abstint de faire la guerre et, acceptant en guise d'otage le plus jeune fils du duc, du nom de Grimoald, il renvoya l'aîné à son père. Il accepta, de plus, onze otages venant de ce peuple et envoya des légats pour s'assurer par serment du duc lui-même, ainsi que de tout le peuple des Bénéventains[152]. Après quoi, lui-même s'entretint avec les légats de l'empereur Constantin[153] qui lui avaient été envoyés pour lui demander sa fille en mariage et, après leur avoir donné congé, il revint à Rome et y célébra la sainte fête pascale avec grande joie[154].

exerce le pouvoir. Elle avait négocié le mariage du jeune empereur avec la fille aînée de Charlemagne, Rotrude, dès 781. Mais il n'eut pas lieu, d'où les affrontements évoqués ci-dessous à l'année 788.

154. Une nouvelle fois deux fêtes de Pâques sont signalées dans la même notice annuelle (cf. a. 768 et a. 781).

[787] DCCLXXXVII. Cum adhuc rex Romae ageret, Tassilo dux Baioariae misit legatos suos, Arnum uidelicet episcopum et Hunricum abbatem, ad Adrianum papam, petens ut inter regem atque illum mediator pacis fieri dignaretur. Nec pontifex precibus eius censuit abnuendum, sed quanta potuit instantia apud regem intercedere curauit ut inter eos pax et concordia ex suae apostolicae auctoritatis ammonitione atque interuentione proueniret. Cui cum rex idem se magnopere uelle respondisset simulque a legatis memorati ducis inquireret quam huius pacationis firmitatem facere deberent, responderunt sibi de hac re nihil esse commissum nec se de hoc negotio aliud facturos quam ut responsa regis atque pontificis domino suo reportarent. Quorum uerbis papa commotus uelut fallaces ac fraudulentos anathematis gladio statuit feriendos, si ab olim regi promissa fide discederent, atque ita infecto pacis negotio reuersi sunt. Rex autem adoratis sanctorum apostolorum liminibus uotisque solutis apostolica benedictione percepta in Franciam reuersus est.

Et cum uxorem suam Fastradam filiosque ac filias et omnem comitatum quem apud eos dimiserat Wormaciae inuenisset, generalem populi sui conuentum ibi habere statuit. In quo cum omnia, quae in Italia gesserat, coram optimatibus suis narrando commemorasset et ad extremum de legatis Tassilonis, qui ad se Romae uenerant, mentio facta fuisset, iniit consilium ut experiretur quid Tassilo de promissa sibi fidelitate facere uellet congregatoque ingenti exercitu atque in tres partes diuiso Baioariam petere constituit. Cumque Pippinum filium cum Italicis copiis in Tredentinam uallem uenire iussisset, orientales quoque Franci ac Saxones, ut

---

155. Arn, évêque puis archevêque de Salzbourg (785-821) ; Hunric, abbé de Mondsee en Bavière à l'est de Salzbourg (aujourd'hui en Autriche).

787. Comme le roi était encore à Rome, Tassilon, duc de Bavière, envoya ses légats, à savoir l'évêque Arn et l'abbé Hunric[155], au pape Adrien, lui demandant de bien vouloir accepter de servir de médiateur de paix entre le roi et lui. Le pontife décida de ne pas opposer de refus à ses prières et, avec toute l'insistance possible, joua les intermédiaires auprès du roi, afin de rétablir entre eux, par l'admonition et le poids de son autorité apostolique, la paix et la concorde. Alors que le roi avait répondu que telle était sa volonté la plus chère, et que le pape, dans le même temps, demandait aux légats du duc en question les modalités de signature de cette paix qu'ils devaient conclure, ces derniers répondirent qu'il ne leur avait rien été confié à ce sujet et que, dans cette démarche, ils n'étaient chargés que de rapporter à leur seigneur la réponse du roi et du pontife. Le pape, irrité de leurs propos, décida de les frapper du glaive de l'anathème pour leur fourberie et leur tromperie s'ils s'écartaient de la fidélité promise naguère au roi ; et ils s'en retournèrent ainsi, sans avoir conclu la paix. Quant au roi, après avoir prié auprès du seuil des saints apôtres et s'être acquitté de ses vœux, il reçut la bénédiction apostolique et s'en retourna en Francie.

Et, comme il avait retrouvé à Worms son épouse Fastrade, ses fils et filles, et toute la suite qu'il avait laissée auprès d'eux, il décida de tenir en ce lieu l'assemblée générale de son peuple. Et comme il y avait fait le récit, devant ses grands, de tout ce qu'il avait accompli en Italie, et avait mentionné, pour finir, les légats de Tassilon qui étaient venus le trouver à Rome, il prit la résolution de voir ce que Tassilon voulait faire de la fidélité qu'il lui avait promise ; il rassembla donc une immense armée, la divisa en trois parties et entreprit de marcher sur la Bavière. Et comme il avait ordonné à son fils Pépin de se rendre avec les troupes d'Italie dans la vallée de Trente[156], et que les Francs orientaux et les Saxons aussi

---

156. Trente, au Nord de l'Italie, dans le Haut-Adige.

iussi fuerant, ad Danubium in loco, qui Pferinga uocatur, accessissent, ipse cum exercitu, quem secum duxerat, super Lechum fluuium, qui Alamannos et Baioarios dirimit, in Augustae ciuitatis suburbano consedit, inde Baioariam cum tam ualida manu procul dubio petiturus, nisi Tassilo sibi ac populo suo ad regem ueniendo consuleret. Nam uidens se undique circumsessum, uenit supplex ac ueniam de ante gestis sibi dari deprecatus est. Sed et rex, sicut erat natura mitissimus, supplici ac deprecanti pepercit acceptisque ab eo praeter filium eius Theodonem aliis quos ipse imperauit duodecim obsidibus et populo terrae per sacramenta firmato in Franciam reuersus est. Et in suburbano Mogontiacense in uilla, quae uocatur Ingilunheim, quia ibi hiemauerat, et natalem Domini et pascha celebrauit.

[788] DCCLXXXVIII. Cum in eadem uilla generalem populi sui rex conuentum fieri decreuisset ac Tassilonem ducem sicut et ceteros uassos suos in eodem conuentu adesse iussisset atque ille, ut ei fuerat imperatum, ad regis praesentiam peruenisset, crimine maiestatis a Baioariis accusatus est. Obiciebant ei quod, postquam filium suum obsidem regi dederat, suadente coniuge sua Liutberga, quae filia Desiderii regis Langobardorum fuit et post patris exilium Francis inimicissima semper extitit, in aduersitatem regis et ut bellum contra Francos susciperent Hunorum gentem concitaret. Quod uerum fuisse rerum in eodem anno gestarum probauit euentus. Obiciebantur ei et alia conplura et dicta et facta quae non nisi ab inimico et irato uel fieri uel

157. Pföring, sur le Danube, entre Ingolstadt et Ratisbonne.
158. Cette qualification *rex mitissimus,* appliquée plus tard à son fils Louis, explique que Louis le Pieux ait pu être également appelé Louis le Débonnaire.
159. Ce qui est appelé ici, dans la version révisée, *crimen maiestatis* (crime de majesté) est « ce qu'on appelle en langue tudesque *harisliz* » dit la version brève (cf. vol. 1, p. 53).

s'étaient avancés, comme ils en avaient reçu l'ordre, vers le Danube jusqu'au lieu appelé Pföring[157], lui-même s'arrêta, avec l'armée qu'il conduisait, dans les environs de la cité d'Augsbourg, sur le Lech qui sépare les Alamans des Bavarois. De là, avec une armée si puissante, il aurait, sans nul doute avancé en Bavière, si Tassilon n'avait résolu, pour le bien de son peuple et de sa personne, de venir le trouver : se voyant encerclé de toutes parts, il vint en suppliant et implora le roi de lui accorder le pardon pour ses actions passées. Et le roi, qui était par nature très débonnaire[158], épargna le suppliant qui l'implorait et, après avoir reçu de lui douze autres otages qu'il avait exigés en plus de son fils Théodon, s'en retourna en Francie après s'être assuré par serment de la population de ce territoire. Et il célébra et la Naissance du Seigneur et Pâques au domaine qu'on appelle Ingelheim, dans les environs de Mayence, parce qu'il y passait l'hiver.

788. Comme le roi avait décidé de tenir dans ce même domaine l'assemblée générale de son peuple et qu'il avait ordonné au duc Tassilon, de même qu'à ses autres vassaux, d'assister à cette même assemblée, ce dernier était venu en présence du roi, ainsi qu'il en avait reçu l'ordre, et il fut accusé du crime de majesté[159] par les Bavarois ; ces derniers lui opposaient le fait que, après avoir donné son fils comme otage au roi, sur le conseil de sa femme Liutberge, fille du roi des Lombards Didier – qui entretint toujours une très grande inimitié contre les Francs du fait de l'exil de son père – il avait excité l'animosité du peuple des Huns contre le roi afin de les faire entrer en guerre contre les Francs. Et la suite des événements, cette même année, prouva la véracité de l'accusation. On opposait au duc nombre de paroles et d'actions qui n'avaient pu être dites ou faites que par

C'est le réviseur qui introduit cette notion et ce terme de droit romain pour désigner la violation par Tassilon de ses engagements sous serment à l'égard du roi et son appel aux Avars contre les Francs.

proferri poterant ; quorum ne unum quidem infitiari coepit, sed noxae conuictus uno omnium adsensu ut maiestatis reus capitali sententia damnatus est. Sed clementia regis licet morti addictum liberare curauit ; nam mutato habitu in monasterium missus est, ubi tam religiose uixit quam libenter intrauit. Similiter et Theodo filius eius tonsus et monasticae conuersationi mancipatus est ; Baioarii quoque, qui perfidiae ac fraudis eorum conscii et consentanei fuisse reperti sunt, exilio per diuersa loca religantur.

Huni uero, sicut Tassiloni promiserunt, duobus exercitibus comparatis uno marcam Foroiuliensem, altero Baioariam adgressi sunt, sed frustra ; nam in utroque loco uicti fugatique sunt et multis suorum amissis cum magno damno ad loca sua se receperunt. Quam iniuriam uelut uindicaturi iterum Baioariam maioribus copiis petierunt, sed in prima congressione pulsi a Baioariis et innumera multitudo eorum caesa, multi etiam ex eis qui per fugam euadere conati Danubium tranare uoluerunt gurgitibus fluminis absorbti sunt.

Interea Constantinus imperator propter negatam sibi regis filiam iratus Theodorum patricium Siciliae praefectum cum aliis ducibus suis fines Beneuentanorum uastare iussit. Qui cum imperata exsequerentur, Grimoldus, qui eodem anno post mortem patris dux Beneuentanis a rege datus est, et Hildibrandus dux Spolitinorum cum copiis, quas congregare potuerunt, in Calabria eis occurrerunt, habentes secum

160. On suit l'histoire des mauvais rapports entre Pépin, puis Charlemagne, et Tassilon de Bavière dans les notices des années 748 (il reçoit le duché de Bavière), 757 (il prête serment de fidélité à Pépin), 781 (il est contraint de renouveler son serment de fidélité à Charlemagne devenu roi), 787 (il est de nouveau contraint de se soumettre) et 788 (il est condamné). Sur la question des engagements et des ruptures entre Tassilon et Charlemagne, voir M. Becher, *Eid und Herrschaft. Untersuchungen zum Herrscherethos Karls des Großen,* Vorträge und Forschungen, 39, Sigmaringen, 1993 ; S. Airlie, « Narratives of triumph and rituals of submissions », *TRHS,* 6e série, 9, 1999, p. 93-120.

161. La version non révisée parle d'une bataille entre Avars et Bavarois, avec la participation des émissaires de Charlemagne

un homme animé d'hostilité et de colère : il ne put en nier aucune et convaincu de crime à l'unanimité, il fut condamné à la peine capitale comme coupable du crime de majesté. Mais la clémence du roi s'employa à le sauver, bien qu'il fût condamné à mort : il quitta l'habit séculier et fut envoyé dans un monastère où il vécut aussi pieusement qu'il y entra volontiers[160]. De même son fils Théodon reçut la tonsure et fut assujetti à la vie monastique. Et ceux des Bavarois que l'on découvrit informés et complices de leur perfidie et de leur tromperie sont exilés et relégués en différents lieux.

Les Huns, comme ils l'avaient promis à Tassilon, mirent sur pied deux armées et attaquèrent, par la première, la marche de Frioul, par la seconde, la Bavière[161] ; mais en vain : ils furent en effet vaincus et mis en fuite dans l'un et l'autre lieu, perdirent beaucoup des leurs et rentrèrent chez eux avec grand dommage. Comme pour venger cet affront, ils attaquèrent de nouveau la Bavière avec des troupes plus nombreuses, mais au premier affrontement, ils furent repoussés par les Bavarois ; une multitude innombrable d'entre eux fut massacrée et beaucoup même, de ceux qui, dans leur effort pour se sauver, voulurent traverser le Danube à la nage, furent engloutis dans les profonds tourbillons du fleuve.

Pendant ce temps, l'empereur Constantin, irrité de ce que le roi lui avait refusé sa fille, ordonna au patrice Théodore, préfet de Sicile, et à ses autres ducs, de dévaster le territoire des Bénéventains. Comme ces derniers exécutaient les ordres, Grimoald qui, après la mort de son père, avait, cette même année, été donné par le roi comme duc aux Bénéventains[162], et Hildebrand, duc des Spolétins, vinrent au-devant des forces de Théodore, en Calabre, avec les troupes qu'ils avaient pu réunir ; ils avaient avec

Grahaman (*Grahamannus*) et Odacre (*Audaccrus*), sur l'Ipsfeld. Il s'agit sans doute des environs d'Ybbs an der Donau, Basse-Autriche, au confluent de l'Ybbs et du Danube (cf. vol. 1, p. 55).

162. Grimoald III (788-806) vient de succéder à son père Aréchis II (758-787) comme duc de Bénévent.

legatum regis Winigisum, qui postea in ducatu Spolitino
Hildibrando successit. Commissoque proelio inmodicam ex
eis multitudinem ceciderunt ac sine suo suorumque graui
dispendio uictores facti magnum captiuorum ac spoliorum
numerum in sua castra retulerunt.

Rex autem in Baioariam profectus eandem prouinciam cum
suis terminis ordinauit atque disposuit ; atque inde regressus
in Aquisgrani palatio suo, ubi hiemauerat, et diem Domini
natalicium sanctumque pascha more solemni celebrauit.

[789] DCCLXXXVIIII. Natio quaedam Sclauenorum
est in Germania, sedens super litus oceani, quae propria
lingua Welatabi, francica autem Wiltzi uocatur. Ea Francis
semper inimica et uicinos suos, qui Francis uel subiecti uel
foederati erant, odiis insectari belloque premere ac lacessire
solebat. Cuius insolentiam rex longius sibi non ferendam
ratus bello eam adgredi statuit conparatoque ingenti exercitu
Rhenum apud Coloniam traiecit. Inde per Saxoniam iter
agens, cum ad Albiam peruenisset, castris in ripa positis
amnem duobus pontibus iunxit, quorum unum ex utroque
capite uallo muniuit et inposito praesidio firmauit. Ipse,
fluuio transito, quo constituerat exercitum duxit ingres-
susque Wiltzorum terram cuncta ferro et igni uastari iussit.
Sed gens illa, quamuis bellicosa et in sua numerositate
confidens, impetum exercitus regii diu sustinere non ualuit
ac proinde, cum primum ciuitatem Dragawiti uentum est
– nam is ceteris Wiltzorum regulis et nobilitate generis et
auctoritate senectutis longe praeminebat – extemplo cum
omnibus suis ad regem de ciuitate processit, obsides, qui

163. Winigise est envoyé par Charlemagne comme duc de
Spolète (789-822). On le retrouve avec le titre de comte de Spolète
en 802 et 803, avec le titre de duc en 799, 815 et 822.
164. Face aux Avars précise la version brève (cf. vol. I, p. 57).

eux Winigise[163], l'émissaire du roi qui ensuite succéda à Hildebrand comme duc de Spolète. Une fois le combat engagé, ils tuèrent une foule considérable de ces gens et furent vainqueurs sans trop de dommage pour leurs personnes ou celles des leurs, et retournèrent à leur camp avec une grande quantité de prisonniers et de butin.

De son côté, le roi partit pour la Bavière, réorganisa cette province et établit ses frontières[164], puis il revint en son palais d'Aix où il passa l'hiver et célébra selon l'usage le jour de la Naissance du Seigneur et la sainte Pâque.

789. Il est en Germanie une nation de Slaves, installée sur le rivage de l'océan[165], appelée dans leur propre langue les Wélatabes et en francique les Wilzes. Elle fut toujours l'ennemie des Francs et d'ordinaire, ses voisins qui étaient soit sujets soit alliés des Francs, elle les poursuivait de sa haine, les harcelait et les oppressait par les armes. Or le roi, considérant qu'il ne pouvait supporter plus longtemps son insolence, décida d'entrer en guerre contre elle ; il leva une immense armée et traversa le Rhin à Cologne. De là, il passa par la Saxe et quand il eut atteint l'Elbe, il installa son camp sur la rive et fit jeter deux ponts sur le fleuve ; il dota l'un d'eux d'une fortification à ses deux extrémités et y installa une garnison pour le protéger. Après avoir traversé le fleuve, il conduisit lui-même l'armée là où il avait décidé de se rendre, pénétra dans la terre des Wilzes et ordonna de tout dévaster par le fer et par le feu. Et ce peuple, si belliqueux fût-il et confiant en son nombre, ne put longtemps soutenir l'assaut de l'armée royale ; ainsi, dès que l'on eut atteint la cité tenue par Dragavit, qui l'emportait de loin sur tous les autres roitelets wilzes par la noblesse de sa naissance et l'autorité de son âge avancé[166], ce dernier sortit immédiatement de sa cité et vint à la rencontre du roi avec tous

165. En l'occurrence la mer Baltique.

166. Dragavit est présenté comme un « roi principal » (*Oberkönig* dans l'historiographie allemande) parmi plusieurs rois des Wilzes.

imperabantur, dedit, fidem se regi ac Francis seruaturum iureiurando promisit. Quem ceteri Sclauorum primores ac reguli secuti omnes se regis dicioni subdiderunt. Tum ille subacto illo populo et obsidibus quos dare iusserat acceptis eadem uia qua uenerat ad Albim regressus est et exercitu per pontem reducto, rebus quoque ad Saxones pertinentibus secundum tempus dispositis, in Franciam reuersus est et in Wormacia ciuitate et natalem Domini et pascha celebrauit.

[790] DCCXC. Hoc anno nullum iter exercitale a rege factum ; sed in Wormacia residens legatos Hunorum et audiuit et suos uicissim ad eorum principes misit. Agebatur inter eos de confiniis regnorum suorum, quibus in locis esse deberent. Haec contentio atque altercatio belli, quod postea cum Hunis gestum est, seminarium et origo fuit. Rex autem, ne quasi per otium torpere ac tempus terere uideretur, per Moenum fluuium ad Saltz palatium suum in Germania iuxta Salam fluuium constructum nauigauit atque inde iterum per eundem amnem secunda aqua Wormaciam reuersus est. Cumque ibi hiemaret, ipsum palatium, in quo conuersabatur, casu accidente nocturno incendio concrematum est. Ibi tamen permanens et natalem Domini et pascha more solemni celebrauit.

[791] DCCXCI. Transacta uerni temperie circa aestatis initium rex de Wormacia mouens Baioariam profectus est ea meditatione ut Hunis factorum suorum uicem redderet et eis, quanto celerius posset, bellum inferret. Comparatis igitur ad hoc ex omni regno suo quam ualidissimis copiis et commeatibus congregatis bipertito exercitu iter agere coepit.

les siens, donna les otages qui avaient été exigés et jura par
serment qu'il conserverait sa fidélité au roi et aux Francs.
Il fut suivi par les autres grands et roitelets des Slaves qui
se soumirent tous à l'autorité du roi. Alors le roi, une fois
ce peuple soumis et après avoir reçu les otages qu'il avait
ordonné de livrer, repartit vers l'Elbe par le même chemin
que celui par lequel il était venu ; lorsque son armée eut
repassé le pont et que les affaires relatives aux Saxons eurent
été résolues pour un temps, il revint en Francie et dans la cité
de Worms, il célébra et la Naissance du Seigneur et Pâques.

790. Cette année-là, le roi ne fit aucune expédition militaire mais il resta à Worms ; il y reçut les légats des Huns et
envoya à son tour les siens auprès de leurs princes. Il s'agissait entre eux de déterminer les frontières de leurs royaumes,
les lieux où elles devaient être établies. Les tensions et
les affrontements qui les opposaient furent le germe et l'origine de la guerre menée ensuite contre les Huns. Quant au
roi, pour ne pas paraître s'engourdir dans le loisir et perdre
son temps, il navigua sur le Main jusqu'à son palais de Saltz
en Germanie, construit sur le bord de la Saale[167] et, de là, à
nouveau par le même cours d'eau, en une navigation sans
encombre, il retourna à Worms. Alors qu'il y passait l'hiver,
le palais même dans lequel il séjournait fut accidentellement
brûlé dans un incendie nocturne. Cependant il resta là et
célébra selon l'usage et la Naissance du Seigneur, et Pâques.

791. Quand le printemps fut passé, vers le début de l'été,
le roi se mit en marche et quitta Worms pour la Bavière,
avec l'intention de rendre aux Huns la monnaie de leurs actes
et de porter la guerre contre eux aussi vite qu'il le pourrait.
Donc, lorsque eurent été rassemblées pour cela les troupes
les plus vaillantes possibles venant de tout son royaume et
qu'on eut préparé l'intendance, il se mit en marche avec
une armée divisée en deux corps. Confiant l'un des corps au

---

167. Il s'agit de la Saale franconienne, modeste affluent du Main,
à ne pas confondre avec la Saale saxonne, affluent majeur de l'Elbe.
Saltz est proche de Bad Neustadt au nord de la Bavière actuelle.

Cuius partem Theoderico comiti et Meginfrido camerario suo committens eos per aquilonalem Danubii ripam iter agere iussit. Ipse cum alia parte, quam secum retinuit, australem eiusdem fluminis ripam Pannoniam petiturus occupauit, Baioariis cum commeatibus exercitus, qui nauibus deuehebantur, per Danubium secunda aqua descendere iussis. Ac sic inchoato itinere prima castra super Anesum posita sunt ; nam is fluuius inter Baioariorum atque Hunorum terminos medius currens certus duorum regnorum limes habebatur. Ibi supplicatio per triduum facta, ut id bellum prosperos ac felices haberet euentus ; tum demum castra mota, et bellum genti Hunorum a Francis indictum est. Pulsis igitur Hunorum praesidiis ac destructis munitionibus, quarum una super Cambum fluuium, altera iuxta Comagenos ciuitatem in monte Cumeoberg uallo firmissimo erat exstructa, ferro et igni cuncta uastantur. Cumque rex cum eo quem ducebat exercitu usque ad Arrabonis fluenta uenisset, transmisso eodem fluuio per ripam eius usque ad locum, in quo is Danubio miscetur, accessit ibique per aliquot dies statiuis habitis per Sabariam reuerti statuit. Alias uero copias, quibus Theodericum et Meginfridum praefecerat, per Beehaimos uia qua uenerant reuerti praecepit. Sic peragrata ac deuastata magna parte Pannoniae cum incolomi exercitu Francorum in Baioariam se recepit. Saxones autem et Frisiones cum

168. Méginfrid a succédé dans la charge de chambrier à Adalgise mentionné en 782.

169. Le Kamp, rivière qui se jette dans le Danube en aval de Krems, Basse-Autriche.

170. Comagène est un ancien établissement romain ; d'où son nom antique et sa désignation comme cité. Aujourd'hui, Tulln an der Donau, Basse-Autriche, sur le Danube en amont de Vienne.

171. Kaumberg est aujourd'hui une commune du Wienerwald.

172. Sabaria, aujourd'hui Szombathely en Hongrie. Cf. B. Rossignol, « *Colonia Claudia Savaria* », in *Claude (Lyon, 10 avant J.-C. – Rome, 54 après J.-C.). Un empereur au destin singulier*, sous la dir. de F. Chausson et G. Galliano, Paris, 2018, p. 226-227. Sulpice Sévère, dans sa *Vita s. Martini*

comte Thierry et à son chambrier Méginfrid[168], il leur ordonna de faire route par la rive nord du Danube. Lui-même, avec l'autre corps d'armée qu'il garda avec lui, emprunta la rive sud du même fleuve, pour gagner la Pannonie, tandis que les Bavarois, eux, avaient reçu l'ordre d'emprunter le Danube dans le sens du courant avec les convois de l'armée transportés par bateau. La marche ayant ainsi commencé, un camp avancé fut établi sur l'Enns ; cette rivière, courant entre les territoires des Huns et ceux des Bavarois, était en effet considérée comme la frontière précise entre les deux royaumes. Là, on fit trois jours de supplications pour que cette guerre eût une issue favorable et heureuse ; alors seulement les Francs levèrent le camp et déclarèrent la guerre au peuple des Huns. Donc, après qu'eurent été enfoncées les défenses des Huns et détruites leurs fortifications, dont une avait été bâtie sur le Kamp[169] et l'autre, entourée d'une très solide palissade, près de la cité de Comagène[170], dans les monts de Kaumberg[171], tout fut dévasté par le fer et par le feu. Et quand le roi fut parvenu avec l'armée qu'il conduisait jusqu'à la Raab, il traversa cette rivière et, par la rive où il se trouvait, il parvint jusqu'au lieu où la Raab se mêle au Danube. Ayant campé là quelques jours, il décida de revenir par Sabaria[172]. Mais aux autres troupes, à la tête desquelles il avait placé Thierry et Méginfrid, il ordonna de revenir par le territoire des Bohémiens[173], suivant le chemin par lequel ils étaient venus. Il parcourut et dévasta ainsi une grande partie de la Pannonie, puis, avec l'armée des Francs intacte, il se replia en Bavière. Quant aux Saxons et aux Frisons, avec

(2,1), indique que saint Martin était « originaire de la ville de Sabaria en Pannonie ». Cf. Sulpice Sévère, *Vie de saint Martin*, tome I, introduction, texte et notes par J. Fontaine, Paris, Cerf, 1967, p. 254-255 et tome II, commentaire (jusqu'à *Vita* 19) par J. Fontaine, Paris, Cerf, 1968, p. 431.

173. *per Beehaimos :* c'est-à-dire par le territoire des Slaves habitant l'ancien *Boiohemium*, territoire des Boïens de l'Antiquité décrit par Ptolémée et Strabon.

Theoderico et Meginfrido per Beehaimos, ut iussum erat, domum regressi sunt. Facta est haec expeditio sine omni rerum incommodo, praeter quod in illo, quem rex ducebat, exercitu tanta equorum lues exorta est ut uix decima pars de tot milibus equorum remansisse dicatur. Ipse autem cum dimissis copiis Reginum ciuitatem, quae nunc Reganesburg uocatur, uenisset et in ea hiematurus consedisset, ibi natalem Domini et pascha celebrauit.

[792] DCCXCII Orgellis est ciuitas in Pyrinei montis iugo sita, cuius episcopus nomine Felix, natione Hispanus, ab Elipando Toleti episcopo per litteras consultus quid de humanitate saluatoris Dei et domini nostri Iesu Christi sentire deberet, utrum secundum id, quod homo est, proprius an adoptiuus Dei filius credendus esset ac dicendus, ualde incaute atque inconsiderate et contra antiquam catholicae ecclesiae doctrinam adoptiuum non solum pronuntiauit, sed etiam scriptis ad memoratum episcopum libris, quanta potuit pertinacia, prauitatem intentionis suae defendere curauit. Huius rei causa ductus ad palatium regis – nam is tunc apud Reginum Baioariae ciuitatem, in qua hiemauerat, residebat – ubi congregato episcoporum concilio auditus est et errasse conuictus ; ad praesentiam Adriani pontificis Romam missus ibi etiam coram ipso in basilica beati Petri apostoli heresim suam damnauit atque abdicauit. Quo facto ad ciuitatem suam reuersus est.

Rege uero ibidem aestatem agente facta est contra illum coniuratio a filio suo maiore, nomine Pippino, et quibusdam

174. L'usage français, que nous avons respecté ailleurs, est de traduire Regensburg par Ratisbonne, ce qui ferait perdre ici le jeu de mots *Reginum/Reganesburg.*

175. Félix, évêque d'Urgell († 801), avec l'évêque de Tolède Elipand (754 ?-808), a développé la doctrine qui a été condamnée comme « hérésie félicienne » ou encore « adoptianisme ». Elle enseigne que le Fils, deuxième personne de la Trinité, n'est pas vraiment fils de Dieu mais seulement fils *adoptif* de Dieu. Après ces événements de 792 et le retour de Félix à son hérésie, Félix et l'adoptianisme furent à nouveau condamnés à l'assemblée de Francfort (voir ci-dessous a. 794).

Thierry et Méginfrid, ils revinrent chez eux en passant par le territoire des Bohémiens, comme on le leur avait ordonné. Cette expédition fut menée sans aucun dommage matériel, si ce n'est que, dans l'armée que le roi conduisait, une si forte contagion frappa les chevaux que, de tant de milliers, il n'en resta, dit-on, qu'à peine un sur dix. Le roi en personne renvoya ses troupes puis vint en la cité de *Reginum*, qui est maintenant appelée Regensburg[174], s'y installa pour y passer l'hiver et y célébra la Naissance du Seigneur ainsi que Pâques.

792. Urgell est une cité située dans les hauteurs des Pyrénées ; elle avait pour évêque un nommé Félix[175], hispanique d'origine. Consulté par lettre par l'évêque de Tolède Élipand, pour savoir ce qu'il devait penser à propos de l'humanité de notre Sauveur Dieu et Seigneur Jésus-Christ – si en vertu du fait qu'il est homme, on devait croire et dire ou bien qu'il était le propre fils de Dieu ou bien qu'il était son fils adoptif – Félix, fort imprudemment, fort inconsidérément et contre l'antique doctrine de l'Église catholique, non seulement le proclama adoptif mais encore, dans les traités qu'il écrivit et adressa à l'évêque en question, s'efforça de défendre, avec la plus grande opiniâtreté possible, son opinion toute de perversion. En raison de cette affaire, il fut conduit au palais du roi – ce dernier résidait alors en la cité bavaroise de Ratisbonne et y avait passé l'hiver – où l'on réunit un concile d'évêques : il y fut entendu et convaincu d'erreur ; il fut envoyé à Rome devant le pontife Adrien et, en sa présence, dans la basilique du bienheureux apôtre Pierre, condamna et abjura son hérésie. Après quoi, il regagna sa cité.

Le roi passait l'été à Ratisbonne quand une conjuration fut montée contre lui par son fils aîné, nommé Pépin[176], et certains Francs qui, à ce qu'ils déclarèrent par la suite, ne

176. Pépin, dit « le Bossu », né vers 770, est en effet l'aîné des fils de Charlemagne, mais il est né d'une concubine et donc exclu de la succession. Après cette révolte, il fut reclus d'abord au monastère de Saint-Gall puis à celui de Prüm. Il mourut en 811. L'aîné des fils légitimes est Charles dit « le Jeune » (772-811) premier des onze enfants que le roi eut de la reine Hildegarde.

Francis, qui se crudelitatem Fastradae reginae ferre non posse adseuerabant atque ideo in necem regis conspiraue- rant. Quae cum per Fardulfum Langobardum detecta fuisset, ipse ob meritum fidei seruatae monasterio sancti Dionysii donatus est, auctores uero coniurationis ut rei maiestatis partim gladio caesi, partim patibulis suspensi ob meditatum scelus tali morte multati sunt.

Rex autem propter bellum cum Hunis susceptum in Baioaria sedens pontem naualem quo in Danubio ad id bellum uteretur aedificauit ibique natalem Domini et sanctum pascha celebrauit.

[793] DCCXCIII. Cum rex bellum a se inchoatum confi- cere cuperet et Pannoniam iterum petere disposuisset, allatum est copias, quas Theodericus comes per Frisiam ducebat, in pago Hriustri iuxta Wisuram fluuium a Saxonibus esse inter- ceptas atque deletas. Cuius rei nuntio accepto magnitudinem damni dissimulans iter in Pannoniam intermisit.

Et cum ei persuasum esset a quibusdam qui id sibi compertum esse dicebant quod si inter Radantiam et Alcmonam fluuios eiusmodi fossa duceretur quae esset nauium capax posse percommode a Danubio in Rhenum nauigari, quia horum fluuiorum alter Danubio, alter Moeno miscetur, confestim cum omni comitatu suo ad locum uenit ac magna hominum multitudine congregata totum autumni tempus in eo opere consumpsit. Ducta est itaque fossa inter praedictos fluuios duum milium passuum longitudine, latitu- dine trecentorum pedum, sed in cassum. Nam propter iuges

177. Charlemagne a épousé Fastrade peu après la mort de sa première épouse Hildegarde en 783. Il n'eut d'elle que des filles (cf. a. 783).

178. Fardulf, abbé de Saint-Denis (792-806).

179. Rüstringen, Basse-Saxe. Ce *pagus,* situé à l'est de l'embouchure de la Weser, est désigné comme *comitatus* à l'année 826 où Louis le Pieux le donne au roi des Danois Harald, chassé du Danemark.

pouvaient supporter la cruauté de la reine Fastrade[177] et avaient, pour cela, conspiré dans la perspective de tuer le roi. Le lombard Fardulf[178], pour avoir dénoncé ce complot, reçut en récompense de la fidélité qu'il avait conservée au roi le monastère de Saint-Denis, tandis que les instigateurs de la conjuration, en tant que coupables du crime de majesté, furent, pour avoir médité un forfait criminel, condamnés à mort et, pour les uns passés au fil de l'épée, pour les autres pendus aux fourches patibulaires.

Quant au roi, en raison de la guerre qu'il avait entreprise contre les Huns, il s'établit en Bavière et fit construire un pont de bateaux destiné à être utilisé sur le Danube pour cette guerre ; et c'est là qu'il célébra la Naissance du Seigneur et la sainte Pâque.

793. Alors que le roi désirait terminer la guerre qu'il avait commencée et s'était disposé à gagner, une fois encore, la Pannonie, la nouvelle parvint que les troupes que le comte Thierry conduisait en Frise avaient été interceptées et détruites par les Saxons dans le *pagus* de Rüstringen, sur la Weser[179]. Mis au fait de cet événement et masquant l'importance des pertes, il interrompit sa marche vers la Pannonie.

Et comme il avait été convaincu par certains qui disaient avoir acquis la certitude que si, entre la Rezat et l'Altmühl[180], on faisait creuser un canal navigable, il serait possible de naviguer très aisément depuis le Danube jusqu'au Rhin, dans la mesure où l'un de ces cours d'eau est un affluent du Danube, l'autre du Main, il se rendit immédiatement sur place avec toute sa suite, y réunit une foule considérable de gens et passa tout l'automne à cet ouvrage. On creusa donc un canal entre lesdits cours d'eau, de deux milles de long sur une largeur de trois cents pieds, mais en vain. Car, en raison de pluies continuelles et du terrain qui était

---

180. La Rezat (ou Rednitz) se jette dans le Main à Bamberg ; l'Altmühl, dans le Danube près de Kelheim.

pluuias et terram, quae palustris erat, nimio humore natura-
liter infectam, opus quod fiebat consistere non potuit ; sed
quantum interdiu terrae a fossoribus fuerat egestum, tantum
noctibus humo iterum in locum suum relabente subsidebat.

In hoc opere occupato duo ualde displicentia de diuersis
terrarum partibus adlata sunt : unum erat Saxonum omnimoda defectio, alterum quod Sarraceni Septimaniam
ingressi proelioque cum illius limitis custodibus atque comitibus conserto multis Francorum interfectis uictores ad sua
regressi sunt. Quibus rebus commotus in Franciam reuersus
est celebrauitque natalem Domini apud sanctum Kilianum
iuxta Moenum fluuium, pascha uero super eundem fluuium
in uilla Franconouurd, in qua et hiemauerat.

[794] DCCXCIIII. Rex, propter condemnandam heresim
Felicianam aestatis initio quando et generalem populi sui
conuentum habuit, concilium episcoporum ex omnibus regni sui
prouinciis in eadem uilla congregauit. Adfuerunt etiam in eadem
synodo et legati sanctae Romanae ecclesiae, Theophylactus
ac Stephanus episcopi, uicem tenentes eius a quo missi sunt
Adriani papae. In quo concilio et heresis memorata condem-
nata est et liber contra eam communi episcoporum auctoritate
conpositus, in quo omnes propriis manibus subscripserunt.
Synodus etiam, quae ante paucos annos in Constantinopoli
sub Herena et Constantino filio eius congregata et ab ipsis non
solum septima, uerum etiam uniuersalis est appellata, ut nec
septima nec uniuersalis haberetur diceretur ue, quasi superuacua
in totum ab omnibus abdicata est. Mortua est ibi et Fastrada
regina, et Mogontiaci apud sanctum Albanum sepulta.

181. La version non révisée des *Annales* précise que c'est à
Wurtzbourg (cf. vol. 1, p. 61).
182. L'auteur distingue « l'assemblée générale de son peuple »
(*generalem populi sui conuentum*) et le « concile des évêques »
(*concilium episcoporum*) mais il emploie indifféremment *concilium*
ou *synodus* pour désigner cette assemblée d'évêque à Francfort en 794.
183. Irène, veuve de l'empereur Léon IV († 780) est régente
pour leur fils Constantin VI jusqu'en 790. C'est en tant que telle
qu'elle réunit le deuxième concile de Nicée.

marécageux et naturellement pourri par un excès d'humidité, l'ouvrage entrepris ne put tenir : toute la terre que les ouvriers avaient extraite pendant la journée retombait dans la nuit à son emplacement d'origine.

Et tandis qu'il était occupé à cet ouvrage, on lui apporta deux nouvelles fort déplaisantes de régions opposées : la première était la défection totale des Saxons ; la seconde, le fait que les Sarrasins étaient entrés en Septimanie, avaient engagé le combat contre les gardes et comtes de cette région-frontière, tuant un grand nombre de Francs, et étaient rentrés chez eux en vainqueurs. Ébranlé par ces nouvelles, il retourna en Francie et célébra la Naissance du Seigneur à Saint-Kilian sur le Main[181], et Pâques sur le même fleuve, dans son domaine de Francfort, où il avait aussi passé l'hiver.

794. Au début de l'été, quand il tint l'assemblée générale de son peuple, le roi, parce qu'il voulait faire condamner l'hérésie de Félix, réunit aussi, dans le même domaine, un concile des évêques de toutes les provinces de son royaume[182]. Assistèrent également à ce synode les légats de la sainte Église romaine, les évêques Théophylacte et Étienne, en lieu et place de celui qui les avait envoyés, le pape Adrien. Lors de ce concile, on condamna l'hérésie susdite et on composa également, en vertu de l'autorité commune des évêques, un livre contre elle, que tous souscrivirent de leurs propres mains. Quant au synode réuni peu d'années auparavant à Constantinople sous Irène et son fils Constantin[183], appelé par eux non seulement « septième », mais aussi « universel », tenu pour inutile en tout, il fut révoqué par tous de façon à ce qu'on ne le considérât plus ni comme septième, ni comme universel, et qu'on ne l'appelât pas ainsi[184]. Là également mourut la reine Fastrade et on l'enterra à Mayence en l'église Saint-Alban.

---

184. Le deuxième concile de Nicée (Nicée II, 787) est considéré en Orient comme le septième concile œcuménique, en comptant à partir du premier concile de Nicée (Nicée I, 325). Il met fin provisoirement à la crise iconoclaste en affirmant la légitimité de la *vénération* des images. Mal compris en Occident, il n'y est pas reçu.

Quibus peractis rex bipertito exercitu Saxoniam petere statuit, eo uidelicet modo ut ipse cum dimidia parte copiarum ab australi parte intraret, Karlus uero filius eius cum alia medietate Rhenum apud Coloniam traiceret et in eandem regionem ab occidente ueniret.

Quo facto, licet Saxones in campo, qui Sinotfeld uocatur, quasi proelium cum rege commissuri consedissent ibique aduentum eius opperirentur, amissa uictoriae spe quam sibi paulo ante falso pollicebantur, ad deditionem omnes conuersi sunt uictique sine proelio regis uictoris potestati se subdiderunt. Dederunt igitur obsides et iureiurando fidem se regi seruare uelle promiserunt. Sic omisso proelio et Saxones domum reuersi sunt et rex transmisso Rheno in Galliam se recepit ; et cum Aquasgrani uenisset, ibidem hibernis habitis et natalem Domini et pascha celebrauit.

[795] DCCXCV. Quamquam Saxones aestate praeterita et obsides dedissent et, secundum quod iussi erant, sacramenta iurassent, rex tamen illorum perfidiae non inmemor conuentum generalem trans Rhenum in uilla Cuffesstein, quae super Moenum contra Mogontiacum urbem sita est, more solemni habuit atque inde cum exercitu Saxoniam ingressus pene totam populando peragrauit. Cumque in pagum Bardengoi peruenisset et iuxta locum, qui Bardenwih uocatur, positis castris Sclauorum, quos ad se uenire iusserat, expectaret aduentum, subito ei nuntiatum est Witzinum regem Abodritorum, cum Albim traiceret, in dispositas a Saxonibus insidias in ipso flumine incidisse et ab eis esse interfectum. Quod factum animo regis ad Saxones citius debellandos uelut quosdam stimulos addidit et in odium perfidae gentis amplius excitauit. Terra igitur magna ex parte uastata et obsidibus quos dare iusserat

---

185. Plaine située entre Paderborn au Nord et Eresburg au Sud.
186. Cf. a. 785.
187. Witzan, roi des Abodrites, est mentionné dans la version brève dès 789.

Après quoi, le roi décida de gagner la Saxe en divisant son armée en deux corps, de façon à y pénétrer lui-même par le sud avec la moitié des troupes, tandis que son fils Charles, avec l'autre moitié, traverserait le Rhin à hauteur de Cologne pour rejoindre la région par l'ouest.

Après cela, bien que les Saxons eussent pris position dans la plaine appelée le Sendfeld[185] fermement décidés à engager le combat contre le roi, et bien qu'ils attendissent là son arrivée, ces derniers perdirent l'espoir d'une victoire que, peu avant, ils se promettaient à tort de remporter ; ils résolurent tous de se rendre et, vaincus sans combat, se soumirent au pouvoir du roi vainqueur. Ils donnèrent donc des otages et promirent par serment de vouloir garder fidélité au roi. Le combat ainsi évité, les Saxons rentrèrent chez eux et le roi, repassant le Rhin, se retira en Gaule ; et une fois parvenu à Aix, il y établit ses quartiers d'hiver et y célébra et la Naissance du Seigneur et Pâques.

795. Quoique, l'été précédent, les Saxons eussent à la fois donné des otages et prêté serment suivant ce qui leur avait été ordonné, le roi, qui n'oubliait cependant pas leur perfidie, tint, selon la coutume annuelle, l'assemblée générale au-delà du Rhin, dans le domaine de Kostheim, situé sur le Main, face à la ville de Mayence et, de là, il entra avec une armée en Saxe et la ravagea presque entièrement. Et une fois parvenu dans le Bardengau[186], alors que, après avoir installé son camp près du lieu appelé Bardowick, il attendait l'arrivée des Slaves auxquels il avait ordonné de venir à lui, on lui annonça subitement que Witzan, roi des Abodrites[187], était tombé, en passant l'Elbe[188], dans une embuscade tendue par des Saxons sur le fleuve même et qu'il avait été tué par eux. Comme un aiguillon, cela encouragea le roi dans son dessein de réduire plus rapidement les Saxons, ne le portant qu'à haïr davantage cette perfide nation. Lors donc qu'il eut dévasté en grande partie leur terre et reçu les otages qu'il leur avait imposés, il revint

188. La version brève précise que ce lieu sur l'Elbe est appelé Lüne, près de Lünebourg (cf. vol. I, p. 63).

acceptis in Franciam reuersus est. In hac expeditione, dum castra super Albim haberet, uenerunt ad eum legati de Pannonia unius ex primoribus Hunorum, qui apud suos tudun uocabatur : is et suum aduentum et se christianum fieri uelle promisit. Rex autem Aquasgrani ueniens sicut et anno superiore ibi temporibus suis et natalem Domini et pascha celebrauit.

[796] DCCXCVI. Romae Adriano defuncto Leo pontificatum suscepit et mox per legatos suos claues confessionis sancti Petri ac uexillum Romanae urbis cum aliis muneribus regi misit rogauitque ut aliquem de suis optimatibus Romam mitteret qui populum Romanum ad suam fidem atque subiectionem per sacramenta firmaret. Missus est ad hoc Angilbertus, abbas monasterii sancti Richarii ; per quem etiam tunc ad sanctum Petrum magnam partem thesauri quem Ericus dux Foroiuliensis spoliata Hunorum regia, quae hringus uocabatur, eodem anno regi de Pannonia detulerat misit ; reliquum uero inter optimates et aulicos ceterosque in palatio suo militantes liberali manu distribuit.

Atque his expletis ipse cum exercitu Francorum Saxoniam petiit, Pippinum uero filium suum cum Italicis ac Baioaricis copiis in Pannoniam ire iussit. Et ipse quidem Saxonia ex magna parte uastata ad hiemandum Aquasgrani reuertitur ; Pippinus autem Hunis trans Tizam fluuium fugatis eorumque regia, quae, ut dictum est, hringus, a Langobardis autem

189. Le tudun désigne un prince avar, souvent en rivalité avec le khan, comme le iougour rencontré plus haut. Le « royaume » des Avars était en fait un conglomérat politique (cf. a. 782, n. 125, p. 50).

190. Léon III (795-816).

191. La Confession de saint Pierre est l'édicule au cœur de la basilique Saint-Pierre du Vatican qui abrite les reliques de saint Pierre.

192. Angilbert, abbé laïque de Saint-Riquier (Centula, dans la vallée de la Somme, à 10 kilomètres d'Abbeville) en 790, se vit confier plusieurs missions diplomatiques par Charlemagne dont il était très proche. Il eut, de Berthe, fille de ce dernier, deux fils : Hartnid et Nithard, auteur d'une *Histoire des fils de Louis le Pieux*.

193. C'est-à-dire à la papauté.

en Francie. Pendant cette campagne, tandis que son camp se trouvait sur l'Elbe, des légats lui vinrent de Pannonie, de la part de l'un des principaux personnages parmi les Huns, qui était appelé chez lui le tudun[189] : il promit à la fois de venir à lui et de vouloir devenir chrétien. Quant au roi, il arriva à Aix et là, comme l'année précédente, il célébra, en leur temps, et la Naissance du Seigneur et Pâques.

796. À Rome, après la mort d'Adrien, Léon prit la charge du pontificat[190] et bientôt, par ses légats, il fit remettre au roi les clés de la Confession de saint Pierre[191] et l'étendard de la ville de Rome avec d'autres cadeaux. Il lui demanda d'envoyer l'un de ses grands à Rome pour faire confirmer par serment la fidélité et la soumission du peuple romain à sa personne. Le roi envoya pour cela Angilbert, abbé du monastère de Saint-Riquier[192] ; et par son intermédiaire aussi il envoya alors à saint Pierre[193] une grande partie du trésor qu'Éric, duc de Frioul, avait apporté de Pannonie au roi la même année, après avoir pillé la résidence royale des Huns appelée le Ring[194]. Le roi distribua d'une main libérale le reste entre les grands, les membres de la cour et tous ceux qui servaient en son palais.

Cela fait, lui-même gagna la Saxe avec l'armée des Francs, tandis qu'il ordonnait à son fils Pépin de se rendre en Pannonie avec des troupes italiennes et bavaroises. Et après avoir dévasté une grande partie de la Saxe, il retourne passer l'hiver à Aix. Quant à Pépin, il mit en fuite les Huns au-delà de la Tisza[195], détruisit entièrement leur résidence royale, appelée le Ring comme on l'a dit mais que les Lombards

---

194. La version brève donne d'autres précisions sur cette défaite des Avars qui s'affrontent entre eux et indique que le Slave Wonomyr combattait aux côtés des Francs (cf. vol. I, p. 63).

195. La Tisza, le plus long affluent du Danube sur sa rive gauche, a son origine dans les Carpates. Elle marque la frontière entre l'Ukraine et la Roumanie actuelles avant de traverser la plaine de Hongrie du nord au sud.

campus uocatur, ex toto destructa, direptis pene omnibus Hunorum opibus ad patrem Aquisgrani hiberna habentem uenit ac spolia regni, quae secum detulit, eidem praesentauit.

Tudun etiam ille, de quo superius mentio facta est, fidem dictis suis adhibens ibidem ad regem uenit ibique cum omnibus, qui secum uenerant, baptizatus ac remuneratus post datum seruandae fidei sacramentum domum rediit ; sed in promissa fidelitate diu manere noluit nec multo post perfidiae suae poenas dedit.

Rex uero, ut dictum est, Aquisgrani in hibernis considens ibi et natalem Domini et pascha more solito celebrauit.

[797] DCCXCVII. Barcinona ciuitas in limite Hispanico sita, quae alternante rerum euentu nunc Francorum nunc Sarracenorum dicioni subiciebatur, tandem per Zatun Sarracenum, qui tunc eam inuaserat, regi reddita est. Nam is aestatis initio Aquisgrani ad regem uenit seque cum memorata ciuitate spontanea deditione illius potestati permisit.

Qua recepta rex filium suum Hludowicum ad obsidionem Oscae cum exercitu in Hispaniam misit et ipse more solito propter contundendam perfidae gentis contumaciam Saxoniam uastaturus intrauit. Nec prius destitit quam omnes terminos eius peragrasset ; nam usque ad ultimos fines eius, qua inter Albim et Wisuram oceano alluitur, accessit.

Inde regressus cum Aquasgrani uenisset ibique Abdellam Sarracenum, filium Ibin Mauge regis, de Mauritania ad se uenientem suscepisset legatumque Nicetae patricii, qui tunc Siciliam procurabat, nomine Theoctistum litteras imperatoris de Constantinopoli missas deferentem audisset, consilium iniit ut propter conficiendum Saxonicum bellum in ipsa regione hiemaret.

196. Zatun : Sa'dûn al-Ru'ainî, chef musulman qui vient de s'emparer de Barcelone.
197. En Aragon.
198. C'est le *pagus* de l'Hadeln mentionné dans la version brève du texte.
199. 'Abd Allâh, troisième fils de l'émir omeyyade de Cordoue, 'Abd al-Rahmân (Ier) ibn Mu'âwiya (751 à 788). C'est son frère Hishâm qui avait succédé (difficilement) à son père 'Abd al-Rahmân. La version brève des *Annales* précise que 'Abd Allâh

appellent le camp ; il pilla pratiquement toutes les richesses des Huns, rejoignit son père qui passait l'hiver à Aix et lui offrit le butin du royaume qu'il avait apporté avec lui.

Le tudun, dont il a été fait mention plus haut, se montra fidèle à ses paroles et se rendit là, auprès du roi ; et là, avec tous ceux qui étaient venus avec lui, il fut baptisé et, gratifié de cadeaux, après avoir prêté serment de fidélité, il rentra chez lui. Mais il ne voulut pas longtemps demeurer dans la fidélité promise et il ne tarda pas non plus à être puni de sa perfidie.

Quant au roi, comme on l'a dit, il s'installa pour l'hiver à Aix où il célébra et la Naissance du Seigneur et Pâques comme à l'habitude.

797. La cité de Barcelone, située à la frontière de l'Hispanie, qui, au gré des vicissitudes, était soumise au pouvoir tantôt des Francs tantôt des Sarrasins, fut pour finir rendue au roi par le Sarrasin Zatun[196] qui l'avait alors envahie. En effet ce dernier, au début de l'été, se rendit auprès du roi à Aix et s'en remit à la puissance du roi en une reddition volontaire, avec la cité en question.

Après avoir reçu cette soumission, le roi envoya son fils Louis en Hispanie avec une armée pour assiéger Huesca[197] et, selon son habitude, il entra en personne en Saxe pour la dévaster, afin de briser l'obstination de cette nation perfide. Il ne s'arrêta qu'après avoir parcouru tout le pays ; car il s'avança jusqu'à ses extrêmes limites, la région qui, entre l'Elbe et la Weser, est baignée par l'océan[198].

Comme, revenu de Saxe et arrivé à Aix il avait reçu le Sarrasin Abdella, fils du roi Ibn Mauge[199], qui venait à lui de Mauritanie, et avait donné audience au légat du patrice Nicétas[200] qui gouvernait alors la Sicile, du nom de Théoctiste, venu de Constantinople lui apporter une lettre de l'empereur, il prit la décision, pour achever la guerre de Saxe, de passer l'hiver dans cette région même.

« chassé du pouvoir par son frère, s'était exilé en Mauritanie », d'où il vient à Aix (cf. vol. 1, p. 65).

200. Le patrice Nicétas, proche de l'impératrice Irène, est stratège de Sicile (gouverneur) de 796 à 799. Cf. M. Nichanian et

Sumpto igitur secum comitatu suo Saxoniam petiit castrisque super Wisuram positis consedit et locum castrorum Heristelli uocari iussit, qui locus ab incolis usque in praesens ita nominatur ; exercitum uero, quem secum adduxit, per totam Saxoniam in hiberna diuisit. Illuc Pippinum de Italia et Hludowicum de Hispanica expeditione regressum ad se uenire iussit, ibi legatos Hunorum cum magnis muneribus ad se missos audiuit et absoluit, ibi legatum Hadefonsi regis Asturiae atque Galleciae dona sibi deferentem suscepit. Inde iterum Pippinum ad Italiam, Hludowicum ad Aquitaniam remisit, cum quo et Abdellam Sarracenum ire iussit, qui postea, ut ipse uoluit, in Hispaniam ductus et illorum fidei, quibus se credere non dubitauit, commissus est. Rex autem, in Saxonia residens, ibi et natalem Domini et pascha celebrauit.

[798] DCCXCVIII. Cum iam uer adpeteret, nondum tamen propter inopiam pabuli exercitus de hibernis produci potuisset, Saxones Transalbiani occasionem nancti legatos regis, qui ad eos ob iustitias faciendas missi erant, conprehensos interficiunt, paucis eorum quasi ad redimendum reseruatis, trucidantes cum caeteris et Godescalcum regis legatum quem ille ante paucos dies ad Sigifridum regem Danorum miserat. Is cum eodem tempore reuerteretur, ab huius seditionis auctoribus interceptus atque occisus est. Quibus acceptis rex grauiter commotus congregato exercitu

V. Prigent, « Les stratèges de Sicile. De la naissance du thème au règne de Léon V », *Revue des études byzantines*, tome 61, 2003, p. 97-141 ; sur Nicétas p. 122-125.

201. Herstelle, près de Höxter et Corvey, Land de Rhénanie-du-Nord-Westphalie.

202. Alphonse II (791-843).

203. Nous traduisons littéralement *Transalbiani* par les Transelbiens. Ce sont les Saxons d'au-delà de l'Elbe, appelés *Nordliudi* dans le texte non révisé (cf. vol. 1, p. 66), que l'on appelle généralement les Nordalbingiens.

204. Ce comte Godescalc fait partie des Saxons impliqués dans la pacification des régions au-delà de l'Elbe et dans la résolution

Il prit donc avec lui sa suite, gagna la Saxe, et après avoir établi son camp sur la Weser, il s'y installa et ordonna que le lieu où il tenait le camp fût appelé Herstelle[201], nom qui lui est encore aujourd'hui donné par ses habitants ; il répartit l'armée qu'il avait amenée avec lui dans toute la Saxe pour y prendre ses quartiers d'hiver. De là, il ordonna à Pépin et à Louis, qui revenaient respectivement d'Italie et d'expédition en Hispanie, de le rejoindre ; et là, il donna audience aux légats des Huns envoyés auprès de lui avec des cadeaux considérables, puis il les congédia ; là, il reçut le légat d'Alphonse[202], roi d'Asturie et de Galice, qui lui apportait des présents. De là, il envoya de nouveau Pépin en Italie et Louis en Aquitaine et il ordonna au Sarrasin Abdella d'accompagner ce dernier. Abdella fut ensuite conduit en Hispanie, selon sa volonté, et remis à la foi de personnes sur la confiance desquelles il n'avait pas de doute. Le roi s'établit en Saxe et y célébra et la Naissance du Seigneur et Pâques.

798. Alors que le printemps était déjà arrivé, mais que l'on n'avait pas encore pu faire quitter à l'armée ses quartiers d'hiver à cause du manque de fourrage, les Saxons Transelbiens[203], saisissant l'occasion, s'emparèrent des légats du roi qui avaient été dépêchés auprès d'eux pour exercer la justice et les mettent à mort, tout en en gardant un petit nombre dans l'intention d'en tirer rançon. Ils massacrèrent, entre autres, Godescalc, légat du roi[204], que ce dernier avait dépêché quelques jours auparavant auprès du roi des Danois Sigfrid. Comme, à ce moment-là, il s'en revenait, il fut intercepté et tué par les instigateurs de cette sédition. Ayant appris ces événements, le roi en fut profondément ébranlé ; il rassembla son armée au lieu du nom de Minden[205], établit son camp sur la Weser, prit les armes contre les traîtres et briseurs

des conflits avec les Danois (cf. P. Bauduin, *Le Monde franc et les Vikings, VIIIᵉ-Xᵉ s.*, Paris, 2009, p. 232).

205. Minden, sur la Weser, à l'extrême nord du Land de Rhénanie-du-Nord-Westphalie.

in loco, cui Mimda nomen, super Wisuram castra posuit atque in foedifragos ac desertores arma corripuit et ultor necis legatorum suorum quicquid Saxoniae inter Albiam ac Wisuram interiacet totum ferro et igni uastauit. Transalbiani autem superbia elati, eo quod regis legatos inpune occidere potuerunt, arreptis armis contra Abodritos proficiscuntur. Nam Abodriti auxiliares Francorum semper fuerunt, ex quo semel ab eis in societatem recepti sunt. Quorum dux Thrasco cognito Transalbianorum motu eis cum omnibus copiis suis in loco, qui Suentana uocatur, occurrit commissoque proelio ingenti eos caede prostrauit. Nam in prima congressione quattuor milia eorum cecidisse narrauit legatus regis Eburis nomine, qui in eodem proelio fuit et in Abodritorum acie dextrum cornu tenuit. Fusi igitur fugatique et multis suorum amissis cum magna calamitate ad loca sua reuersi sunt.

At rex in Franciam regressus, cum Aquasgrani uenisset, primo legatos Herenae imperatricis ad se de Constantinopoli missos audiuit – nam Constantinus filius eius propter morum insolentiam a suis comprehensus et excaecatus est – quibus petentibus Sisinnium fratrem Tarasii Constantinopolitani episcopi olim in proelio captum domum redire permisit. Legati fuere Michahel cognomento Ganglianos et Theophilus presbyter de Blachernis.

Post quorum absolutionem uenerunt de Hispania legati Hadefonsi regis, Basiliscus et Froia, munera deferentes quae ille de manubiis, quas uictor apud Olisiponam ciuitatem a se

206. C'est-à-dire depuis 789 si l'on suit le texte non révisé (cf. vol. I. p. 57). Leur chef s'appelait alors Witzan. Désormais Thrasco est à leur tête.
207. Suentana, aujourd'hui Bornhöved, Schleswig-Holstein, entre Kiel et Hambourg.
208. Irène a détrôné son fils l'empereur Constantin VI en 797, sous prétexte de divorce et de remariage, ce à quoi fait probablement allusion « l'arrogance de ses mœurs ». Irène règne seule de 797 à 802.
209. Taraise, patriarche de Constantinople de 784 à 806. Son frère Sisinnius avait été fait prisonnier dans l'affrontement avec les Francs et le duc de Bénévent Grimoald en 798 (cf. ci-dessus, a. 798).

de traités et, en vengeur du meurtre de ses légats, dévasta par le fer et par le feu toute la partie de la Saxe qui se trouve entre l'Elbe et la Weser. Or les Transelbiens, enflés d'orgueil parce qu'ils avaient pu impunément tuer les légats du roi, prennent les armes et se mettent en marche contre les Abodrites (les Abodrites ont en effet toujours été les auxiliaires des Francs, depuis que ceux-ci les ont intégrés dans leur alliance[206]). Leur duc Thrasco, ayant appris le mouvement des Transelbiens, se précipita à leur rencontre avec toutes ses troupes au lieu qui est appelé Suentana[207], y engagea le combat et les terrassa en un immense massacre. Dès le début de l'assaut, comme le raconta le légat du roi nommé Eburis, qui participait à ce combat et tenait l'aile droite de l'armée des Abodrites, quatre mille Transelbiens furent tués. Ces Transelbiens, dispersés et mis en fuite, rentrèrent donc chez eux en ayant perdu bien des leurs et subi une grave défaite.

Et comme le roi, revenu en Francie, était arrivé à Aix, il donna tout d'abord audience aux légats que lui avait envoyés de Constantinople l'impératrice Irène – en effet, son fils Constantin avait été arrêté et privé de ses yeux par les siens à cause de l'arrogance de ses mœurs[208] – et, comme ceux-ci le lui demandaient, il permit à Sisinnius, le frère de Taraise, évêque de Constantinople[209], qui avait autrefois été fait prisonnier dans un combat, de rentrer chez lui. Les légats étaient Michel, surnommé Ganglianos[210], et Théophile, prêtre des Blachernes[211].

Après qu'ils eurent été congédiés, vinrent d'Hispanie des légats du roi Alphonse, Basiliscus et Froia, apportant des cadeaux tirés du butin qu'Alphonse avait pris lorsque, victorieux, il était venu à bout de la cité de Lisbonne, cadeaux qu'il

210. Michel est le stratège de Sicile qui a succédé à Nicétas (cf. a. 797). Le texte non révisé indique qu'il avait été précédemment patrice de Phrygie. Le surnom de *Ganglianos* signifie peut-être qu'il est originaire de Gangres en Paphlagonie, cf. M. Nichanian, V. Prigent, « Les stratèges de Sicile… » cité ci-dessus n. 200, p. 126 et s.).

211. L'église Sainte-Marie des Blachernes à Constantinople.

expugnatam ceperat, regi mittere curauit, Mauros uidelicet septem cum totidem mulis atque loricis, quae, licet pro dono mitterentur, magis tamen insignia uictoriae uidebantur. Quos et benigne suscepit et remuneratos honorifice dimisit.

Insulae Baleares, quae nunc ab incolis earum Maiorica et Minorica uocitantur, a Mauris piraticam exercentibus depraedatae sunt.

Rex uero Aquisgrani hiemauit, et ibi natalem Domini et pascha celebrauit.

[799] DCCXCVIIII. Romae Leo papa, cum letaniam processurus de Lateranis ad ecclesiam beati Laurentii, quae ad Craticulam uocatur, equo sedens pergeret, in insidias a Romanis dispositas iuxta eandem basilicam incidit. Ubi equo deiectus et erutis oculis, ut aliquibus uisum est, lingua quoque amputata, nudus ac semiuiuus in platea relictus est. Deinde iussu eorum, qui huius facti auctores fuere, in monasterium sancti Herasmi martyris uelut ad curandum missus Albini cuiusdam cubicularii sui cura noctu per murum dimissus a Winigiso duce Spolitino, qui audito huiusmodi facinore Romam festinus aduenerat, susceptus ac Spoletium deductus est.

Cuius rei nuntium cum rex accepisset, ipsum quidem ut uicarium sancti Petri et Romanum pontificem cum summo honore ad se praecepit adduci, iter tamen suum quod in Saxoniam facere constituerat non omisit. Habito itaque generali conuentu super Rhenum in loco, qui Lippeham

---

212. Le 25 avril, fête de saint Marc. Cette procession instituée par le pape Grégoire le Grand, s'appelait aussi « la procession des croix noires ».

213. Le Latran (basilique et palais) est le siège de l'évêque de Rome (le pape). Il se rend en procession à la basilique Saint-Laurent-hors-les-Murs. Selon la tradition, Laurent, diacre de Rome, fut martyrisé sur un gril rougi au feu en 258 : d'où le nom donné ici à son église. Le monastère Saint-Érasme est sur le Mont Caelius.

214. La version brève dit du duc Winigise qu'il était envoyé du roi, avec l'abbé de Stavelot Wirundus (cf. vol. I, p. 69).

les avait chargés de remettre au roi : il s'agissait de sept Maures et d'autant de mulets et de cuirasses qui, bien qu'ils fussent envoyés en tant que présents, apparaissaient davantage comme des marques de victoire. Le roi reçut avec bienveillance les légats et les renvoya avec les honneurs, chargés de cadeaux en retour.

Les îles Baléares, qui sont maintenant appelées par leurs habitants Majorque et Minorque, furent pillées par des Maures qui pratiquaient la piraterie.

Le roi passa l'hiver à Aix, et y célébra la Naissance du Seigneur et Pâques.

799. À Rome, le pape Léon, comme il allait à cheval pour la procession des Litanies[212] du Latran à l'église Saint-Laurent, qui est appelée « au gril », tomba dans une embuscade tendue par des Romains aux abords de cette même basilique[213]. Là, il fut jeté à bas de son cheval et on lui creva les yeux et lui coupa la langue comme certains croient l'avoir vu, et on l'abandonna nu et à demi mort dans la rue. Puis, sur l'ordre des instigateurs de ce forfait, il fut envoyé dans le monastère du martyr saint Érasme, sous prétexte d'y être soigné. Il s'enfuit de nuit par-dessus le mur avec l'aide d'un certain Albin, son chambrier, et fut recueilli par le duc de Spolète Winigise qui, ayant appris un tel crime, était accouru à Rome, et emmené à Spolète[214].

Quand le roi eut appris la nouvelle de cet événement, il ordonna qu'on le conduisît auprès de lui avec tous les honneurs dus à sa qualité de vicaire de saint Pierre et de pontife romain ; pour autant, il ne renonça pas à l'expédition qu'il avait décidé de mener en Saxe. C'est pourquoi il tint l'assemblée générale sur le Rhin, dans

215. La rencontre à Paderborn, entre Léon III, venu appeler au secours, et Charlemagne, a donné lieu à la rédaction d'un poème épique intitulé *Karolus magnus et Leo papa*.

216. Gérold appelé « comte » dans la version brève, est le frère de la défunte reine Hildegarde. Il a été placé par Charlemagne à la tête de la Bavière après la destitution de duc Tassilon en 788.

uocatur, ibique eodem amne transmisso cum toto exercitu suo ad Padrabrunnon accessit ibique in castris considens pontificis ad se properantis praestolatur aduentum. Misit interea Karlum filium suum ad Albim cum parte exercitus propter quaedam negotia cum Wilzis et Abodritis disponenda et quosdam Saxones de Nordliudis recipiendos. Cuius reuersionem cum exspectat, uenit pontifex et ualde honorifice ab illo susceptus est mansitque apud eum dies aliquot. Et cum ei cuncta, propter quae uenerat, intimasset, iterum Romam cum magno honore per legatos regis, qui cum eo missi sunt, reductus atque in locum suum restitutus est.

Quo dimisso rex paucos dies ibidem moratus legatum Michahelis patricii de Sicilia nomine Danihelem ad se missum absoluit. Accepit etiam tristem nuntium de Geroldi et Erici interitu, quorum alter, Geroldus uidelicet Baioariae praefectus, commisso cum Hunis proelio cecidit, alter uero, id est Ericus, post multa proelia et insignes uictorias apud Tharsaticam Liburniae ciuitatem insidiis oppidanorum interceptus atque interfectus est.

Rebus itaque Saxonum pro rerum oportunitate dispositis rex in Franciam reuertitur. Et cum Aquisgrani hiemaret, Wido comes ac praefectus Brittanici limitis, qui eodem anno cum sociis comitibus totam Brittonum prouinciam perlustrauerat, arma ducum qui se dediderunt inscriptis singulorum nominibus detulit. Videbatur enim quod ea prouincia tum esset ex toto subacta ; et esset, nisi perfidae gentis instabilitas cito id aliorsum more solito commutasset.

217. Trsat (en ital.Tersatto), cité de Liburnie, fait aujourd'hui partie de la ville de Rijeka (Fiume) en Croatie.

218. Gui ou Wido († av. 819) est à la tête de la marche de Bretagne qui réunit alors les comtés de Nantes, Rennes et Vannes. La marche de Bretagne, illustrée par Roland mort en 788, avait été confiée par Charlemagne à la famille austrasienne des Widonides, qui donnera des ducs de Spolète, rois et empereurs, au IXe et dans les premières décennies du Xe s.

le lieu appelé Lippeham ; et là, il traversa ce même fleuve avec toute son armée et il parvint à Paderborn où il établit son camp et attend la venue du pontife qui se hâtait de le rejoindre. Il envoya entretemps son fils Charles sur l'Elbe avec une partie de son armée pour régler certaines affaires avec les Wilzes et les Abodrites et recevoir l'allégeance de certains Saxons venus de Nordalbingie. Pendant que le roi attend le retour de son fils, le pontife arriva et fut accueilli avec force honneurs par le souverain ; il resta auprès de lui quelques jours. Et une fois qu'il eut fait connaître toutes les raisons pour lesquelles il était venu, il fut reconduit à Rome avec de grandes marques d'honneur par les légats du roi qui furent envoyés à son côté, et rétabli sur son siège[215].

Après son départ, le roi s'attarda quelques jours au même endroit et donna audience à un légat du nom de Daniel, envoyé à lui par Michel, patrice de Sicile, et il lui donna congé. Il apprit aussi la triste nouvelle du trépas de Gérold et d'Éric : le premier, à savoir Gérold, préfet de Bavière[216], tomba lors d'une bataille menée contre les Huns ; le second, c'est-à-dire Éric, après de multiples combats et d'insignes victoires, tomba à Trsat, cité de Liburnie[217], dans une embuscade tendue par les habitants de la place et fut tué.

C'est ainsi que, les affaires de Saxe ayant été réglées au mieux, le roi revient en Francie. Et comme il passait l'hiver à Aix, le comte Gui, préfet de la marche de Bretagne[218], qui la même année avec les comtes alliés avait parcouru toute la province de Bretagne, déposa aux pieds du roi les armes des chefs qui s'étaient rendus, sur lesquelles étaient inscrits les noms de chacun d'eux. En effet, il semblait que cette province fût alors totalement soumise, et elle l'aurait été sans le caractère versatile de ce peuple perfide qui changea rapidement de disposition, comme il en avait l'habitude.

Allata sunt et signa, quae occisis in Maiorica Mauris praedonibus erepta fuerunt. Et Azan Sarracenus, praefectus Oscae, claues urbis cum aliis donis regi misit, promittens eam se dediturum si oportunitas eueniret. Sed et monachus quidam de Hierosolima ueniens benedictionem et reliquias de loco resurrectionis Dominicae, quae patriarcha regi miserat, detulit. Et rex natalem Domini in eodem palatio residens cele- brauit ac monachum reuerti uolentem absoluens Zachariam quendam presbyterum de palatio suo cum eodem ire iussit, cui et donaria sua ad illa ueneranda loca deferenda commisit.

[800] DCCC. Redeunte uerna temperie medio fere Martio rex Aquisgrani digressus litus oceani Gallici perlustrauit et in ipso mari, quod tunc piratis Nordmannicis infestum erat, classem instituit, praesidia disposuit, pascha in Centulo apud sanctum Richarium celebrauit. Inde iterum per litus maris iter agens Ratumagum ciuitatem uenit ibique Sequana amne transmisso Turonos ad sanctum Martinum orationis causa profectus est, moratus ibi dies aliquot propter aduersam Liutgardae coniugis ualitudinem, quae ibidem et defuncta et humata est ; obiit autem die II. Non. Iun.

Inde per Aurelianos ac Parisios Aquasgrani reuersus est.

Et mense Augusto inchoante Mogontiacum ueniens gene- ralem conuentum ibidem habuit et iter in Italiam condixit atque inde profectus cum exercitu Rauennam uenit. Ibique septem non amplius dies moratus Pippinum filium suum cum eodem exercitu in terram Beneuentanorum ire iussit mouensque de Rauenna simul cum filio Anconam usque peruenit ; quo ibi dimisso Romam proficiscitur. Cui cum

219. Hasân, wali de Huesca.
220. « Océan gaulois » désigne la Manche et la Mer du Nord. Première mention de l'intervention des vikings sur les côtes de l'espace carolingien.
221. L'abbaye Saint-Riquier (Centula) est alors confiée à Angilbert, très proche de Charlemagne (cf. a. 796).

On apporta aussi les enseignes qui avaient été arrachées aux pirates maures tués à Majorque. Et le Sarrasin Azan, préfet de Huesca[219], envoya au roi les clefs de la ville ainsi que d'autres présents, promettant de la livrer dès que l'occasion s'en présenterait. De plus un certain moine venant de Jérusalem apporta la bénédiction et des reliques provenant du lieu de la résurrection du Seigneur, que le patriarche avait envoyées au roi. Et le roi, demeurant dans le même palais, fêta la Naissance du Seigneur, donna congé au moine qui voulait repartir et ordonna à Zacharie, un prêtre de son palais auquel il confia ses offrandes à emporter vers ces lieux vénérables, de l'accompagner.

800. Au retour du printemps, vers la mi-mars, le roi après avoir quitté Aix, parcourut le rivage de l'océan gaulois[220] et, sur cette mer, qui était à l'époque infestée de pirates normands, il établit une flotte, mit en place des garnisons et célébra Pâques à Centula auprès de saint Riquier[221]. Puis de là, il suivit à nouveau le rivage de la mer, gagna la cité de Rouen, et là, traversa la Seine et partit pour Tours afin de prier auprès de saint Martin[222] ; il y demeura un certain nombre de jours en raison de la maladie de son épouse Liutgarde[223], qui y décéda et y fut inhumée ; elle mourut le 2 des nones de juin (4 juin).

De là il s'en retourna à Aix, par Orléans et Paris.

Au commencement du mois d'août, le roi vint à Mayence, y tint l'assemblée générale et annonça une campagne pour l'Italie, puis partit avec son armée et arriva à Ravenne. Et là, il ne demeura pas plus de sept jours et donna l'ordre à son fils Pépin de marcher avec cette même armée sur la terre des Bénéventains ; quittant Ravenne en même temps que son fils, il alla avec lui jusqu'à Ancône ; là, il se sépara de lui et partit pour Rome. Mais comme, la veille du jour où

---

222. L'abbaye Saint-Martin de Tours est le principal sanctuaire de Gaule. Depuis 796, son abbé est Alcuin, qui était auprès de Charlemagne depuis 782.

223. Liutgarde, épouse de Charlemagne depuis 784.

pridie quam illo ueniret Leo papa apud Nomentum occurrisset et cum magna eum ueneratione ibidem suscepisset,
post cenam, qua simul refecti sunt, illo ibi manente pontifex
ad urbem praecessit. Et in crastinum in gradibus basilicae
beati Petri apostoli cum episcopis et uniuerso clero consistens
aduenientem equoque descendentem Deo laudes dicendo et
gratias agendo suscepit et cunctis psallentibus in ecclesiam
eiusdem beatissimi apostoli Deum glorificans atque magni-
ficans introduxit. Facta sunt haec VIII. Kal. Decembr.

Post septem uero dies rex, contione uocata, cur Romam
uenisset omnibus patefecit et exinde cotidie, propter quae
uenerat facienda, operam impendit ; in quibus uel maximum
uel difficillimum erat quod primo inchoatum est, de inuesti-
gandis uidelicet quae pontifici obiciebantur criminibus. Qui
tamen, postquam nullus eorundem criminum probator esse
uoluit, coram omni populo in basilica beati Petri apostoli
euangelium ferens ambonem conscendit inuocatoque sanctae
Trinitatis nomine de obiectis se criminibus iurando purgauit.
Eadem die Zacharias presbyter, quem rex Hierosolimam
miserat, cum duobus monachis, quos patriarcha cum eo ad
regem misit, Romam uenit ; qui benedictionis gratia claues
sepulchri Dominici ac loci caluariae cum uexillo detulerunt.
Quos rex benigne susceptos per aliquot dies secum detinuit
et redire uolentes remuneratos absoluit.

---

224. Mentana (*Nomentum*), dans le Latium, à 20 kilomètres
au nord-est de Rome ; « à douze milles de la Ville » indique
la version brève.

il devait venir à lui, le pape Léon s'était porté en hâte à sa rencontre à Mentana[224], et comme il l'y avait accueilli en l'entourant de grandes marques de déférence, après le dîner qui les vit se restaurer ensemble, tandis que le roi demeurait sur place, le pontife s'en retourna à Rome pour l'y précéder. Et le lendemain, se tenant sur les degrés de la basilique du bienheureux apôtre Pierre, en compagnie des évêques et du clergé au complet, il accueillit le roi à son arrivée, alors qu'il descendait de cheval, et, en disant à Dieu ses louanges et en lui rendant grâce, tandis que tous entonnaient des psaumes, il l'introduisit dans l'église du même très bienheureux apôtre, glorifiant et magnifiant Dieu. Ces événements se produisirent le 8 des calendes de décembre (24 novembre).

Au bout de sept jours, le roi convoqua une assemblée, s'ouvrit à tous des raisons de sa venue à Rome, et, à partir de là chaque jour, consacra tous ses soins aux affaires qu'il était venu traiter ; et de ces affaires, la plus importante et la plus difficile – celle qui fut traitée en premier lieu – était celle qui portait sur l'examen des accusations portées contre le pontife. Toutefois, personne n'ayant voulu être celui qui se portait garant de ces mêmes crimes, le pape, devant tout le peuple dans la basilique du bienheureux apôtre Pierre, monta à l'ambon en portant l'Évangile, et après avoir invoqué le nom de la sainte Trinité, se purgea par serment des accusations qu'on portait contre lui. Le même jour, le prêtre Zacharie, que le roi avait envoyé à Jérusalem, revint à Rome avec deux moines que le patriarche envoyait au roi avec lui : ces derniers, en marque de bénédiction, apportèrent les clés du sépulcre du Seigneur et du lieu du Calvaire, avec un étendard[225]. Le roi les accueillit avec bienveillance et les garda avec lui pendant un certain nombre de jours avant de leur donner congé, non sans les gratifier de cadeaux, parce qu'ils voulaient s'en retourner.

225. La version brève parle aussi des clés de la cité de Jérusalem et du Mont (cf. vol. 1, p. 75).

[801] DCCCI. Ipse autem cum die sacratissima natalis Domini ad missarum solemnia celebranda basilicam beati Petri apostoli fuisset ingressus et coram altari, ubi ad orationem se inclinauerat, adsisteret, Leo papa coronam capiti eius inposuit, cuncto Romanorum populo adclamante : « Karolo augusto, a Deo coronato magno et pacifico imperatori Romanorum, uita et uictoria ! » Post quas laudes ab eodem pontifice more antiquorum principum adoratus est ac deinde omisso patricii nomine imperator et augustus appellatus est.

Post paucos uero dies iubente ipso hi qui eundem pontificem anno superiore deposuerunt in iudicium adducti et habita de eis questione secundum legem Romanam ut maiestatis rei capitis damnati sunt.

226. *Laudes,* qui signifie « louanges » adressées plus particulièrement à Dieu, désigne ici l'acclamation du peuple et peut-être d'autres invocations qui lui auraient été associées : la tradition historiographique a gardé l'expression « Laudes impériales ».

227. Le rite d'adoration (proskynèse) de l'empereur par le patriarche et les hauts dignitaires de l'Empire était pratiqué lors du couronnement impérial à Constantinople. Les *Annales du royaume des Francs* sont le seul texte qui fasse mention de ce rite lors du couronnement de Charlemagne.

228. Sur les événements autour de 800, le rapprochement des *Annales du royaume des Francs* avec les autres sources contemporaines et leur interprétation, voir encore R. Folz, *Le couronnement impérial de Charlemagne*, Paris 1964, réed. avec préf. de L. Theis, Paris 2008, p. 157-177.

801. Alors que, le jour très sacré de la Naissance du Seigneur, il était entré pour la célébration des solennités de la messe dans la basilique du bienheureux apôtre Pierre et se tenait devant l'autel, au moment où il s'était incliné pour prier, le pape Léon lui posa une couronne sur la tête, sous les acclamations du peuple romain tout entier : « À Charles auguste, couronné par Dieu, grand et pacifique empereur des Romains, vie et victoire ! ». Après ces laudes[226] il fut adoré[227] par le même pontife, à la manière des anciens empereurs, et ensuite, abandonnant le titre de patrice, il fut appelé empereur et auguste[228].

Or, peu de jours après, sur son ordre, ceux qui avaient déposé ce même pontife l'année précédente furent traduits en justice, et, après avoir été soumis à la question, selon la loi romaine, ils furent condamnés à mort pour crime de majesté[229].

---

229. À partir d'ici, suivant l'édition des *Monumenta Germaniae Historica,* les textes des différents manuscrits concordent pour la fin de l'année 801 et les années suivantes jusqu'à 829.

Pro quibus tamen papa pio affectu apud imperatorem intercessit ; nam et uita et membrorum integritas eis concessa est, ceterum pro facinoris magnitudine exilio deportati sunt. Huius factionis fuere principes Paschalis nomenclator et Campulus sacellarius et multi alii Romanae urbis habitatores nobiles, qui simul omnes eadem sententia dampnati sunt.

Ordinatis deinde Romanae urbis et apostolici totiusque Italiae non tantum publicis, sed etiam ecclesiasticis et priuatis rebus – nam tota hieme non aliud fecit imperator – missaque iterum in Beneuentanos expeditione cum Pippino filio suo ipse post pascha VII. Kal. Mai. Roma profectus Spoletium uenit.

Ibi dum esset, II. Kal. Mai. hora noctis secunda terrae motus maximus factus est quo tota Italia grauiter concussa est. Quo motu tectum basilicae beati Pauli apostoli magna ex parte cum suis trabibus decidit et in quibusdam locis urbes montesque ruerunt. Eodem anno loca quaedam circa Renum fluuium et in Gallia et in Germania tremuerunt. Pestilentia propter mollitiem hiberni temporis facta est.

Imperator de Spoletio Rauennam ueniens aliquot dies ibi moratus Papiam perrexit. Ibi nuntiatur ei legatos Aaron Amir al Mumminin regis Persarum portum Pisas intrasse. Quibus obuiam mittens inter Vercellis et Eporeiam eos sibi fecit praesentari ; unus enim ex eis erat Persa de Oriente, legatus regis Persarum – nam duo fuerant – alter Sarracenus

---

230. L'un et l'autre sont de hauts dignitaires de la cour pontificale. Le nomenclateur (« celui qui nomme ») organise la réception des évêques et des ambassadeurs, et, de fait, dirige la cour. Le sacellaire est chargé du trésor.

231. Hârûn al-Rashîd, cinquième calife abbasside (Bagdad, 786-809). L'auteur franc transcrit le nom arabe du calife par le nom biblique d'Aaron, frère de Moïse, qui lui est familier. Il le désigne comme « roi des Perses », mention qui n'est pas inexacte puisque la Perse relève du calife abbasside, mais on peut se demander ce que recouvre le terme « Perses » pour un lettré carolingien.

Pour eux toutefois, le pape, dans un pieux mouvement, intercéda auprès de l'empereur ; et la vie et l'intégrité de leurs corps leur furent accordées ; ils furent néanmoins envoyés en exil, en raison de l'ampleur de leur crime. Les chefs de cette faction étaient le nomenclateur Pascal, le sacellaire Campulus[230] et beaucoup d'autres nobles habitants de la ville de Rome, qui tous furent en même temps condamnés à la même peine.

Ensuite, après avoir réglé les affaires de la ville de Rome, du pape et de toute l'Italie, non seulement publiques mais aussi ecclésiastiques et privées – l'empereur ne fit en effet rien d'autre pendant tout l'hiver – il envoya de nouveau une expédition contre les Bénéventains avec son fils Pépin, et lui, ayant quitté Rome après Pâques, le 7 des calendes de mai (25 avril), il vint à Spolète.

Alors qu'il y séjournait, le 2 des calendes de mai (30 avril), à la deuxième heure de la nuit, se produisit un très puissant tremblement de terre qui secoua fortement toute l'Italie. Ce tremblement de terre fit tomber une grande partie du toit de la basilique du bienheureux apôtre Paul, avec ses poutres et en certains endroits, villes et monts s'écroulèrent. La même année, en certains endroits proches du Rhin, tant en Gaule qu'en Germanie, la terre trembla. Une épidémie fut provoquée par la douceur de cet hiver-là.

L'empereur se rendit de Spolète à Ravenne, y demeura quelques jours et gagna Pavie. Là, on lui annonce que des légats d'Aaron[231], amir al Mumminin[232], roi des Perses, étaient entrés dans le port de Pise ; il dépêcha des envoyés à leur rencontre et se les fit présenter entre Verceil et Ivrée[233] ; le premier d'entre eux – car ils étaient deux – était un Perse d'Orient, légat du roi des Perses ; le second, un Sarrasin

232. Amîr al-Mu'minîn. L'auteur a transcrit littéralement ce titre arabe qui signifie « commandeur des croyants ».
233. Verceil et Ivrée en Piémont.

de Africa, legatus amirati Abraham, qui in confinio Africae in Fossato praesidebat. Qui Isaac Iudeum, quem imperator ante quadriennium ad regem Persarum cum Lantfrido et Sigimundo miserat, reuersum cum magnis muneribus nuntiauerunt ; nam Lantfridus ac Sigimundus ambo defuncti erant. Tum ille misit Ercanbaldum notarium in Liguriam ad classem parandam qua elefans et ea quae cum eo deferebantur subueherentur. Ipse uero celebrato die natali sancti Iohannis baptistae apud Eporeiam Alpes transgressus in Galliam reuersus est.

Ipsa aestate capta est Barcinona ciuitas in Hispania iam biennio obsessa ; Zatun praefectus eius et alii conplures Sarraceni conprehensi. Et in Italia Teate ciuitas similiter capta et incensa est eiusque praefectus Roselmus conprehensus ; castella, quae ad ipsam ciuitatem pertinebant, in deditionem accepta sunt. Zatun et Roselmus una die ad praesentiam imperatoris deducti et exilio dampnati sunt.

Ipsius anni mense Octobrio Isaac Iudeus de Africa cum elefanto regressus Portum Veneris intrauit ; et quia propter niues Alpes transire non potuit, in Vercellis hiemauit.

Imperator Aquisgrani palatio natalem Domini celebrauit. Et inmutauit se numerus annorum in

[802] DCCCII. Herena imperatrix de Constantinopoli misit legatum nomine Leonem spatarium de pace confirmanda inter Francos et Grecos, et imperator uicissim propter ipsum absoluto illo misit Iesse episcopum Ambianensem et

234. Il s'agit d'Ibrâhîm, émir d'Ifrîqiya (Afrique du Nord), fondateur de la dynastie des Aghlabides. L'auteur franc transcrit son nom sous sa forme biblique qui lui est plus familière : Abraham.

235. Fustât près de Kairouan, en actuelle Tunisie.

236. Ercambald fut à la chancellerie de 794 à 812.

237. Le 24 juin.

238. Sa'dûn al-Ru'aînî (voir a. 797). L'auteur emploie le terme archaïsant de *praefectus* pour désigner celui qui commande une cité (le wali) : nous traduisons littéralement par « préfet ».

239. Chieti, dans les Abruzzes en Italie méridionale, peu éloignée d'Ortone, au bord de l'Adriatique, dont il est question

d'Afrique, légat de l'émir Abraham[234] qui gouvernait à Fustât[235] aux confins de l'Afrique. Ils annoncèrent que le juif Isaac, que l'empereur avait envoyé au roi des Perses quatre ans auparavant avec Lantfrid et Sigismond, était de retour avec d'importants cadeaux. Lantfrid et Sigismond, quant à eux, étaient tous les deux morts. Alors l'empereur envoya le notaire Ercambald[236] en Ligurie, pour affréter une flotte destinée à transporter l'éléphant et les présents qu'Isaac rapportait avec lui. L'empereur, lui, célébra le jour de la naissance de saint Jean Baptiste[237] à Ivrée, puis franchit les Alpes et revint en Gaule.

Cet été-là, Barcelone, cité d'Hispanie, fut prise après un siège de deux ans déjà ; Zatun, son préfet[238], et un grand nombre d'autres Sarrasins furent faits prisonniers. La ville de Chieti[239], en Italie, fut de même prise et brûlée, et son préfet, Roselme, fut fait prisonnier ; la reddition des châteaux appartenant à cette cité fut reçue. Zatun et Roselme furent amenés le même jour en présence de l'empereur et condamnés à l'exil.

Au mois d'octobre de cette année-là, le Juif Isaac revint d'Afrique avec l'éléphant et débarqua à Portovenere[240] ; et, parce qu'il ne pouvait traverser les Alpes à cause de la neige, il passa l'hiver à Verceil.

L'empereur célébra la Naissance du Seigneur au palais d'Aix. Et le nombre des années se changea en

802. L'impératrice Irène envoya de Constantinople un légat, le spathaire nommé Léon[241], pour confirmer la paix entre les Francs et les Grecs ; l'empereur, lui ayant donné congé après l'avoir reçu, envoya à son tour pour

plus loin. Ces cités sont à la limite entre les duchés de Spolète et de Bénévent.

240. Portovenere, en Ligurie, au bord du golfe de Gênes, près de La Spezia.

241. On distingue à Byzance trois fonctions et trois dignités de spathaire (porte-épée) : le protospathaire (« premier porte-épée »), le spatharocandidat et le simple spathaire.

Helmgaudum comitem Constantinopolim, ut pacem cum ea statuerent. Celebratum est pascha Aquisgrani palatio.

Ipsius anni mense Iulio, XIII. Kal. Aug., uenit Isaac cum elefanto et ceteris muneribus quae a rege Persarum missa sunt, et Aquisgrani omnia imperatori detulit ; nomen elefanti erat Abul Abaz.

Ortona ciuitas in Italia in deditionem accepta, Luceria quoque frequenti obsidione fatigata et ipsa in deditionem uenit, praesidiumque nostrorum in ea positum.

Imperator aestatis tempore in Arduenna uenatibus operam dedit et misso Saxonum exercitu Transalbianos Saxones uastauit.

Grimoaldus Beneuentanorum dux in Luceria Winigisum comitem Spoletii, qui praesidio praeerat, aduersa ualitudine fatigatum obsedit et in deditionem accepit captumque honorifice habuit.

Imperator Aquisgrani natalem Domini celebrauit. Et inmutauit se numerus annorum in

[803] DCCCIII. Hoc hieme circa ipsum palatium et finitimas regiones terrae motus factus et mortalitas subsecuta est.

Winigisus a Grimoaldo redditus est ; et missi domni imperatoris de Constantinopoli reuersi sunt, et uenerunt cum eis legati Niciori imperatoris qui tunc rempublicam regebat – nam Herenam post aduentum legationis Franciae deposuerunt – quorum nomina fuerunt Michahel episcopus,

242. Jessé, évêque d'Amiens (v. 799-836) ; Hélingaud est comte du palais.

243. Le chroniqueur byzantin Théophane parle d'un projet de mariage entre Charlemagne et Irène, mais cette dernière est déposée le 31 octobre 802 et remplacée par Nicéphore Ier (802-811) dont il est question ci-après en 803.

244. En arabe, Abû al-Abbas. Cet éléphant, dont le périple et la présence à la cour carolingienne sont bien attestés par notre texte jusqu'à sa mort en 810 (cf. p. 135) a frappé les imaginations. Éginhard ajoute dans sa *Vie de Charlemagne* qu'il était « l'unique éléphant » du calife et il devient par la suite dans la légende un « éléphant blanc ». Abbas est le nom du fondateur de la dynastie des Abbassides.

cela à Constantinople Jessé, évêque d'Amiens, et le comte Hélingaud[242], afin qu'ils statuent de la paix avec Irène[243]. On célébra Pâques au palais d'Aix.

Au mois de juillet de cette même année, le 13 des calendes d'août (20 juillet), Isaac vint avec l'éléphant et les autres cadeaux que le roi des Perses envoyait, et les remit tous à l'empereur à Aix ; l'éléphant avait pour nom Abul Abaz[244].

La cité d'Ortone en Italie se rendit. Lucera[245], épuisée par un siège continu, se rendit aussi d'elle-même et on y mit une garnison des nôtres.

Dans l'été, l'empereur s'adonna à la chasse dans la forêt d'Ardenne, envoya une armée de Saxons et dévasta le pays des Saxons Transelbiens.

Grimoald, duc des Bénéventains[246], assiégea dans Lucera Winigise, comte de Spolète, qui commandait cette place et qui était déjà épuisé par la maladie ; il accepta sa reddition, le fit prisonnier et le traita honorablement.

L'empereur célébra la Naissance du Seigneur à Aix. Et le nombre des années se changea en

803. Cet hiver-là, se produisit un tremblement de terre autour du palais même et dans les régions voisines, suivi d'une épidémie mortelle.

Winigise fut rendu à la liberté par Grimoald. Les émissaires du seigneur empereur rentrèrent de Constantinople et avec eux vinrent les légats de l'empereur Nicéphore qui était désormais à la tête de l'État[247], car après l'arrivée de la légation de Francie, Irène avait été déposée. Ces légats se nommaient Michel, évêque, Pierre, abbé, et Caliste,

245. Lucera, en Italie méridionale, dans les Pouilles, non loin de Foggia.

246. Le duc Grimoald (II) de Bénévent (788-806) a été mis en place par Charlemagne à la mort du duc Aréchis II (758-788).

247. Nicéphore Ier (802-811) a renversé l'impératrice Irène le 31 octobre 802.

Petrus abbas et Calistus candidatus. Qui uenerunt ad imperatorem in Germania super fluuium Sala, in loco qui dicitur
Saltz, et pactum faciendae pacis in scripto susceperunt. Et
inde dimissi cum epistola imperatoris Romam regressi atque
Constantinopolim reuersi sunt.

Imperator autem in Baioariam profectus dispositis
Pannoniarum causis Decembrio mense Aquasgrani reuersus
est ibique natalem Domini celebrauit. Et inmutauit se
numerus annorum in

[804] DCCCIIII. Imperator Aquisgrani hiemauit.
Aestate autem in Saxoniam ducto exercitu omnes, qui
trans Albiam et in Wihmuodi habitabant, Saxones cum
mulieribus et infantibus transtulit in Franciam et pagos
Transalbianos Abodritis dedit. Eodem tempore Godofridus
rex Danorum uenit cum classe sua necnon et omni equitatu
regni sui ad locum qui dicitur Sliesthorp in confinio regni
sui et Saxoniae. Promisit enim se ad conloquium imperatoris uenturum, sed consilio suorum territus propius non
accessit, sed quicquid uoluit per legatos mandauit. Nam
imperator super Albiam fluuium sedebat in loco qui dicitur
Holdunsteti, et missa ad Godofridum legatione pro perfugis
reddendis medio Septembrio Coloniam uenit. Dimissoque
exercitu primo Aquasgrani, deinde Arduennam petit ; et
uenationibus indulgens Aquasgrani reuersus est.

Medio Nouembrio allatum est ei Leonem papam natalem
Domini cum eo celebrare uelle ubicumque hoc contingere

248. C'est-à-dire spatharocandidat (cf. a. 802).
249. Cf. a. 790.
250. Le Wihmode est situé entre les basses vallées de l'Elbe
et de la Weser. Dans la *Vie de Charlemagne* (chap. 8) Éginhard,
qui se fonde sur ce texte, parle de la déportation de dix mille
hommes avec femmes et enfants.
251. Godfrid, roi des Danois, apparaît ici pour la première
fois. Il meurt assassiné en 810
252. Sliesthorp, en Schleswig-Holstein, identifié avec le grand
emporium de Hedeby/Haithabu au fond du fjord de la Schlei,

candidat[248]. Ils vinrent auprès de l'empereur en Germanie, sur la Saale, au lieu nommé Saltz[249], et ils reçurent un traité destiné à faire la paix. L'empereur leur donna congé ; ils s'en allèrent avec une lettre de ce dernier, retournèrent à Rome et, de là, à Constantinople.

L'empereur gagna la Bavière et, après avoir réglé les affaires de Pannonie, revint en décembre à Aix et y célébra la Naissance du Seigneur. Et le nombre des années se changea en

804. L'empereur passa l'hiver à Aix. L'été venu, il conduisit une armée en Saxe et fit transférer en Francie, avec femmes et enfants, tous les Saxons qui habitaient au-delà de l'Elbe et dans le Wihmode[250] ; il donna les terres d'au-delà de l'Elbe aux Abodrites. À la même époque, Godfrid, roi des Danois[251], avec sa flotte et toute la cavalerie de son royaume, vint au lieu nommé Sliesthorp[252], aux confins de son royaume et de la Saxe. Il avait en effet promis qu'il se rendrait à une entrevue avec l'empereur ; mais, effrayé par l'avis des siens, il n'alla pas plus loin, et donna à ses légats mandat d'accorder tout ce que l'empereur voulait. L'empereur s'était établi sur l'Elbe en un lieu nommé Hollenstedt[253] et avait envoyé une ambassade à Godfrid pour qu'il remît des transfuges[254], avant de se rendre à Cologne à la mi-septembre. Il congédia l'armée, se rendit d'abord à Aix, puis gagna la forêt d'Ardenne, s'y livra à la chasse, et retourna à Aix.

À la mi-novembre on lui rapporta que le pape Léon voulait célébrer avec lui la Naissance du Seigneur quel que soit le lieu

proche de la ville actuelle de Schleswig. D'après de récentes fouilles, ce nom pourrait désigner l'actuel Füsing, également situé sur les bords de la Schlei à quelques kilomètres en aval vers la mer Baltique, lieu qui a pu servir à garder l'accès à Hedeby depuis la Baltique. Cf. L. Malbos, *Les ports des mers nordiques à l'époque viking (VIIe-Xe s.),* Turnhout 2018, p. 45-46 (cartes).

253. Hollenstedt, près de Hambourg, à une vingtaine de kilomètres au sud du cours actuel de l'Elbe.

254. C'est-à-dire les Saxons qui se sont enfuis en pays danois.

potuisset. Quem statim misso ad sanctum Mauricium Carlo filio suo honorifice suscipere iussit. Ipse obuiam illi Remorum ciuitatem profectus est ibique susceptum primo Carisiacum uillam, ubi natalem Domini celebrauit, deinde Aquasgrani perduxit ; et donatum magnis muneribus per Baioariam ire uolentem deduci fecit usque Rauennam. Causa aduentus eius haec erat : perlatum est ad imperatorem aestate praeterita Christi sanguinem in Mantua ciuitate fuisse repertum ; propter hoc misit ad papam, petens ut huius famae ueritatem inquireret. Qui accepta occasione exeundi primo in Langobardiam quasi pro inquisitione praedicta profectus est indeque arrepto itinere subito ad imperatorem usque peruenit. Mansitque apud illum dies octo et, sicut dictum est, Romam repedauit. Et inmutauit se numerus annorum in

[805] DCCCV. Non multo post capcanus, princeps Hunorum, propter necessitatem populi sui imperatorem adiit, postulans sibi locum dari ad habitandum inter Sabariam et Carnuntum, quia propter infestationem Sclauorum in pristinis sedibus esse non poterat. Quem imperator benigne suscepit – erat enim capcanus christianus nomine Theodorus – et precibus eius annuens muneribus donatum redire permisit.

Qui rediens ad populum suum pauco tempore transacto diem obiit. Et misit caganus unum de optimatibus suis, petens sibi honorem antiquum quem caganus apud Hunos habere solebat. Cuius precibus imperator adsensum praebuit et summam totius regni iuxta priscum eorum ritum caganum habere praecepit.

255. Saint-Maurice d'Agaune, en Valais (Suisse).
256. Allusion à la menace des Slaves.
257. Sabaria (cf. a. 791, n. 172, p. 76). Petronell-Carnuntum en Basse-Autriche, sur le Danube. Le khagan cherche à se constituer un territoire sûr à l'ouest de la Raab.

où cela pourrait se faire. Aussitôt il envoya à Saint-Maurice[255] son fils Charles et lui ordonna de recevoir le pape avec tous les honneurs. Lui-même alla au-devant de lui en la cité de Reims, l'accueillit en ce lieu, le conduisit d'abord au domaine de Quierzy où il célébra la Naissance du Seigneur, ensuite à Aix ; et, comme le pape voulait s'en retourner, il le fit raccompagner par la Bavière jusqu'à Ravenne, après l'avoir comblé de cadeaux. La raison de la venue du pape était la suivante : il avait été rapporté à l'empereur que, l'été précédent, du sang du Christ avait été découvert dans la cité de Mantoue ; l'empereur avait donc adressé au pape une demande d'enquête sur le bien-fondé de cette rumeur. Le pape saisit l'occasion pour quitter Rome et se rendit d'abord en Lombardie, sous le prétexte de cette enquête, puis, ayant brusquement changé d'itinéraire, parvint jusqu'à l'empereur. Il demeura auprès de lui huit jours et, comme on l'a dit, regagna Rome. Et le nombre des années se changea en

805. Peu de temps après, pressé par la nécessité dans laquelle se trouvait son peuple[256], le khagan, prince des Huns, vint trouver l'empereur et lui demanda de lui accorder un lieu où s'établir, entre Sabaria et Carnuntum[257], parce que, à cause de l'invasion des Slaves, il ne pouvait pas demeurer là où il habitait précédemment. L'empereur le reçut avec bienveillance – le khagan, en effet, était chrétien sous le nom de Théodore – et, accédant à ses prières, il lui permit de s'en retourner, comblé de cadeaux.

Ce dernier mourut peu de temps après être revenu parmi son peuple. Et le khagan envoya l'un de ses grands afin de solliciter pour lui-même l'antique dignité dont le khagan jouissait traditionnellement chez les Huns[258]. L'empereur accéda à ses prières et ordonna que le khagan eût, selon leur ancien usage, la totalité du pouvoir royal.

258. On comprend que ce second khagan est le successeur du khagan Théodore qui vient de mourir.

Eodem anno misit exercitum suum cum filio suo Carlo in terram Sclauorum, qui uocantur Beheimi. Qui omnem illorum patriam depopulatus ducem eorum nomine Lechonem occidit ; et inde regressus in Vosego silua ad imperatorem uenit in loco qui dicitur Camp. Nam imperator Iulio mense de Aquisgrani profectus Theodonis uillam atque per Mettis transiens Vosegum petiit. Ibique uenationi operam dans post reuersionem exercitus ad Rumerici castellum profectus ibique aliquantum temporis moratus ad hiemandum in Theodonis uilla palatio suo consedit. Ibi ad eum ambo filii sui Pippinus et Hludowicus uenerunt, celebrauitque ibi natalem Domini. Et inmutauit se numerus annorum in

[806] DCCCVI. Statim post natalem Domini uenerunt Willeri et Beatus duces Venetiae necnon et Paulus dux Iaderae atque Donatus eiusdem ciuitatis episcopus legati Dalmatarum ad praesentiam imperatoris cum magnis donis. Et facta est ibi ordinatio ab imperatore de ducibus et populis tam Venetiae quam Dalmatiae.

Illisque absolutis conuentum habuit imperator cum primoribus et optimatibus Francorum de pace constituenda et conseruanda inter filios suos et diuisione regni facienda in tres partes ut sciret unusquisque illorum quam partem tueri et regere debuisset, si superstes illi eueniret. De hac partitione et testamentum factum et iureiurando

---

259. Aujourd'hui, Champ-le-Duc, dép. Vosges, arr. Épinal.

260. Romaric est le fondateur, au début du VIIe s., d'une abbaye au lieu qui prendra son nom (Remiremont, dép. Vosges, arr. Épinal) ; l'empereur possède à proximité un *castellum* qui est une résidence de chasse et non pas un palais, lieu du pouvoir impérial, comme Thionville. Cf. J. Barbier, « Fisc et ban à Remiremont : le fisc à l'origine des bans romarimontains ? », dans *Le Pays de Remiremont des origines à nos jours*, éd. M. Parisse, J.-P. Rothiot et P. Heili, Remiremont, 2001 (*Le Pays de Remiremont,* n° 15), p. 9-19.

261. Willaire (*Willerus*), est appelé plus loin (809) *Wilharenus* et de nouveau *Willerus* (811). Il est connu aussi sous le nom d'*Obelerius*. Duc de Vénétie de 804 à 811, il a associé au pouvoir son frère Béat (*Beatus*).

La même année, il envoya son armée avec son fils Charles sur les terres des Slaves appelés Bohémiens. Charles ravagea entièrement leur patrie, tua leur duc qui s'appelait Lecho et, à son retour, vint trouver l'empereur dans la forêt des Vosges, en un lieu nommé Champ[259]. L'empereur, en effet, avait quitté Aix au mois de juillet pour gagner le domaine de Thionville, puis, en passant par Metz, les Vosges. Là, il s'adonna à la chasse et, après le retour de l'armée, il partit pour Remiremont[260]. Après y être demeuré quelque temps, il revint s'installer dans son palais de Thionville, pour y passer l'hiver. C'est là que ses deux fils, Pépin et Louis, vinrent le trouver et c'est là qu'il célébra la Naissance du Seigneur. Et le nombre des années se changea en

806. Aussitôt après la Naissance du Seigneur vinrent se présenter à l'empereur, avec d'importants cadeaux, Willaire[261] et Béat, ducs de Vénétie, ainsi que Paul, duc de Zadar[262], et Donat, évêque de la même cité, légats des Dalmates. Et l'empereur procéda à l'organisation de ce qui concernait les ducs et les peuples, tant de Vénétie que de Dalmatie.

Après leur avoir donné congé, l'empereur tint une assemblée avec les premiers et les plus grands des Francs, voulant établir et conserver la paix entre ses fils, en divisant le royaume en trois parts, pour que chacun d'eux sût quelle part il devait protéger et diriger au cas où il lui survivrait. Au sujet de ce partage, non seulement on rédigea un acte[263], confirmé par serment des plus grands des Francs, mais on arrêta aussi des mesures en vue de conserver la paix ; et le tout

---

262. Zadar (en ital. Zara) au nord de la Dalmatie, aujourd'hui en Croatie.

263. N° 46, dans *MGH, Capit. Reg. Franc.*, I, p. 126-130. L'auteur emploie le mot *testamentum* pour désigner cet « acte » : nous ne traduisons pas par « testament » qui a pris un sens plutôt privé à l'époque moderne. Cf. B. Kasten, « À propos de la dichotomie entre privé et public dans les testaments des rois francs », dans F. Bougard, C. La Rocca et R. Le Jan (dir.), *Sauver son âme et se perpétuer*, Rome, 2013, p. 159-201, en part. n. 45.

ab optimatibus Francorum confirmatum, et constitutiones pacis conseruandae causa factae, atque haec omnia litteris mandata sunt et Leoni papae ut his sua manu subscriberet per Einhardum missa. Quibus pontifex lectis et adsensum praebuit et propria manu subscripsit.

Imperator dimisso utroque filio in regnum sibi deputatum, Pippino scilicet et Hludowico, de uilla Theodonis palatio per Mosellam et Rhenum secunda aqua Nouiomagum nauigauit ibique sanctum quadragesimale ieiunium et sacratissimam paschae festiuitatem celebrauit. Et inde post non multos dies Aquasgrani ueniens Karlum filium suum in terram Sclauorum, qui dicuntur Sorabi, qui sedent super Albim fluuium, cum exercitu misit ; in qua expeditione Miliduoch Sclauorum dux interfectus est duoque castella ab exercitu aedificata, unum super ripam fluminis Salae, alterum iuxta fluuium Albim. Sclauisque pacatis Karlus cum exercitu regressus in loco qui dicitur Silli super ripam Mosae fluminis ad imperatorem uenit.

Missa est et manus de Baioaria et Alamannia atque Burgundia sicut anno superiore in terram Beeheim uasta- taque terrae non minima portione absque ullo graui incom- modo regressa.

Eodem anno in Corsicam insulam contra Mauros, qui eam uastabant, classis de Italia a Pippino missa est, cuius aduentum Mauri non expectantes abscesserunt ; unus tamen nostrorum, Hadumarus comes ciuitatis Genuae, inprudenter contra eos dimicans occisus est. In Hispania uero Nauarri et Pampilonenses, qui superioribus annis ad Sarracenos defe- cerant, in fidem recepti sunt.

Classis a Niciforo imperatore, cui Niceta patricius praeerat, ad reciperandam Dalmatiam mittitur ; et legati, qui dudum ante quattuor fere annos ad regem Persarum missi sunt, per ipsas Grecarum nauium stationes transuecti

264. C'est la seule mission officielle confiée par Charlemagne à Éginhard, son futur biographe, présent à la cour depuis 791. Cette mention a contribué à ce qu'on ait pu attribuer la rédaction de ces *Annales,* pour la partie allant de 795 à 820, à Éginhard.

fut consigné en un écrit porté par Éginhard[264] au pape Léon, pour qu'il le souscrivît lui-même de sa main. Le pape le lut, y donna son assentiment et le souscrivit de sa propre main.

L'empereur renvoya ses deux fils Pépin et Louis chacun dans le royaume qui lui avait été attribué puis, du palais de Thionville, il descendit en bateau sans encombre la Moselle et le Rhin jusqu'à Nimègue, et là il célébra le saint jeûne du carême et la très sainte fête de Pâques. Et de là, quelques jours plus tard, il vint à Aix d'où il envoya son fils Charles avec une armée dans la terre des Slaves qu'on nomme Sorabes et qui sont établis sur l'Elbe. Durant cette expédition, le duc des Slaves Miliduoch[265] fut tué, et l'armée édifia deux châteaux, l'un sur la rive de la Saale, l'autre sur l'Elbe. Les Slaves ainsi pacifiés, Charles revint avec son armée rejoindre l'empereur au lieu nommé Seilles[266], sur la rive de la Meuse.

Une troupe fut aussi, comme l'année précédente, envoyée de Bavière, d'Alémanie et de Burgondie, en terre de Bohême ; elle dévasta une partie non négligeable de cette terre et revint sans aucun dommage grave.

La même année, Pépin envoya d'Italie une flotte vers l'île de Corse, contre les Maures qui la dévastaient. Les Maures, sans attendre sa venue, se retirèrent ; l'un des nôtres cependant, le comte de la cité de Gênes Hadumarus, fut tué en combattant contre eux sans prudence. D'autre part, en Hispanie, les Navarrais et les habitants de Pampelune qui, les années précédentes, avaient fait défection pour rejoindre les Sarrasins, furent à nouveau reçus comme fidèles.

L'empereur Nicéphore envoie une flotte, à la tête de laquelle se trouvait le patrice Nicétas[267], pour reprendre la Dalmatie ; et les légats qui, presque quatre ans auparavant, avaient été envoyés auprès du roi des Perses, revinrent

---

265. Miliduoch est le premier duc ou roi des Sorabes connu.
266. Seilles, près de Huy, ou Selle, près de Dinant (Belgique).
267. Ce patrice Nicétas n'est pas le stratège de Sicile remplacé en 799 par Michel Ganglianos.

ad Taruisiani portus receptaculum nullo aduersariorum sentiente regressi sunt.

Imperator celebrauit natalem Domini Aquisgrani. Et inmutatus est numerus annorum in

[807] DCCCVII. Anno superiore IIII. Non. Septembr. fuit eclypsis lunae ; tunc stabat sol in XVIma parte Virginis, luna autem stetit in XVIma parte Piscium ; hoc autem anno pridie Kal. Febr. fuit luna XVIIma, quando stella Iouis quasi per eam transire uisa est, et III. Id. Febr. fuit eclypsis solis media die, stante utroque sidere in XXV. parte Aquarii. Iterum IIII. Kal. Mart. fuit eclypsis lunae, et apparuerunt acies eadem nocte mirae magnitudinis, et sol stetit in undecima parte Piscium, et luna in undecima parte Virginis. Nam et stella Mercurii XVI. Kal. Aprilis uisa est in sole quasi parua macula, nigra tamen, paululum superius medio centro eiusdem sideris, quae a nobis octo dies conspicitur. Sed quando primum intrauit uel exiuit, nubibus impedientibus minime adnotare potuimus. Iterum mense Augusto, XI. Kal. Septembr., eclypsis lunae facta est hora noctis tertia, sole posito in quinta parte Virginis et luna in quinta parte Piscium. Sicque ab anni superioris Septembrio usque ad anni praesentis Septembrium ter luna obscurata est et sol semel.

Radbertus missus imperatoris, qui de Oriente reuertebatur, defunctus est ; et legatus regis Persarum nomine Abdella cum monachis de Hierusalem, qui legatione

268. Trévise, sur le Pô, à une cinquantaine de kilomètres au nord de Venise.

jusqu'au port-refuge de Trévise[268], en passant par les étapes des navires grecs, sans qu'aucun ennemi ne s'en fût aperçu.

L'empereur célébra la Naissance du Seigneur à Aix et le nombre des années se changea en

807. L'année précédente, le 4 des nones de septembre (2 septembre), il y eut une éclipse de lune ; alors que le soleil se tenait dans le 16e degré du signe de la Vierge, la lune s'arrêta dans le 16e degré des Poissons. Et cette année-là, la veille des calendes de février (31 janvier), la lune était dans le 17e degré quand on vit l'étoile de Jupiter pour ainsi dire passer à travers elle ; et le 3 des ides de février (11 février), il y eut une éclipse de soleil à midi, alors que chacun des deux astres se tenait dans le 25e degré du Verseau. De nouveau, le 4 des calendes de mars (26 février), il y eut une éclipse de lune, et apparurent cette même nuit des éclats d'une ampleur étonnante ; le soleil s'arrêta dans le 11e degré des Poissons et la lune dans le 11e degré de la Vierge. Par ailleurs, l'étoile de Mercure aussi fut aperçue le 16 des calendes d'avril (17 mars) dans le soleil, un peu au-dessus du milieu de cet astre, comme une petite tache noire qui est restée visible pendant huit jours. Mais le moment précis où elle est entrée et celui où elle est sortie du soleil, les nuages nous empêchèrent de le noter. De nouveau, au mois d'août, le 11 des calendes de septembre (22 août), une éclipse de lune se produisit à la troisième heure de la nuit, le soleil étant placé alors dans le 5e degré de la Vierge et la lune dans le 5e degré des Poissons. Et ainsi depuis le mois de septembre de l'année précédente jusqu'en septembre de cette année, la lune fut cachée trois fois et le soleil une fois[269].

Ratbert, émissaire de l'empereur, mourut pendant son retour d'Orient ; et le légat du roi des Perses, nommé Abdella[270], ainsi que des moines de Jérusalem chargés d'une

269. La traduction de ce passage astrologique a bénéficié des conseils de Jean-Patrice Boudet que nous tenons à remercier ici.

270. Cet 'Abd Allâh est envoyé par le calife abbasside de Bagdad Hârûn al-Rashîd (786-809).

Thomae patriarchae fungebantur, quorum nomina fuere Georgius et Felix – hic Georgius est abba in monte Oliueti, et cui patria Germania est, qui etiam proprio uocatur nomine Egilbaldus – ad imperatorem peruenerunt munera deferentes, quae praedictus rex imperatori miserat, id est papilionem et tentoria atrii uario colore facta mirae magnitudinis et pulchritudinis. Erant enim omnia bissina, tam tentoria quam et funes eorum, diuersis tincta coloribus. Fuerunt praeterea munera praefati regis pallia sirica multa et preciosa et odores atque unguenta et balsamum ; necnon et horologium ex auricalco arte mechanica mirifice conpositum, in quo duodecim horarum cursus ad clepsidram uertebatur, cum totidem aereis pilulis, quae ad completionem horarum decidebant et casu suo subiectum sibi cimbalum tinnire faciebant, additis in eodem eiusdem numeri equitibus, qui per duodecim fenestras completis horis exiebant et inpulsu egressionis suae totidem fenestras, quae prius erant apertae, claudebant ; necnon et alia multa erant in ipso horologio quae nunc enumerare longum est. Fuerunt praeterea inter praedicta munera candelabra duo ex auricalco mirae magnitudinis et proceritatis. Quae omnia Aquis palatio ad imperatorem delata sunt. Imperator legatum et monachos per aliquantum tempus secum retinens in Italiam direxit atque ibi eos tempus nauigationis expectare iussit.

Eodemque anno Burchardum comitem stabuli sui cum classe misit in Corsicam ut eam a Mauris, qui superioribus annis illuc praedatum uenire consueuerant, defenderet. Qui iuxta consuetudinem suam de Hispania egressi primo Sardiniam adpulsi sunt ibique cum Sardis proelio commisso

---

271. Alliage de cuivre et de zinc ou cuivre jaune (laiton).

légation par le patriarche Thomas, qui se nommaient Georges et Félix – ce Georges dont nous parlons, abbé sur le Mont des Oliviers et d'origine germanique, est aussi appelé de son vrai nom Égilbald – se rendirent auprès de l'empereur apportant des présents que le susdit roi avait envoyés à l'empereur, à savoir un pavillon avec, pour l'entrée, des tentures de couleurs variées, d'une taille et d'une beauté étonnantes. En effet, tout était en lin, autant les tentures que leurs cordons, teints de diverses couleurs. Il y avait en outre, parmi les cadeaux du susdit roi, un grand nombre de précieuses étoffes de soie ainsi que des parfums, des onguents et du baume. Il y avait aussi une horloge en orichalque[271] dont la fabrication relevait d'un art mécanique prodigieux, dans laquelle le cours des douze heures était réglé par une clepsydre, avec le même nombre de perles de bronze, marquant l'accomplissement de chacune des heures, dont la chute faisait tinter une cymbale placée au-dessous d'elles. Il y avait aussi le même nombre de cavaliers qui sortaient par douze fenêtres, à la fin de chaque heure et qui, par l'impulsion de leur sortie, refermaient les fenêtres qui s'étaient auparavant ouvertes. Il y avait encore beaucoup d'autres merveilles dans l'horloge elle-même qu'il serait trop long d'énumérer maintenant. Il y avait encore parmi les cadeaux déjà mentionnés deux candélabres en orichalque, d'une taille et d'une hauteur étonnantes. Tous ces présents furent apportés à l'empereur au palais d'Aix. L'empereur retint un certain temps auprès de lui le légat et les moines, puis il les fit conduire en Italie et leur ordonna d'attendre là le moment favorable pour la navigation.

La même année, il envoya son connétable Burchard[272] avec une flotte en Corse, pour la défendre contre les Maures qui avaient pris l'habitude, les années précédentes, de venir la piller. Ces derniers, suivant leur habitude, quittèrent

272. Burchard, connétable, placé à la tête de la flotte en Méditerranée. C'est probablement celui qui est mentionné comme négociateur avec les Danois en 811.

et multis suorum amissis – nam tria milia ibi cecidisse perhibentur – in Corsicam recto cursu peruenerunt. Ibi iterum in quodam portu eiusdem insulae cum classe, cui Burchardus praeerat, proelio decertauerunt uictique ac fugati sunt, amissis tredecim nauibus et plurimis suorum interfectis. Adeo illo anno in omnibus locis aduersa fortuna fatigati sunt ut ipsi sibi hoc accidisse testati sint eo quod anno superiore contra omnem iustitiam de Patalaria insula sexaginta monachos asportatos in Hispania uendiderunt ; quorum aliqui per libe- ralitatem imperatoris iterum in sua loca reuersi sunt.

Niceta patricius, qui cum classe Constantinopolitana sedebat in Venetia, pace facta cum Pippino rege et indu- tiis usque ad mensem Augustum constitutis, statione soluta, Constantinopolim regressus est.

Hoc anno imperator pascha Aquis celebrauit nec non et natalem Domini. Et mutatus est annorum numerus in

[808] DCCCVIII. Hiemps mollissima ac pestilens fuit in illo tempore ; uereque inchoante imperator Nouiomagum profectus transacto ibi quadragesimali ieiunio, celebrato etiam sancto pascha iterum Aquas regressus est.

Et quia nuntiabatur Godofridum regem Danorum in Abodritos cum exercitu traiecisse, Carlum filium suum ad Albiam cum ualida Francorum et Saxonum manu misit, iubens uesano regi resistere si Saxoniae terminos adgredi temptaret. Sed ille, statiuis per aliquot dies in litore habitis, expugnatis etiam et manu captis aliquot Sclauorum castellis cum magno copiarum suarum detrimento reuersus est. Nam licet Drasconem ducem Abodritorum popularium fidei diffidentem loco pepulisset, Godelaibum alium ducem dolo captum patibulo suspendisset, Abodritorum duas partes sibi

---

273. L'île de Pantelleria est à égale distance de la Sicile et de la Tunisie actuelle.

274. Ce qui suggère que l'empereur a payé des rançons aux Maures pour racheter certains moines.

l'Hispanie, abordèrent d'abord en Sardaigne et de là, comme ils avaient combattu contre les Sardes et perdu beaucoup des leurs – car trois mille hommes, à ce qu'on dit, périrent là-bas – se rendirent directement en Corse. Là, de nouveau, dans un port de cette île, ils livrèrent une bataille décisive contre la flotte que commandait Burchard ; ils furent vaincus et mis en fuite après la perte de treize de leurs navires et la mort d'un grand nombre des leurs. Cette année-là, ils furent accablés de tous côtés par une fortune contraire, au point qu'eux-mêmes avouèrent que ce qui leur était arrivé était dû au fait que l'année précédente, ils avaient vendu en Hispanie, contre toute justice, soixante moines de l'île de Pantelleria[273], qu'ils avaient transportés jusque-là. Certains d'entre eux purent rentrer chez eux grâce à la libéralité de l'empereur[274].

Le patrice Nicétas, qui stationnait en Vénétie avec sa flotte constantinopolitaine, fit la paix avec le roi Pépin en établissant une trêve jusqu'au mois d'août, puis il quitta son mouillage et revint à Constantinople.

Cette année-là, l'empereur célébra Pâques à Aix, ainsi que la Naissance du Seigneur. Et le nombre des années se changea en

808. L'hiver fut très doux et porteur d'épidémies cette année-là ; au début du printemps l'empereur partit pour Nimègue, y passa le jeûne du carême et, après y avoir célébré aussi la sainte Pâque, revint à Aix.

Comme on annonçait que Godfrid, roi des Danois, était entré chez les Abodrites avec une armée, il envoya son fils Charles sur l'Elbe avec un puissant contingent de Francs et de Saxons, donnant l'ordre de tenir tête à ce roi insensé s'il entreprenait de marcher sur la Saxe. Mais Godfrid, après avoir fait halte quelques jours sur le rivage, s'empara, après les avoir enlevés de haute lutte, d'un certain nombre de châteaux des Slaves, puis il s'en retourna, en ayant perdu une grande partie de ses troupes. En effet, bien qu'il eût expulsé de la région Thrasco, duc des Abodrites, méfiant à l'égard de ses congénères, qu'il eût fait pendre Godelaïb, autre duc, après l'avoir capturé par ruse, et qu'il eût soumis à tribut les deux tiers du territoire

uectigales fecisset, optimos tamen militum suorum et manu promptissimos amisit et cum eis filium fratris sui nomine Reginoldum, qui in obpugnatione cuiusdam oppidi cum plurimis Danorum primoribus interfectus est. Filius autem imperatoris Carlus Albiam ponte iunxit et exercitum, cui praeerat, in Linones et Smeldingos, qui et ipsi ad Godofridum regem defecerant, quanta potuit celeritate transposuit populatisque circumquaque eorum agris transito iterum flumine cum incolomi exercitu in Saxoniam se recepit.

Erant cum Godofrido in expeditione praedicta Sclaui, qui dicuntur Wilzi, qui propter antiquas inimicitias quas cum Abodritis habere solebant sponte se copiis eius coniunxerunt ; ipsoque in regnum suum reuertente, cum praeda quam in Abodritis capere potuerunt et ipsi domum regressi sunt. Godofridus uero, priusquam reuerteretur, distructo emporio quod in oceani litore constitutum lingua Danorum Reric dicebatur, et magnam regno illius commoditatem uectigalium persolutione praestabat translatisque inde negotiatoribus, soluta classe ad portum qui Sliesthorp dicitur cum uniuerso exercitu uenit. Ibi per aliquot dies moratus limitem regni sui qui Saxoniam respicit uallo munire constituit, eo modo ut ab orientali maris sinu, quem illi Ostarsalt dicunt, usque ad occidentalem oceanum totam Egidorae fluminis aquilonalem ripam munimentum ualli praetexeret, una tantum porta dimissa per quam carra et equites emitti et recipi potuissent. Diuiso itaque opere inter duces copiarum domum reuersus est.

275. Les Linons et les Smeldings sont des peuples slaves qui sont installés à l'est de l'Elbe, entre les Abodrites et les Wilzes.

276. Reric, probablement le site actuel de Groß-Strömkendorf, Mecklembourg-Poméranie-Occidentale, sur la baie de Wismar, à environ 10 kilomètres au nord de cette ville.

277. Sliesthorp/Sliasthorp (cf. a. 804, p. 110, n. 252).

278. Une levée de terre surmontée d'une palissade qui est le *uallum* proprement dit.

279. C'est-à-dire de la mer Baltique à la mer du Nord.

des Abodrites, Godfrid perdit cependant les meilleurs de ses soldats et les plus prompts à l'action, parmi lesquels se trouvait le nommé Réginold, fils de son frère, qui fut tué dans le siège d'une place fortifiée avec nombre de grands des Danois. Quant à Charles, le fils de l'empereur, il jeta un pont sur l'Elbe et conduisit avec toute la rapidité possible l'armée qu'il commandait chez les Linons et les Smeldings[275] qui avaient, eux aussi, fait défection pour rallier le roi Godfrid ; et après avoir ravagé toutes leurs terres aux alentours, il repassa le fleuve et se retira en Saxe avec son armée intacte.

Dans l'expédition susdite se trouvaient avec Godfrid, les Slaves nommés Wilzes qui, en raison de l'antique inimitié qu'ils cultivaient à l'encontre des Abodrites, s'étaient volontairement joints à ses troupes ; lorsque ce roi revint dans son royaume, eux aussi retournèrent chez eux avec le butin qu'ils avaient pu prendre chez les Abodrites. Avant son retour, Godfrid détruisit le port marchand établi sur l'océan, qu'on nommait Reric[276] dans la langue des Danois et qui était, pour son royaume, une importante source de revenu grâce au prélèvement de taxes. Il fit embarquer de là les marchands, leva l'ancre et arriva avec toute son armée au port nommé Sliesthorp[277]. Là, il resta quelques jours et décida de fortifier la limite entre son royaume et la Saxe par un retranchement[278], de sorte que, du golfe de la mer orientale qu'ils nomment *Ostarsalt* jusqu'à l'océan à l'ouest[279], un ouvrage fortifié longeât toute la rive nord de l'Eider, en ne laissant qu'une porte par laquelle on pût faire entrer et sortir chariots et cavaliers[280]. Il répartit donc la tâche entre les ducs des troupes et rentra chez lui.

---

280. Il s'agit là d'une phase importante de la construction du Danevirke qui protège le royaume de Danemark des menaces venues du Sud, mais protège peut-être aussi les échanges est-ouest d'une mer à l'autre. La porte aurait été retrouvée par les archéologues en 2010. Cf. L. Malbos, « Danevirke », dans B. Dumézil, *Les Barbares,* Paris, 2016, p. 493-494.

Interea rex Nordanhumbrorum de Brittania insula, nomine Eardulf, regno et patria pulsus ad imperatorem dum adhuc Nouiomagi moraretur uenit et patefacto aduentus sui negotio Romam proficiscitur ; Romaque rediens per legatos Romani pontificis et domni imperatoris in regnum suum reducitur. Praeerat tunc temporis ecclesiae Romanae Leo tertius, cuius legatus ad Brittaniam directus est Aldulfus diaconus de ipsa Brittania, natione Saxo, et cum eo ab imperatore missi abbates duo, Hruotfridus notarius et Nantharius de sancto Otmaro.

Imperator uero aedificatis per legatos suos super Albim fluuium duobus castellis praesidioque in eis contra Sclauorum incursiones disposito Aquisgrani hiemauit ; natalemque Domini et sanctum pascha ibidem celebrauit. Et mutatus est numerus annorum in

[809] DCCCVIIII. Classis de Constantinopoli missa primo Dalmatiam, deinde Venetiam appulit ; cumque ibi hiemaret, pars eius Comiaclum insulam accessit commissoque proelio contra praesidium quod in ea dispositum erat uicta atque fugata Venetiam recessit. Dux autem, qui classi praeerat, nomine Paulus, cum de pace inter Francos et Grecos constituenda, quasi sibi hoc esset iniunctum, apud domnum Pippinum Italiae regem agere moliretur, Wilhareno et Beato Venetiae ducibus omnes inchoatus eius impedientibus atque ipsi etiam insidias parantibus, cognita illorum fraude discessit.

At in occiduis partibus domnus Hludowicus rex cum exercitu Hispaniam ingressus Dertosam ciuitatem in ripa Hiberi fluminis sitam obsedit consumptoque in expugnatione

---

281. Eardulf, roi de Northumbrie en 796, a été déposé en 806, rétabli en 808 jusqu'à une date indéterminée (810, 812 ou même 830).

282. Nanthaire II, abbé de Saint-Omer (804-820). Un Rotfrid fut abbé de Saint-Amand, mais de 819 à 827.

283. Comacchio est située au milieu des marais dans la partie est du delta du Pô. Elle était en rivalité avec Venise en particulier pour le commerce du sel.

Pendant ce temps, le roi des Northumbriens, appelé Eardulf[281], qui avait été chassé de son royaume et de sa patrie, vient, de l'île de Bretagne, trouver l'empereur – ce dernier résidait encore à Nimègue – et lui expose le motif de sa venue et part pour Rome. À son retour de Rome, il est rétabli dans son royaume par les légats du pontife romain et du seigneur empereur. Celui qui était alors à la tête de l'Église romaine était Léon III ; son légat envoyé en Bretagne était le diacre Aldulf, issu de cette même Bretagne, Saxon d'origine ; avec lui l'empereur envoyait deux abbés, Rotfrid, notaire, et Nanthaire[282], de Saint-Omer.

L'empereur fit édifier, par l'entremise de ses légats, deux châteaux sur l'Elbe et plaça dans chacun une garnison pour prévenir les incursions des Slaves, puis il passa l'hiver à Aix ; là-même il célébra et la Naissance du Seigneur, et la sainte Pâque. Et le nombre des années se changea en

809. Une flotte envoyée de Constantinople atteignit d'abord la Dalmatie, puis la Vénétie. Et comme elle y passait l'hiver, une partie s'approcha de l'île de Comacchio[283] et, après avoir engagé le combat contre la garnison qui y avait été installée, elle fut vaincue, mise en fuite, et elle regagna la Vénétie. Or, comme le duc qui commandait la flotte, un nommé Paul, entreprenait, comme s'il en avait reçu l'ordre, de traiter avec le seigneur roi d'Italie, Pépin, de la mise en œuvre de la paix entre les Francs et les Grecs, Willaire et Béat, ducs de Vénétie[284], s'opposèrent à tous ses efforts et tâchèrent de lui tendre des pièges : il eut vent de leur rouerie et quitta les lieux.

Dans les régions occidentales, le seigneur roi Louis entra en Hispanie avec une armée, assiégea la cité de Tortose[285] située sur la rive de l'Èbre et, après avoir passé bien du

284. Willaire (*Wilharenus*) est appelé *Willerus* plus haut (806) et plus bas (811). Cf. n. 261, p. 114.
285. Tortose, en Catalogne, prov. de Tarragone.

illius aliquanto tempore, postquam eam tam cito capi non posse uidit, dimissa obsidione cum incolomi exercitu in Aquitaniam se recepit.

Postquam Ardulfus rex Nordanhumbrorum reductus est in regnum suum et legati imperatoris atque pontificis reuersi sunt, unus ex eis, Aldulfus diaconus, a piratis captus est ceteris sine periculo traicientibus ductusque ab eis in Brittaniam a quodam Coenulfi regis homine redemptus est Romamque reuersus.

In Tuscia Populonium ciuitas maritima a Grecis, qui Orobiotae uocantur, depraedata est. Mauri quoque de Hispania Corsicam ingressi in ipso sancto paschali sabbato ciuitatem quandam diripuerunt et praeter episcopum ac paucos senes atque infirmos nihil in ea reliquerunt.

Interea Godofridus rex Danorum per negotiatores quosdam mandauit se audisse quod imperator ei fuisset iratus, eo quod in Abodritos anno superiore duxit exercitum et suas ultus est iniurias, addens uelle se purgare ab eo quod ei obiciebatur ; foederis inruptionem ab illis primo fuisse inchoatam. Petebat etiam ut conuentus comitum imperatoris atque suorum iuxta terminos regni sui trans Albim fieret in quo res inuicem gestae proferri et emendatione digna inter partes enumerari potuissent. Non abnuit imperator ; colloquiumque trans Albiam habitum cum primoribus Danorum in loco, qui dicitur Badenfliot, multisque hinc et inde prolatis atque enumeratis rebus negotio penitus infecto discessum est. Thrasco uero dux Abodritorum, postquam filium suum postulanti Godofrido obsidem dederat, collecta

<hr/>

286. Coenwulf, roi de Mercie (796-821).
287. Populonia, près de Piombino, en face de l'île d'Elbe.
288. Terme qui signifie en grec « les montagnards ».
289. Il s'agit sans doute de marchands frisons établis à Hedeby, qui pratiquent le commerce entre le Danemark et le Nord de l'Empire.

temps à essayer de la faire tomber, ayant vu que la ville ne pourrait être prise de sitôt, il renonça au siège et se retira en Aquitaine avec une armée intacte.

Une fois Eardulf, roi des Northumbriens, rétabli sur le trône et les légats de l'empereur et ceux du pape de retour, l'un de ces derniers, le diacre Aldulf, fut pris par des pirates, ramené par ces derniers en Bretagne, tandis que les autres faisaient la traversée sans encombre. Il fut racheté par un homme du roi Coenwulf[286] et retourna à Rome.

En Toscane, la cité maritime de Populonia[287], fut ravagée par des Grecs qu'on appelle les Orobiotes[288]. Des Maures, également, vinrent d'Hispanie et attaquèrent la Corse, mirent à sac une cité le jour même du saint samedi de Pâques et n'y laissèrent que l'évêque et une poignée de vieillards et d'infirmes.

Pendant ce temps-là, Godfrid, roi des Danois, fit savoir, par l'intermédiaire de marchands[289], qu'il avait appris que l'empereur était irrité contre lui, du fait que, l'année précédente, il avait conduit son armée contre les Abodrites et s'était vengé des injures à son égard ; il ajouta qu'il voulait se justifier du grief qu'on lui opposait. Les Abodrites, disait-il, avaient rompu l'alliance les premiers ! Il demandait même la tenue, au-delà de l'Elbe et sur les limites de son royaume, d'une assemblée des comtes de l'empereur et des siens, assemblée dans laquelle les actions menées de part et d'autre et les faits qui méritaient réparation pourraient être mutuellement exposés et énumérés en détail. L'empereur ne rejeta pas cette demande ; et la rencontre se tint avec les grands des Danois au-delà de l'Elbe, dans un lieu nommé Badenfliot[290] et, alors même qu'on avait exposé et énuméré d'un côté comme de l'autre beaucoup d'éléments, on se sépara en laissant l'affaire dans un état

290. Badenfliot, probablement Beidenfleth, Schleswig-Holstein, près de Itzehoe, sur la Stör, petit affluent qui se jette dans l'estuaire de l'Elbe.

popularium manu et auxilio a Saxonibus accepto uicinos suos Wilzos adgressus agros eorum ferro et igni uastat ; regressusque domum cum ingenti praeda accepto iterum a Saxonibus ualidiori auxilio Smeldingorum maximam ciuitatem expugnat atque his successibus omnes qui ab eo defecerant ad suam societatem reuerti coegit.

His ita gestis imperator de Arduenna Aquas reuersus mense Nouembrio concilium habuit de processione Spiritus sancti, quam questionem Iohannes quidam monachus Hierosolimis primo commouit ; cuius definiendae causa Bernharius episcopus Wormacensis et Adalhardus abbas monasterii Corbeiae Romam ad Leonem papam missi sunt. Agitatum est etiam in eodem concilio de statu ecclesiarum et conuersatione eorum qui in eis Deo seruire dicuntur nec aliquid tamen definitum est propter rerum, ut uidebatur, magnitudinem.

Imperator autem, cum ei multa de iactantia et superbia regis Danorum nuntiarentur, statuit trans Albiam fluuium ciuitatem aedificare Francorumque in ea ponere praesidium. Cumque ad hoc per Galliam atque Germaniam homines congregasset armisque ac ceteris ad usum necessariis rebus instructos per Frisiam ad locum destinatum ducere iussisset, Thrasco dux Abodritorum in emporio Reric ab hominibus Godofridi per dolum interfectus est. Sed imperator, postquam locus ciuitati constituendae fuerat exploratus, Egbertum

291. Dans la région de Parchim, Meklembourg-Poméranie-Occidentale.
292. Le Credo établi au concile de Nicée (325), complété au concile de Constantinople I (381) déclare que, dans la Trinité divine, le Saint-Esprit « procède du Père ». Pour mieux affirmer l'égalité des trois Personnes, divers courants, repris par les savants carolingiens avec le soutien impérial, ajoutent que le Saint-Esprit « procède du Père *et du Fils* » (en latin, *filioque*). La question est débattue et aboutira à l'affirmation du *filioque* dans le Credo de l'Église d'Occident, qui s'oppose sur ce point à l'Église d'Orient.
293. Bernhaire, évêque de Worms, attesté de 809 à sa mort en 826, joue un rôle important au service de Charlemagne puis à celui de Louis le Pieux.

de total inachèvement. Et Thrasco, duc des Abodrites, qui avait donné son fils en otage à Godfrid, à la demande de ce dernier, assembla une troupe de gens de son peuple et, après avoir reçu un renfort de Saxons, attaque ses voisins les Wilzes, et dévaste leurs terres par le fer et par le feu. Il revint chez lui, avec un énorme butin et, grâce au secours encore plus massif des Saxons, il prend d'assaut la principale cité des Smeldings[291] ; et par ces succès, il contraignit tous ceux qui avaient fait défection à revenir dans son alliance.

Après ces événements, l'empereur revint de l'Ardenne à Aix et, au mois de novembre, tint une assemblée sur la procession du Saint-Esprit[292], question qui avait été, en premier lieu, soulevée par un certain Jean, moine à Jérusalem. Bernhaire, évêque de Worms[293], et Adalard, abbé du monastère de Corbie[294], furent envoyés à Rome auprès du pape Léon, afin de trancher la question. On débattit aussi, dans cette même assemblée, de l'état des églises et du mode de vie de ceux dont il est dit qu'ils y servent Dieu ; mais rien, cependant, ne fut résolu en raison de l'ampleur des sujets semble-t-il.

L'empereur, en ayant beaucoup appris sur la prétention et l'orgueil du roi des Danois, décida de bâtir une cité au-delà de l'Elbe et d'y placer une garnison de Francs. À cet effet, il rassembla des hommes en Gaule et en Germanie, les munit d'armes et de tout ce qui leur était nécessaire, et ordonna de les mener par la Frise au lieu désigné. Thrasco, duc des Abodrites, fut tué par ruse dans le port marchand de Reric par les hommes de Godfrid. Après exploration d'un lieu où fonder la cité, l'empereur chargea le comte Egbert[295] de présider à l'exécution de cette entreprise, lui

---

294. Adalard, petit-fils de Charles Martel, a reçu de Charlemagne le monastère de Corbie (cf. a. 771 et 821-823). Cette mission auprès du pape précède celle que lui confère l'empereur, à la mort du roi Pépin d'Italie en 810, comme mentor du jeune roi Bernard.

295. Ce comte Egbert est mentionné en 811, parmi les négociateurs avec les Danois.

comitem huic negotio exsequendo praeficiens Albim traicere
et locum iussit occupare. Est autem locus super ripam Sturiae
fluminis, uocabulo Esesfelth, et occupatus est ab Egberto et
comitibus Saxonicis circa Idus Martias et muniri coeptus.

Aureolus comes, qui in commercio Hispaniae atque
Galliae trans Pirineum contra Oscam et Caesaraugustam residebat, defunctus est ; et Amoroz praefectus Caesaraugustae
atque Oscae ministerium eius inuasit et in castellis illius praesidia disposuit missaque ad imperatorem legatione sese cum
omnibus quae habebat in deditionem illi uenire uelle promisit.

Eclypsis lunae contigit VII. Kal. Ianuar.

[810] DCCCX. Amoroz Caesaraugustae praefectus,
postquam imperatoris legati ad eum peruenerunt, petiit ut
colloquium fieret inter ipsum et Hispanici limitis custodes,
promittens se in eo colloquio cum suis omnibus in imperatoris dicionem esse uenturum. Quod, licet imperator ut fieret
annuisset, multis interuenientibus causis remansit infectum.

Mauri de tota Hispania maxima classe conparata primo
Sardiniam, deinde Corsicam appulerunt; nulloque in ea
inuento praesidio insulam pene totam subigerunt.

Interea Pippinus rex perfidia ducum Veneticorum inci-
tatus Venetiam bello terraque marique iussit appetere ;
subiectaque Venetia ac ducibus eius in deditionem acceptis
eandem classem ad Dalmatiae litora uastanda misit. Sed
cum Paulus Cefalaniae praefectus cum orientali classe ad
auxilium Dalmatis ferendum aduentaret, regia classis ad
propria regreditur.

296. Esesfeld sur la basse Stör, au sud-ouest d'Itzehoe,
Schleswig-Holstein.

297. Auréol serait originaire du Périgord. Son comté, qui n'est
pas autrement connu, s'étendait au nord de Huesca et de Saragosse
et contrôlait les anciennes voies romaines qui reliaient Oloron à
Saragosse en franchissant les Pyrénées. (cf. Ph. Sénac, *La frontière
et les hommes (VIIIe-XIIe s.)*, Paris, 2000, p. 271-273).

298. 'Amrûs, gouverneur de Saragosse et de Huesca au nom
de l'émir de Cordoue.

ordonna de passer l'Elbe et d'occuper l'endroit : il s'agit d'un lieu situé sur la rive de la Stör, du nom d'Esesfeld[296]. Egbert et les comtes saxons en prirent possession autour des ides de mars (15 mars) et commencèrent à le fortifier.

Le comte Auréol[297] qui, pour surveiller les relations entre l'Hispanie et la Gaule, résidait au-delà des Pyrénées, en face de Huesca et de Saragosse, mourut. Et Amoroz, préfet de Saragosse et de Huesca[298], s'empara du territoire sur lequel Auréol exerçait sa fonction, mit des garnisons dans ses châteaux et envoya à l'empereur une légation, lui promettant de venir se rendre à sa personne avec tout ce qu'il détenait.

Il y eut une éclipse de lune le 7 des calendes de janvier (26 décembre).

810. Le préfet de Saragosse Amoroz, après l'arrivée auprès de lui des légats de l'empereur, demanda que se tînt une entrevue entre sa personne et les gardes de la frontière d'Hispanie, promettant que, lors de cette entrevue, il s'en remettrait, avec tous les siens, au pouvoir de l'empereur. Mais, alors même que l'empereur avait donné son accord pour que l'entrevue eût lieu, de nombreux obstacles s'inter-posèrent et elle demeura en suspens.

Des Maures, depuis l'Hispanie toute entière, firent armer une très grande flotte et atteignirent la Sardaigne d'abord, puis la Corse. Comme ils n'avaient trouvé en Corse aucune garnison, ils soumirent l'île presque tout entière.

Pendant ce temps-là, le roi Pépin, aiguillonné par la perfidie des ducs des Vénètes donna l'ordre d'attaquer militairement la Vénétie, par terre et par mer ; une fois la reddition de la Vénétie et de ses ducs acceptée, il envoya la même flotte dévaster le littoral de la Dalmatie. Mais alors que Paul, préfet de Céphalonie[299], approchait avec la flotte orientale pour porter secours aux Dalmates, la flotte royale regagna son port d'attache.

299. Céphalonie est la plus grande des îles ioniennes et le siège d'un stratège byzantin (désigné ici comme « préfet »).

Hruodtrud filia imperatoris, quae natu maior erat, VII. Idus Iun. diem obiit.

Imperator uero Aquisgrani adhuc agens et contra Godofridum regem expeditionem meditans nuntium accepit classem ducentarum nauium de Nordmannia Frisiam appulisse totasque Frisiaco litori adiacentes insulas esse uastatas iamque exercitum illum in continenti esse ternaque proelia cum Frisonibus commisisse Danosque uictores tributum uictis inposuisse et uectigalis nomine centum libras argenti a Frisonibus iam esse solutas, regem uero Godofridum domi esse. Et reuera ita erat. Qui nuntius adeo imperatorem concitauit ut missis in omnes circumquaque regiones ad congregandum exercitum nuntiis ipse sine mora palatio exiens primo quidem classi occurrere, deinde transmisso Rheno flumine in loco, qui Lippeham uocatur, copias, quae nondum conuenerant, statuit operiri ; ubi dum aliquot dies moraretur, elefans ille, quem ei Aaron rex Sarracenorum miserat, subita morte periit. Congregatis tandem copiis, quanta potuit celeritate ad Alaram fluuium contendit castrisque iuxta confluentem eius quo Wisurae flumini coniungitur positis minarum Godofridi regis praestolatur euentum. Nam rex ille uanissima spe uictoriae inflatus acie se cum imperatore congredi uelle iactabat.

Sed dum imperator memorato loco statiua haberet, diuersarum rerum nuntii ad eum deferuntur. Nam et classem, quae Frisiam uastabat, domum regressam et Godofridum regem a quodam suo satellite interfectum, castellum uocabulo Hohbuoki Albiae flumini adpositum, in quo Odo legatus imperatoris et orientalium Saxonum erat praesidium,

300. Rotrude (v. 775-810), fille aînée de Charlemagne et de Hildegarde, qui avait été promise en mariage à l'empereur byzantin, Constantin VI (cf. a. 788).

301. La flotte vient de *Nordmannia,* littéralement « de Normandie » : il s'agit de la Scandinavie.

302. Cf. a. 801.

Rotrude, aînée des filles de l'empereur[300], mourut le 7 des ides de juin (7 juin).

L'empereur, quant à lui, qui se trouvait encore à Aix et songeait à une expédition contre le roi Godfrid, reçut un message lui annonçant qu'une flotte de deux cents navires, venue du pays des Normands[301], avait atteint la Frise et dévasté toutes les îles à proximité du littoral frison ; que cette armée était déjà sur le continent et avait engagé trois combats contre les Frisons ; que les Danois vainqueurs avaient imposé un tribut aux vaincus ; que, à titre de redevance, cent livres d'argent avaient déjà été payées par les Frisons, et que le roi Godfrid était rentré chez lui. Et ces faits étaient bel et bien avérés. Ce message provoqua la réaction de l'empereur, si bien que ce dernier, après avoir envoyé des messagers dans toutes les régions alentour pour rassembler une armée, partit sans plus attendre de son palais et décida de se porter sur-le-champ à la rencontre de la flotte, puis de passer le Rhin au lieu appelé Lippeham et d'y attendre les troupes qui n'avaient pas encore convergé. Comme il faisait halte quelques jours en ce lieu, l'éléphant que lui avait envoyé le roi des Sarrasins Aaron[302] mourut de mort subite. Après avoir enfin rassemblé les troupes, il se rendit, avec toute la rapidité possible, vers l'Aller et établit son camp au confluent de ce cours d'eau et de la Weser ; il attend là l'effet des menaces du roi Godfrid. Car ce roi, enflé d'un très vain espoir de victoire, prétendait vouloir se mesurer au combat avec l'empereur.

Mais tandis que l'empereur prenait ses quartiers au lieu en question, on lui apporte des informations concernant divers événements : la flotte qui dévastait la Frise était retournée chez elle et le roi Godfrid avait été tué par un homme de son entourage ; un château du nom de Hochbuocki[303], sur l'Elbe, dans lequel se trouvaient Eudes, légat de l'empereur, et une garnison de Saxons orientaux,

303. Hochbuoki : Höhbeck sur l'Elbe, en amont de Hambourg.

a Wilzis captum et Pippinum filium eius, regem Italiae,
VIII. Idus Iulii de corpore migrasse duasque legationes
de diuersis terrarum partibus, unam de Constantinopoli,
alteram de Corduba, pacis faciendae causa aduentare
narratur. Quibus ille acceptis disposita pro temporis conditione Saxonia domum reuertitur. Tanta fuit in ea expeditione
boum pestilentia ut pene nullus tanto exercitui superesset
quin omnes usque ad unum perirent ; et non solum ibi,
sed etiam per omnes imperatori subiectas prouincias illius
generis animalium mortalitas inmanissime grassata est.

Imperator Aquasgrani ueniens mense Octimbrio memo-
ratas legationes audiuit pacemque cum Niciforo imperatore
et cum Abulaz rege Hispaniae fecit. Nam Niciforo Venetiam
reddidit et Haimricum comitem olim a Sarracenis captum
Abulaz remittente recepit.

Eo anno sol et luna bis defecerunt, sol VII. Idus Iun. et
II. Kal. Decembr. luna XI. Kal. Iul. et XVIII. Kal. Ianuar.

Corsica insula iterum a Mauris uastata est.

Amoroz ab Abdiraman filio Abulaz de Caesaraugusta
expulsus et Oscam intrare conpulsus est.

Godofrido Danorum rege mortuo Hemmingus filius fratris
eius in regnum successit ac pacem cum imperatore fecit.

[811] DCCCXI. Absoluto atque dimisso Arsafio
spathario – hoc erat nomen legato Nicifori imperatoris –
eiusdem pacis confirmandae gratia legati Constantinopolim
ab imperatore mittuntur, Haido episcopus Baslensis et

304. Abû al-Asî est l'émir omeyyade de Cordoue al-Hakam Ier (796-822).
305. 'Abd al-Rahmân II, émir de Cordoue (822 à 852) à la suite de son père Abû al-Asî (al-Hakam Ier).
306. Hemming, roi des Danois de la fin de 810 au début de 812, après l'assassinat du roi Godfrid son oncle par un membre de sa suite, disparaît rapidement, ouvrant une crise de succession (cf. a. 812-814).
307. Le spathaire (en 813 protospathaire) Arsafe n'est connu que pour ce rôle très important de négociateur avec l'empereur

avait été pris par les Wilzes ; son fils Pépin, roi d'Italie, avait quitté cette vie le 8 des ides de juillet (8 juillet) ; deux légations, venues de régions à l'opposé l'une de l'autre, la première de Constantinople, la seconde de Cordoue, étaient en chemin pour faire la paix ; tels sont les éléments rapportés. Après avoir reçu ces informations et avoir réglé pour un temps la situation en Saxe, l'empereur retourne chez lui. Mais au cours de cette expédition, survint parmi les bœufs une maladie si forte qu'il n'en resta même pas un pour une si grande armée : tous périrent jusqu'au dernier. Cette maladie ne se cantonna pas à ce seul endroit, mais elle s'étendit très cruellement à cette espèce animale dans toutes les provinces soumises à l'empereur.

L'empereur revint à Aix au mois d'octobre, donna audience aux deux légations dont nous avons parlé, fit la paix avec l'empereur Nicéphore et avec Abulaz, roi d'Hispanie[304]. À Nicéphore, il rendit la Vénétie et il accueillit le comte Aimeric, autrefois pris par les Sarrasins, qu'Abulaz lui renvoyait.

Cette année-là, le soleil et la lune connurent chacun deux éclipses : le soleil le 7 des ides de juin et le 2 des calendes de décembre (7 juin et 30 novembre), la lune le 11 des calendes de juillet et le 18 des calendes de janvier (21 juin et 15 décembre).

La Corse fut à nouveau dévastée par les Maures.

Amoroz fut chassé de Saragosse par Abdirahman, fils d'Abulaz[305], et forcé de se réfugier à Huesca.

Godfrid, roi des Danois, étant mort, Hemming[306], fils de son frère, lui succéda comme roi et fit la paix avec l'empereur.

811. Après avoir congédié et renvoyé le spathaire Arsafe[307] – tel était le nom du légat de l'empereur Nicéphore – l'empereur Charles envoie à Constantinople, pour confirmer la paix en question, des légats : Heito, évêque de Bâle,

Charlemagne en 810/811, 812 et 813 qui aboutit à la reconnaissance mutuelle entre les deux empires.

Hug comes Toronicus et Aio Langobardus de Foro Iuli et cum eis Leo quidam spatharius, natione Siculus, et Willeri dux Veneticorum, quorum alter ante annos X Romae ad imperatorem, cum ibi esset, de Sicilia profugit et redire uolens patriam remittitur, alter propter perfidiam honore spoliatus Constantinopolim ad dominum suum duci iubetur.

Condicta inter imperatorem et Hemmingum Danorum regem pax propter hiemis asperitatem, quae inter partes commeandi uiam claudebat, in armis tantum iurata seruatur donec redeunte ueris temperie et apertis uiis, quae inmanitate frigoris clausae fuerunt, congredientibus ex utraque parte utriusque gentis, Francorum scilicet et Danorum, XII primoribus super fluuium Egidoram in loco, qui uocatur…, datis uicissim secundum ritum ac morem suum sacramentis pax confirmatur. Primores autem de parte Francorum hii fuere : Walach comes filius Bernhardi, Burchardus comes, Unrocus comes, Uodo comes, Meginhardus comes, Bernhardus comes, Egbertus comes, Theotheri comes,

---

308. Heito, évêque de Bâle (806-822), moine puis abbé de Reichenau. Hugues, comte de Tours, attesté de 807 à sa mort en 837. Son destin est associé à celui du comte Matfrid d'Orléans (cf. a. 827 et 828).

309. Probablement Heiligen, mais le nom manque dans tous les manuscrits. La frontière entre Saxons et Danois est bien fixée désormais sur l'Eider (P. Bauduin, *Le monde franc…*, p. 88).

Hugues, comte de Tours[308], et Aio, un Lombard du Frioul. Il y avait aussi avec eux Léon, spathaire originaire de Sicile, et Willaire, duc des Vénètes : le premier, dix ans auparavant, s'était enfui de Sicile pour trouver refuge à Rome, auprès de l'empereur qui alors s'y trouvait, mais comme il voulait revenir dans sa patrie, on l'y renvoie. Quant au second, sa perfidie lui valut d'être dépouillé de sa charge, et ordre est donné de le conduire à Constantinople auprès de son maître.

La paix conclue entre l'empereur et Hemming, roi des Danois, est établie seulement par serment sur les armes, en raison de l'âpreté de l'hiver qui fermait les voies de communication entre les parties, jusqu'au moment où, avec le retour du printemps et l'ouverture des routes que la rigueur du gel avait maintenues fermées, douze grands de chacun des deux peuples – franc et danois – se rencontrèrent sur l'Eider, en un lieu appelé...[309] et la paix est confirmée par des serments selon le rituel et la coutume de chaque peuple[310]. Du côté des Francs, voici les grands qui furent présents : le comte Wala, fils de Bernard, le comte Burchard, le comte Unroch, le comte Eudes, le comte Méginhard, le comte Bernard, le comte Egbert, le comte Théothaire,

---

310. La paix est jurée en deux temps : d'abord par les combattants *in armis* (armistice), peut-être par serment sur les armes ; ensuite, dès que les routes redeviennent praticables, par les légations de grands des deux peuples, probablement par serment sur les reliques, au moins pour les Francs.

Abo comes, Osdag comes, Wigman comes ; de parte uero
Danorum inprimis fratres Hemmingi, Hancwin et Angandeo,
deinde ceteri honorabiles inter suos uiri, Osfrid cognomento
Turdimulo et Warstein et Suomi et Urm et alius Osfrid
filius Heiligen et Osfrid de Sconaowe et Hebbi et Aowin.

Imperator uero pace cum Hemmingo firmata et placito
generali secundum consuetudinem Aquis habito in tres partes
regni sui totidem exercitus misit, unum trans Albiam in
Linones, qui et ipsos uastauit et castellum Hohbuoki superiori
anno a Wilzis distructum in ripa Albiae fluminis restaurauit,
alterum in Pannonias ad controuersias Hunorum et Sclauorum
finiendas, tertium in Brittones ad eorum perfidiam puniendam.
Qui omnes rebus prospere gestis incolomes regressi sunt.

Ipse autem interea propter classem quam anno superiore
fieri imperauit uidendam ad Bononiam ciuitatem maritimam,
ubi eaedem naues congregatae erant, accessit farumque ibi
ad nauigantium cursus dirigendos antiquitus constitutam
restaurauit et in summitate eius nocturnum ignem accendit.

311. Sur ces grands personnages, légats de l'empereur, voir
l'étude exhaustive de P. Bauduin, *Le monde franc...*, p. 233-249.

— Wala (773-836) fils de Bernard frère du roi Pépin III, est donc
le cousin de Charlemagne dont il est très proche. Il joue un rôle important en Saxe d'où sa mère était originaire, puis en Italie (cf. a. 812).

— Burchard, est sans doute le connétable (*comes stabuli*)
mentionné à la tête de la flotte contre les Maures en Corse en 807.

— Unroch, comte de Ternois et *missus* dans le nord de
la Neustrie (801-813) est le père de Béranger, marquis de Gothie
et d'Évrard, marquis de Frioul.

— Eudes est peut-être le comte qui défendait Höhbeck sur
l'Elbe (cf. 810).

— un comte Méginhard a souscrit le « testament de
Charlemagne » mais ce nom est porté par plusieurs contemporains.

— le comte Bernard serait de la famille saxonne de la mère de
Wala et le donateur de Höxter où fut fondée l'abbaye de Corvey.

— le comte Egbert a été mentionné en 809 lorsqu'il entreprend la fortification de Esesfeld contre les Danois. La puissante
famille des Egbertides avait des origines franques et saxonnes et
elle exerça une influence considérable en Saxe.

le comte Abon, le comte Osdag, le comte Wichman[311]. Du côté des Danois, en tout premier lieu les frères de Hemming, Hancwin et Angandeo, puis les autres grands personnages parmi les siens : Osfrid, surnommé Turdimulo, Warstein, Suomi et Urm, et un autre Osfrid, fils de Heiligen, et Osfrid de Sconaowe, et Hebbi et Aowin[312].

L'empereur, après avoir établi la paix avec Hemming et avoir tenu selon la coutume le plaid général à Aix, envoya trois armées en autant de points de son royaume : la première, au-delà de l'Elbe contre les Linons – elle les mit en pièces et reconstruisit le château de Hochbuoki détruit l'année précédente par les Wilzes, sur la rive de l'Elbe – ; la deuxième, en Pannonie[313], pour mettre un terme aux conflits entre les Huns et les Slaves ; la troisième contre les Bretons, pour châtier leur perfidie. Toutes ces armées, une fois leurs entreprises couronnées de succès, revinrent sans dommage.

L'empereur, lui, pendant ce temps-là, voulant voir la flotte dont il avait commandé la construction l'année précédente, se rendit dans la cité maritime de Boulogne où les bateaux en question avaient été rassemblés, y fit restaurer le phare qui, en des temps fort anciens, avait été construit pour diriger la route des navigateurs, et fit allumer en son sommet un feu pour la nuit. De là, il se rendit au lieu appelé Gand, sur l'Escaut, inspecta les bateaux qui avaient été construits pour la flotte

– le comte saxon Théothaire est à nouveau mentionné en 823 à propos des Danois. Il fait figure de « spécialiste des affaires danoises ».

– le comte Abon est un saxon, peut-être apparenté à Widukind.

– le comte Osdag et le comte Wichman, d'après leurs noms, sont aussi des Saxons.

Parmi ces comtes, Wala, Burchard, Unroch et Méginhard ont souscrit le « testament » de Charlemagne cette même année 811 (Cf. M. Sot et C. Veyrard-Cosme dir., *Éginhard, Vie de Charlemagne*, Paris, 2014, chap. 33, p. 84-87).

312. Ces grands parmi les Danois ne peuvent être identifiés de manière certaine. (Cf. P. Bauduin, *Le Monde franc...*, p. 231).

313. Le texte dit, en référence aux provinces romaines antiques, « dans les Pannonies » (*in Pannonias*).

Inde ad Scaldim fluuium ueniens in loco, qui Gand uocatur, naues ad eandem classem aedificatas aspexit et circa medium Nouembrium Aquas uenit. Obuiarunt ei uenienti legati Hemmingi regis, Aowin et Hebbi, munera regis et uerba pacifica deferentes; fuerunt etiam Aquis aduentum eius expectantes, qui de Pannonia uenerunt, canizauci princeps Auarum et tudun et alii primores ac duces Sclauorum circa Danubium habitantium, qui a ducibus copiarum quae in Pannoniam missae fuerunt ad praesentiam principis iussi uenerunt.

Interea Carlus filius domni imperatoris, qui maior natu erat, II. Non. Decembr. diem obiit; et imperator Aquis hiemauit.

[812] DCCCXII. Nec multo post Hemmingus Danorum rex defunctus nuntiatur. Cui cum Sigifridus nepos Godofridi regis et Anulo nepos Herioldi et ipsius regis succedere uoluissent neque inter eos uter regnare deberet conuenire potuisset, comparatis copiis et commisso proelio ambo moriuntur. Pars tamen Anulonis adepta uictoriam fratres eius Herioldum et Reginfridum reges sibi constituit ; quam necessario pars uicta secuta eosdem sibi regnare non abnuit. In eo proelio $\overline{X}$DCCCCXL uiri cecidisse narrantur.

Niciforus imperator post multas et insignes uictorias in Moesia prouincia commisso cum Bulgaris proelio moritur ; et Michahel gener eius imperator factus legatos

314. Nous traduisons par khan le mot *canizauci*. Le *canizauci* est présenté comme « prince des Avars », avant le tudun et les autres princes. On peut remarquer que pour cette année 811, le narrateur emploie successivement les termes Huns et Avars.

315. Charles le Jeune (772-811), premier fils de Hildegarde et de Charlemagne, avait reçu le duché du Mans et le titre de roi en 790. Après sa mort, le seul fils survivant est Louis, futur empereur Louis le Pieux.

316. Deux prétendants à la royauté des Danois s'affrontent à la mort de Hemming : 1. Sigfrid, *nepos* du roi Godfrid qui avait été assassiné en 810 au profit de Hemming. 2. Anulo, *nepos* du roi Harald et du roi Hemming. Nous traduisons *nepos* par « neveu » mais le lien de parenté n'est pas bien établi (cf. Niels Lund, « Scandinavia, c. 700-1066 » in R. McKitterick éd., *The New Cambridge Medieval History of Europe,* vol. 2, 700-900,

en question et, vers la mi-novembre, s'en vint à Aix. Il y arrivait quand vinrent à sa rencontre les légats du roi Hemming, Aowin et Hebbi, apportant, de la part du roi, des cadeaux et des paroles de paix. Il y avait aussi à Aix, venus de Pannonie et attendant son retour, le khan, prince des Avars[314], le tudun et d'autres grands, et des ducs des Slaves qui habitent dans les régions proches du Danube : ils avaient reçu, des ducs des forces armées qui avaient été envoyées en Pannonie, l'ordre de venir se présenter à l'empereur.

Entretemps, Charles, fils du seigneur empereur, l'aîné[315], mourut le 2 des nones de décembre (4 décembre). Et l'empereur passa l'hiver à Aix.

812. Peu de temps après, on annonce la mort de Hemming, roi des Danois. Comme Sigfrid, neveu du roi Godfrid, et Anulo, neveu de Harald[316] et du roi lui-même, avaient voulu lui succéder et qu'ils n'étaient pas parvenus à se mettre d'accord entre eux sur celui qui devait régner, ils armèrent des troupes, engagèrent le combat et y meurent tous les deux. Cependant le parti d'Anulo avait remporté la victoire et il établit comme rois les frères de ce dernier, Harald et Régenfrid ; et le parti vaincu, contraint par la nécessité, n'eut d'autre choix que de les suivre et de les reconnaître comme leurs rois. Dans ce combat, on raconte que 10 940 hommes ont péri.

L'empereur Nicéphore[317], après avoir remporté beaucoup de victoires remarquables dans la province de Mésie[318], mourut au combat contre les Bulgares, et Michel[319], son gendre, fut

Cambridge, 1995, p. 208). L'un et l'autre meurent au combat. Ce sont les frères d'Anulo, Harald (différent du précédent) et Régenfrid qui deviennent rois, mais pour peu de temps. Dès 813 ils sont chassés du trône par des fils du roi Godfrid. Régenfrid est tué et Harald trouve refuge en 814 à la cour de Louis le Pieux.

317. La mort de l'empereur Nicéphore Ier, déjà évoqué (cf. a. 803), est rapportée par les *Annales* à l'année 812 alors qu'elle a eu lieu en juillet 811.

318. La Mésie, au sud du cours inférieur du Danube, actuelle Bulgarie.

319. Michel Ier Rhangabé (811-813).

domni imperatoris Karoli, qui ad Niciforum missi fuerunt, in Constantinopoli suscepit et absoluit. Cum quibus et suos legatos direxit, Michahelem scilicet episcopum et Arsafium atque Theognostum protospatharios, et per eos pacem a Niciforo inceptam confirmauit. Nam Aquisgrani, ubi ad imperatorem uenerunt, scriptum pacti ab eo in ecclesia suscipientes more suo, id est Greca lingua, laudes ei dixerunt, imperatorem eum et basileum appellantes. Et reuertendo Romam uenientes in basilica sancti Petri apostoli eundem pacti seu foederis libellum a Leone papa denuo susceperunt.

Quibus dimissis imperator generali conuentu Aquis sollemniter habito Bernhardum filium Pippini, nepotem suum, in Italiam misit ; et propter famam classis, quae et de Africa et de Hispania ad uastandam Italiam uentura dicebatur, Walanem filium Bernhardi patruelis sui cum illo esse iussit quoadusque rerum euentus securitatem nostris adferret. Haec classis partim in Corsicam partim in Sardiniam uenit ; et ea quidem pars, quae ad Sardiniam est delata, pene tota deleta est.

Classis etiam Nordmannorum Hiberniam Scottorum insulam adgressa commissoque cum Scottis proelio parte non modica Nordmannorum interfecta turpiter fugiendo domum reuersa est.

Pax cum Abulaz rege Sarracenorum facta ; item cum duce Beneuentanorum Grimoaldo, et tributi nomine XXV milia solidorum auri a Beneuentanis soluta.

---

320. Sur Arsafe, cf. a. 811. Michel est évêque de Synada en Phrygie (Anatolie occidentale). Avec deux protospathaires et un évêque, cette légation est imposante. Le texte du traité de paix et la cérémonie des *laudes* à la chapelle impériale d'Aix scellent la reconnaissance mutuelle des empereurs.

321. Cf. ci-après a. 817 et 818.

fait empereur ; il reçut à Constantinople les légats du seigneur empereur Charles qui avaient été envoyés à Nicéphore et leur donna congé. Avec eux, il envoya aussi ses propres légats, à savoir l'évêque Michel et les protospathaires Arsafe et Théognoste[320] et, par leur intermédiaire, il confirma la paix déjà engagée par Nicéphore. De fait, à Aix, où ils vinrent auprès de l'empereur, ils reçurent de ses mains le texte du traité dans l'église et, selon leur coutume, c'est-à-dire en langue grecque, ils lui dirent les laudes en l'appelant « empereur » et « basileus ». Et sur le chemin du retour, ils se rendirent à Rome et, dans la basilique de saint Pierre apôtre, ils reçurent à nouveau, du pape Léon, la même copie du traité d'alliance.

Après leur avoir donné congé, l'empereur tint l'assem-blée générale annuelle à Aix et envoya en Italie Bernard[321], son petit-fils, le fils de Pépin ; et à cause d'une rumeur selon laquelle une flotte venue et d'Afrique et d'Hispanie était en route pour dévaster l'Italie, il ordonna à Wala, fils de Bernard, frère de son père[322], de rester avec lui jusqu'à ce que le dénouement de la situation eût assuré aux nôtres leur sécurité. Cette flotte alla, pour partie en Corse, pour partie en Sardaigne ; et la partie qui aborda en Sardaigne fut presque entièrement détruite.

Une flotte de Normands attaqua aussi l'Hibernie, île des Scots[323] et, alors que le combat était engagé contre les Scots, une partie non négligeable des Normands fut tuée, et la flotte prit honteusement la fuite pour rentrer chez elle.

La paix fut faite avec Abulaz, roi des Sarrasins, ainsi qu'avec le duc des Bénéventains Grimoald[324], et 25 mille sous d'or furent payés, à titre de tribut, par les Bénéventains.

322. Wala (cf. a. 811) est le fils de ce Bernard (av. 732-787) fils de Charles Martel et frère de Pépin III.
323. L'Irlande. Les *Scoti* sont les Irlandais.
324. Grimoald IV (806-817).

Expeditio facta ad Wilzos, et ab eis obsides accepti. Harioldus et Reginfridus reges Danorum missa ad imperatorem legatione pacem petunt et fratrem suum Hemmingum sibi remitti rogant.

Hoc anno Id. Mai. post meridiem solis eclypsis fuit.

[813] DCCCXIII. Imperator Aquisgrani hiemauit et incipiente uerni temperie Amalharium Treuerensem episcopum et Petrum abbatem monasterii Nonantulas propter pacem cum Michahele imperatore confirmandam Constantinopolim misit[a].

Ac deinde habito generali conuentu, euocatum ad se apud Aquasgrani filium suum Hludowicum Aquitaniae regem, coronam illi inposuit et imperialis nominis sibi consortem fecit ; Bernhardumque nepotem suum, filium Pippini filii sui, Italiae praefecit et regem appellari iussit. Concilia quoque iussu eius super statu ecclesiarum corrigendo per totam Galliam ab episcopis celebrata sunt, quorum unum Mogontiaci, alterum Remis, tertium Turonis, quartum Cabillione, quintum Arelati congregatum est ; et constitutionum quae in singulis factae sunt collatio coram imperatore in illo conuentu habita. Quas qui nosse uoluerit, in supradictis quinque ciuitatibus inuenire poterit, quamquam et in archiuo palatii exemplaria illarum habeantur.

Missi sunt de hoc conuentu quidam Francorum et Saxonum primores trans Albim fluuium ad confinia Nordmannorum qui pacem cum eis secundum petitionem regum illorum facerent et fratrem eorum redderent. Quibus

---

a. Pons apud Mogontiacum mense Maio incendio conflagrauit ; post quod imperator, cum in Arduenna uenaretur, pedum dolore decubuit et conualescens Aquasgrani reuersus est *add D. E.*

325. Ne pas confondre ce Hemming, frère de Harald et Régenfrid, avec Hemming, roi en 810-811.

326. Amalaire (775-850), archevêque de Trèves de 809 à 814. Pierre, abbé de Saint-Sylvestre de Nonantola (804-821), près de Modène en Italie.

Une expédition fut menée contre les Wilzes, et on reçut d'eux des otages.

Harald et Régenfrid, rois des Danois, envoient auprès de l'empereur une légation pour demander la paix et prient qu'on leur rende leur frère Hemming[325].

Cette année-là, aux ides de mai (15 mai), après l'heure de midi, il y eut une éclipse de soleil.

813. L'empereur passa l'hiver à Aix et, au début du printemps, il envoya à Constantinople, Amalaire, évêque de Trèves, et Pierre, abbé du monastère de Nonantola[326], pour confirmer la paix avec l'empereur Michel.[327]

Et ensuite, après avoir tenu l'assemblée générale, il fit appeler auprès de lui, à Aix, son fils Louis, roi d'Aquitaine, lui imposa la couronne et l'associa à son titre d'empereur ; et Bernard, son petit-fils, fils de son fils Pépin, il le mit à la tête de l'Italie et ordonna qu'on l'appelât « roi ». Sur son ordre aussi des conciles furent réunis par les évêques à travers toute la Gaule pour corriger l'état des églises : un premier concile se réunit à Mayence, un deuxième à Reims, un troisième à Tours, un quatrième à Chalon, un cinquième à Arles. La collation des dispositions établies par chacun des conciles eut lieu devant l'empereur, lors de cette assemblée d'Aix. Quiconque voudra les connaître, pourra les trouver dans les cinq cités susdites ; on en a néanmoins conservé également ment des copies dans les archives du palais.

De cette assemblée, certains grands des Francs et des Saxons furent envoyés au-delà de l'Elbe, aux confins du territoire des Normands pour faire la paix avec eux selon la demande de leurs rois et leur rendre leur frère. En nombre

---

327. Ajout des manuscrits D et E : « Le pont de Mayence fut détruit par un incendie au mois de mai ; après quoi l'empereur, alors qu'il chassait dans l'Ardenne, fut contraint de s'aliter, à cause d'une douleur aux pieds, et il retourna à Aix en convalescence ».

cum pari numero – nam XVI erant – de primatibus Danorum in loco deputato occurrissent, iuramentis utrimque factis pax confirmata et regum frater eis redditus est. Qui tamen eo tempore domi non erant, sed ad Westarfoldam cum exercitu profecti, quae regio ultima regni eorum inter septentrionem et occidentem sita, contra aquilonem Brittaniae summitatem respicit, cuius principes ac populus eis subici recusabant. Quibus perdomitis cum reuertissent et fratrem ab imperatore missum recepissent, filii Godofridi regis et ex primoribus Danorum non pauci, qui iamdudum relicta patria apud Sueones exulabant, conparatis undecumque copiis bellum eis intulerunt et, confluentibus ad se passim ex omni Danorum terra popularium turmis, commisso cum eis proelio etiam regno non multo eos labore pepulerunt.

Mauris de Corsica ad Hispaniam cum multa praeda redeuntibus Irmingarius comes Emporitanus in Maiorica insidias posuit et octo naues eorum cepit, in quibus quingentos et eo amplius Corsos captiuos inuenit. Hoc Mauri uindicare uolentes Centumcellas Tusciae ciuitatem et Niceam prouinciae Narbonensis uastauerunt. Sardiniam quoque adgressi commissoque cum Sardis proelio pulsi ac uicti et multis suorum amissis recesserunt.

At Michahel imperator Bulgaros bello adpetens haud prosperis successibus utitur ac proinde domum reuersus deposito diademate monachus efficitur ; in cuius locum Leo, Bardae patricii filius, imperator constituitur.

---

328. Le Vestfold est la région située au sud de la Norvège, à l'ouest du fjord d'Oslo.

329. Ermengaire, comte d'Ampurias (près de Gérone) en Catalogne, attesté de 812 à 815.

330. Civitavecchia, sur la mer Tyrrhénienne, dans la province du Latium.

égal à eux – de fait ils étaient seize – des grands des Danois se présentèrent au lieu prévu : la paix fut confirmée par des serments jurés des deux côtés et le frère des rois leur fut rendu. À ce moment-là, les deux rois n'étaient pas chez eux, mais ils étaient partis avec une armée pour le Vestfold[328], région la plus reculée de leur royaume, située au nord-ouest et qui regarde la pointe nord de la Bretagne, dont les princes et le peuple refusaient de leur être soumis. Quand, après les avoir domptés, les rois furent revenus et eurent retrouvé leur frère envoyé par l'empereur, les fils du roi Godfrid et un nombre important de grands des Danois, qui depuis longtemps avaient été forcés d'abandonner la terre de leur peuple et vivaient en exil chez les Suédois, entrèrent en guerre contre eux après avoir levé des troupes de tous côtés. Des bataillons constitués de gens du peuple affluèrent vers les fils de Godfrid de toutes les parties de la terre des Danois ; ils engagèrent le combat contre les rois et parvinrent même à les repousser sans grand effort hors du royaume.

Alors que des Maures revenaient de Corse en Hispanie avec un grand butin, Ermengaire, comte d'Ampurias[329], leur tendit une embuscade à Majorque et s'empara de huit de leurs navires, dans lesquels il trouva cinq cents prisonniers corses et davantage. En représailles, les Maures dévastèrent Civitavecchia[330], cité de Toscane, et Nice, de la province de Narbonnaise. Ils attaquèrent aussi la Sardaigne et ils engagèrent le combat contre les Sardes ; ils furent chassés et vaincus, et ils se retirèrent en ayant perdu beaucoup des leurs.

L'empereur Michel entreprend une guerre contre les Bulgares sans obtenir d'heureux résultats ; il rentre donc chez lui, dépose sa couronne et se fait moine. À sa place, Léon, fils du patrice Bardas, est établi comme empereur[331].

---

331. Léon V l'Arménien (813-820).

Crumas rex Bulgarorum, qui Niciforum imperatorem ante duos annos interfecit et Michahelem de Moesia fugauit, secundis rebus elatus cum exercitu usque ad ipsam Constantinopolim accessit et iuxta portam ciuitatis castra posuit. Quem moenibus urbi obequitantem Leo imperator eruptione facta incautum excepit et grauiter uulneratum fugiendo sibi consulere ac patriam turpiter redire coegit.

[814] DCCCXIIII. Domnus Karolus imperator, dum Aquisgrani hiemaret, anno aetatis circiter septuagesimo primo, regni autem quadragesimo septimo subactaeque Italiae quadragesimo tertio, ex quo uero imperator et augustus appellatus est anno XIIII., V. Kal. Febr. rebus humanis excessit[a].

Cuius rei nuntium cum Hludowicus filius eius in Aquitania apud Teodadum uillam, ubi et ipse tunc hibernabat, plurimis deferentibus accepisset, tricesimo, postquam id acciderat, die Aquasgrani uenit summoque omnium Francorum consensu ac fauore patri successit. Et ad suscepti regni administrationem cura conuersa primo legationes gentium quae ad patrem uenerant auditas absoluit, alias deinde simili modo ad patrem quidem missas, ad se uero uenientes suscepit.

a. Finiunt Gesta Domni Karoli Magni et praecellentissimi Francorum imperatoris *add. D1 ; ibidem, post insertam Vitae Karoli partem alteram (...) ita pergitur :* Incipit Gesta Hludowici imperatoris filii Karoli Magni Imperatoris.

332. Kroum (803-814) le plus redoutable des rois (ou khans) des Bulgares. Ces derniers, peuple turcophone implanté en Thrace (province romaine de Mésie, correspondant à peu près à l'actuelle Bulgarie) depuis la fin du VIIe s., ont profité de la destruction par les Francs de la domination des Avars en Pannonie (796). Ils fédèrent de nombreuses tribus slaves et menacent l'Empire byzantin, en dépit de l'épisode ici relaté.

333. Charlemagne est mort le 28 janvier 814. C'est d'après le nombre d'années de vie donné ici (la 71e année de sa vie, qu'Éginhard dans sa *Vie de Charlemagne* (chap. 30) porte à la 72e), que l'on a longtemps fixé la date de naissance de Charlemagne à 742. Il est maintenant établi qu'il est né le 2 avril 748, dimanche de Pâques de cette année-là. Cf. K. F. Werner, « La date de

Kroum, roi des Bulgares[332], qui, deux ans auparavant, avait tué l'empereur Nicéphore et qui avait chassé Michel de Mésie, grisé par les succès, se rendit avec une armée jusqu'à Constantinople même et établit son camp à proximité de la porte de la cité. L'empereur Léon fit une sortie et surprit l'imprudent qui faisait le tour des remparts de la ville à cheval. Il contraignit Kroum, gravement blessé, à sauver sa vie en prenant la fuite et à regagner honteusement sa patrie.

814. Le seigneur empereur Charles, tandis qu'il passait l'hiver à Aix, en la soixante-et-onzième année de son âge environ et la quarante-septième de son règne, en la quarante-troisième depuis la soumission de l'Italie et en la quatorzième depuis qu'il avait reçu les titres d'empereur et d'auguste, le 5 des calendes de février (28 janvier)[333], quitta le monde des hommes[334].

À l'annonce de cet événement, qu'il recueillit de nombreuses sources, son fils Louis, alors en Aquitaine dans le domaine de Doué[335] où il passait l'hiver, vint à Aix où il arriva le trentième jour après que cela se fut passé ; et il succéda à son père avec le consentement et l'approbation pleins et entiers de tous les Francs. Se consacrant dès lors à l'administration du royaume qu'il avait reçu, il commença par donner audience, avant de leur donner congé, aux légations de peuples qui étaient venues auprès de son père ; puis il en reçut d'autres, envoyées de même auprès de son père, mais qui, en fait, vinrent à lui.

naissance de Charlemagne » dans *Bulletin de la Société nationale des Antiquaires de France,* 1972 (1975), p. 116-142, réimp. *Id., Structures politiques du monde franc (VIe-XIIe s.)* Londres, 1979. Il est donc mort dans sa 66e année, à un âge avancé pour l'époque.

334. Le manuscrit D1 comporte ici : FIN DES GESTES DU SEIGNEUR CHARLES LE GRAND, TRÈS EXCELLENT EMPEREUR DES FRANCS. Puis est insérée la *Vita Karoli* d'Éginhard, sans sa première partie consacrée aux conquêtes. Ensuite le texte des *Annales* reprend ainsi : DÉBUT DES GESTES DE L'EMPEREUR LOUIS, FILS DE L'EMPEREUR CHARLES LE GRAND.

335. Doué-la-Fontaine, dép. Maine-et-Loire, arr. Saumur.

Inter quas praecipua fuit legatio de Constantinopoli directa. Nam Leo imperator, qui Michaheli successerat, dimisso Amalhario episcopo et Petro abbate, qui ad Michahelem quidem missi, ad se tamen uenerunt, legatos suos, Christoforum spatarium et Gregorium diaconem, cum eis ad domnum Karolum et per eos descriptionem et confirmationem pacti ac foederis misit. Quibus susceptis atque dimissis domnus Hludowicus legatos suos, Nordbertum Regiensem episcopum et Richoinum Patauinum comitem, ad Leonem imperatorem ob renouandam secum amicitiam et praedictum pactum confirmandum direxit.

Habitoque Aquisgrani generali populi sui conuentu ad iustitias faciendas et oppressiones popularium releuandas legatos in omnes regni sui partes dimisit, Bernhardum regem Italiae, nepotem suum, ad se euocatum muneribus donatum in regnum remisit, cum Grimoaldo Beneuentanorum duce pactum fecit atque firmauit, eo modo quo et pater, scilicet ut Beneuentani tributum annis singulis VII milia solidos darent ; tunc duos ex filiis suis, Hlotharium in Baioariam, Pippinum in Aquitaniam misit.

Harioldus et Reginfridus reges Danorum, qui anno superiore a filiis Godofridi uicti et regno pulsi fuerunt, reparatis uiribus iterum eis bellum intulerunt ; in quo conflictu et Reginfridus et unus de filiis Godofridi, qui maior natu erat, interfectus est. Quo facto Herioldus rebus suis diffidens ad imperatorem uenit et se in manus illius commendauit ; quem ille susceptum in Saxoniam ire et oportunum tempus exspectare iussit, quo ei, sicut petierat, auxilium ferre potuisset.

336. Christophore, spathaire, et Grégoire, diacre, ne sont pas autrement connus.

337. Norbert, évêque de Reggio d'Émilie, entre Parme et Mantoue, attesté de 814 à 835.

Parmi celles-ci la principale était une légation dépêchée de Constantinople. En effet, l'empereur Léon, qui avait succédé à Michel, avait donné congé à l'évêque Amalaire et à l'abbé Pierre – qui avaient été envoyés auprès de Michel mais qui s'étaient présentés à lui – et il avait envoyé avec eux auprès du seigneur Charles ses propres légats, le spathaire Christophore et le diacre Grégoire[336], et par leur intermédiaire la copie confirmée de leur traité d'alliance. Après les avoir reçus, puis leur avoir donné congé, le seigneur Louis envoya ses légats, Norbert, évêque de Reggio[337], et Ricouin, comte de Padoue[338], auprès de l'empereur Léon, pour renouveler leur amitié et confirmer le traité susdit.

Après avoir tenu à Aix l'assemblée générale de son peuple pour rendre la justice et alléger les fardeaux des populations, il envoya des légats dans toutes les parties de son royaume ; Bernard, roi d'Italie, son neveu, qu'il avait appelé auprès de lui, il le renvoya dans son royaume, gratifié de cadeaux ; avec Grimoald, duc des Bénéventains, il établit et confirma un traité reconduisant celui qui avait été conclu avec son père, selon lequel les Bénéventains devaient donner chaque année un tribut de sept mille sous ; il envoya alors deux de ses fils, l'un, Lothaire, en Bavière, l'autre, Pépin, en Aquitaine.

Harald et Régenfrid, rois des Danois qui, l'année précédente, avaient été vaincus et chassés du pouvoir royal par les fils de Godfrid, ayant reconstitué leurs forces, portèrent de nouveau la guerre contre eux. Dans ce conflit furent tués Régenfrid ainsi qu'un des fils de Godfrid, l'aîné. Après quoi, Harald, désespéré de sa situation, vint auprès de l'empereur et se recommanda entre ses mains. Ce dernier l'accueillit, puis lui enjoignit de se rendre en Saxe et d'attendre là le moment opportun où il pourrait, comme il le lui avait demandé, venir à son secours.

338. Ce Ricouin n'est mentionné qu'ici. Il est comte de Poitiers ou peut-être de Padoue selon les manuscrits (Ph. Depreux, *Prosopographie...*, p. 365).

[815] DCCCXV. Iussum est ab imperatore ut Saxones et Abodriti ad hanc expeditionem praepararentur temptatumque in illa hieme duabus uicibus si Albia transiri posset sed mutatione subita aeris emolliti glacie fluminis resoluta negotium remansit inperfectum, donec tandem hieme transacta circa medium fere Maium mensem oportunum proficiscendi tempus adrisit. Tunc omnes Saxonici comites omnesque Abodritorum copiae cum legato imperatoris Baldrico, sicut iussum erat, ad auxilium Harioldo ferendum trans Egidoram fluuium in terram Nordmannorum uocabulo Sinlendi perueniunt et inde profecti septimo tandem die in loco qui dicitur ..., in litore oceani castra ponunt. Ibique statiuis triduo habitis, cum filii Godofridi, qui contra eos magnis copiis et ducentarum nauium classe conparata in insula quadam tribus milibus a continenti separata residebant, cum eis congredi non auderent, uastatis circumquaque uicinis pagis et acceptis popularium obsidibus XL ad imperatorem in Saxoniam reuersi sunt. Ipse enim tunc temporis in loco qui dicitur Padrebrunno generalem populi sui conuentum habebat. Ibi ad eum omnes orientalium Sclauorum primores et legati uenerunt.

Sed antequam illuc ueniret, id est cum adhuc domi esset, adlatum est ei quosdam de primoribus Romanorum ad interficiendum Leonem papam in ipsa urbe Roma conspirasse ac deinde, cum huius causae indicium ad pontificem esset delatum, omnes illius factionis auctores ipsius iussu fuisse trucidatos. Quod cum moleste ferret, ordinatis tunc Sclauorum et Herioldi rebus ipsoque in Saxonia dimisso, cum ad Franconofurd palatium uenisset, Bernhardum regem

---

339. Baudry devint duc de Frioul en 819 à la mort du duc Cadolah et s'illustra dans la lutte contre les Slaves du sud. Moins efficace contre les Bulgares, il est déposé en 828 (cf. a. 819 et 828).

340. *Sinlendus,* dans la partie orientale du Schleswig.

341. Le nom manque dans tous les manuscrits.

815. Ordre fut donné par l'empereur aux Saxons et aux Abodrites de se préparer pour cette expédition et, cet hiver-là, on tenta à deux reprises de traverser l'Elbe ; mais par un soudain redoux, la glace du fleuve fondit et l'entreprise resta suspendue ; et ce n'est qu'une fois l'hiver enfin passé, vers le milieu du mois de mai, que le temps parut favorable pour se remettre en marche. Alors tous les comtes saxons et toutes les troupes des Abodrites avec Baudry[339], légat de l'empereur, traversèrent l'Eider comme cela leur était ordonné et parvinrent à l'endroit appelé *Sinlendus*[340], dans le pays des Normands, pour porter secours à Harald et, partis de là, ils établissent au bout de six jours leur camp sur les bords de l'océan, en un lieu nommé…[341] Là ils stationnèrent trois jours. Comme les fils de Godfrid, qui avaient armé contre eux de nombreuses troupes et une flotte de deux cents navires et demeuraient dans une île à trois mille du continent[342], n'osaient engager le combat contre eux, ils dévastèrent les campagnes environnantes, reçurent quarante otages pris parmi les habitants[343], puis retournèrent en Saxe auprès de l'empereur. Ce dernier tenait alors l'assemblée générale de son peuple au lieu nommé Paderborn. Là le rejoignirent tous les grands des Slaves orientaux et leurs légats.

Mais avant sa venue à Paderborn, c'est-à-dire quand il était encore chez lui, on lui rapporta que certains grands des Romains avaient conspiré, dans la ville même de Rome, pour assassiner le pape Léon, et qu'ensuite, comme preuve de ce complot avait été apportée au pape, tous les fauteurs de cette conspiration avaient été exécutés sur son ordre. L'empereur en fut très contrarié ; il régla alors les affaires des Slaves et de Harald, et donna congé à ce dernier en Saxe. Lorsqu'il fut arrivé au palais de Francfort, il envoie

---

342. L'île de Fionie est la grande île danoise la plus proche de la Saxe.

343. Ces otages sont pris dans le peuple et non parmi les grands des Danois, ce qui confirme le semi-échec de la campagne.

Italiae, nepotem suum, qui et ipse cum eo in Saxonia fuerat, ad cognoscendum quod nuntiabatur Romam mittit. Is cum Romam uenisset, aegritudine decubuit, res tamen, quas compererat, per Geroldum comitem, qui ad hoc ei legatus fuerat datus, imperatori mandauit. Quem legati pontificis, Iohannes episcopus Siluae Candidae et Theodorus nomen-clator et Sergius dux, subsecuti de his quae domino suo obiciebantur per omnia imperatori satisfecerunt.

Legati Sardorum de Carali ciuitate dona ferentes uenerunt.

Pax, quae cum Abulaz rege Sarracenorum facta et per triennium seruata erat, uelut inutilis rupta et contra eum iterum bellum susceptum est.

Nordbertus episcopus et Richoinus comes de Constantinopoli regressi descriptionem pacti quam Leo imperator eis dederat detulerunt ; qui inter cetera terrae motum grauissimum mense Augusto per continuos quinque dies ibi contigisse retulerunt, quo et ipsius urbis aedificia conplura cecidisse et aliarum ciuitatum populos ruinis oppressos esse testati sunt. Sed et in Gallia Santones, ciuitas Aquitaniae, mense Septembrio dicitur tremuisse. Rhenus fluuius Alpinis imbribus auctus ultra solitum exundauit.

Romani, cum Leonem papam aegritudine decubuisse uiderent, collecta manu omnia praedia quae idem pontifex in singularum ciuitatum territoriis nouiter construxit primo diripiunt, deinde inmisso igne cremant, tum Romam ire statuunt et quae sibi erepta querebantur uiolenter auferre. Quo comperto Bernhardus rex missa manu per Winigisum ducem Spolitinum et seditionem illam sedauit et eos ab incepto desistere fecit, quaeque gesta erant per legatos suos imperatori nuntiauit.

344. Gérold (c. 811-832), comte de la marche de Pannonie en face des Avars.

à Rome son neveu Bernard, roi d'Italie, qui avait aussi été avec lui en Saxe, enquêter sur ce qu'on annonçait. Arrivé à Rome, Bernard tomba malade mais il envoya ce qu'il avait appris sur l'affaire à l'empereur par l'intermédiaire du comte Gérold[344] qui lui avait été donné comme légat pour cette mission. Les légats du pape, Jean, évêque de Silva-Candida, le nomenclateur Théodore et le duc Serge, arrivèrent juste après lui et donnèrent satisfaction à l'empereur sur tous les reproches adressés à leur maître.

Des légats des Sardes arrivèrent de la cité de Cagliari, porteurs de cadeaux.

La paix, qui avait été faite avec Abulaz, roi des Sarrasins, et respectée durant trois ans, fut rompue comme si elle était sans profit et une guerre fut de nouveau entreprise contre lui.

L'évêque Norbert et le comte Ricouin revinrent de Constantinople et apportèrent copie du traité qui leur avait été remise par l'empereur Léon[345] ; ils rapportèrent, entre autres choses, que s'était produit là-bas, au mois d'août et pendant cinq jours consécutifs, un tremblement de terre très violent ; et ils attestèrent qu'il avait détruit de nombreux bâtiments de cette ville et écrasé sous les ruines des populations d'autres cités. En Gaule, à Saintes, cité d'Aquitaine, des secousses eurent lieu – à ce qu'on dit – au mois de septembre. Le Rhin, grossi par les eaux des Alpes, déborda plus que d'ordinaire.

Les Romains, comme ils avaient vu le pape Léon tomber malade, réunissent des troupes, pillent d'abord, puis détruisent dans les flammes toutes les forteresses que le pontife avait fait construire récemment sur les territoires de chaque cité ; ils décident ensuite de se rendre à Rome et de s'emparer par la violence de ce dont ils se plaignaient qu'on le leur eût ravi. Informé de ces faits, le roi Bernard envoya des troupes conduites par Winigise, duc de Spolète, et calma cette sédition ; et il contraignit les Romains à renoncer à leur entreprise ; et ce qui s'était passé, il le fit savoir à l'empereur par ses légats.

345. Cf . a. 813.

[816] DCCCXVI. Hieme transacta Saxones et orientales Franci expeditionem in Sorabos Sclauos, qui dicto audientes non erant, facere iussi imperata strenue compleuerunt et contumacium audaciam non magno labore compresserunt. Nam una ciuitate expugnata, quicquid in ea gente rebelle uidebatur subiectione promissa conquieuit.

Wascones, qui trans Garonnam et circa Pirineum montem habitant, propter sublatum ducem suum nomine Sigiwinum, quem imperator ob nimiam eius insolentiam ac morum prauitatem inde sustulerat, solita leuitate commoti coniuratione facta omnimoda defectione desciuerunt ; sed duabus expeditionibus ita sunt edomiti ut tarda eis deditio et pacis impetratio uideretur.

Interea domnus Leo papa anno pontificatus sui uice-simo primo circiter VIII. Kal. Iun. de corpore migrauit Stephanusque diaconus in locum eius electus atque ordi-natus est ; nondumque duobus post consecrationem suam exactis mensibus quam maximis poterat itineribus ad impe-ratorem uenire contendit, missis interim duobus legatis qui quasi pro sua consecratione imperatori suggererent. Quod ubi imperator audiuit, Remis ei statuit occurrere missisque obuiam his qui eum illo deducerent, aduentum eius praeue-niens cum magno eum ibidem honore suscepit. Qui statim imperatori aduentus sui causam insinuans celebratis ex more missarum sollemniis eum diadematis inpositione coronauit. Multis deinde inter eos muneribus et datis et acceptis conuiuiisque opipare celebratis et amicitia uicissim firmissimo robore constituta aliisque utilitatibus sanctae Dei ecclesiae pro temporis oportunitate dispositis pontifex Romam, imperator Compendium palatium petiit.

346. Étienne IV (22 juin 816-23 janvier 817).

816. Au sortir de l'hiver, Saxons et Francs orientaux, comme ils avaient reçu l'ordre de mener une expédition contre les Slaves sorabes qui se montraient indisciplinés, accomplirent avec diligence ce qui leur avait été prescrit et réprimèrent sans grande difficulté l'audace des obstinés. La prise d'une seule cité suffit, en effet, pour que toute velléité de révolte s'éteignît chez ce peuple et qu'il promît de se soumettre.

Les Vascons qui habitent au-delà de la Garonne près des Pyrénées, à la suite de l'éviction de leur duc, nommé Seguin, que l'empereur avait écarté de sa charge pour sa trop grande insolence et ses mœurs dépravées, mus par leur habituelle légèreté, fomentèrent une conjuration et, par tous les moyens, firent défection. Mais deux expéditions eurent si bien raison d'eux qu'il leur tarda de se soumettre et d'obtenir la paix.

Entre-temps, comme le seigneur pape Léon avait quitté cette vie dans la vingt et unième année de son pontificat, vers le 8 des calendes de juin (25 mai), on élut et consacra à sa place le diacre Étienne[346]. Deux mois ne s'étaient pas encore écoulés depuis sa consécration qu'il s'efforça de venir, le plus rapidement qu'il put, auprès de l'empereur, non sans avoir au préalable envoyé deux légats pour lui faire part de sa consécration. Quand l'empereur l'apprit, il décida d'aller à sa rencontre à Reims, envoya au-devant de lui des hommes pour l'escorter jusque-là et, arrivé avant lui, il le reçut en ce même lieu avec tous les honneurs. Le pape fit aussitôt connaître à l'empereur le motif de sa venue et, après avoir célébré, selon la coutume, les solennités de la messe, le couronna en le ceignant du diadème[347]. Puis, après qu'ils eurent échangé entre eux de nombreux cadeaux, qu'ils eurent pris part à de somptueux banquets, établi leur amitié sur les assises les plus fermes et profité des circonstances pour prendre d'autres mesures utiles à la sainte Église de Dieu, le pontife regagna Rome et l'empereur le palais de Compiègne.

347. Le 5 octobre 816.

Ibi commoratus legatos Abodritorum et de Hispania legatos Abdirahman filii Abulaz regis ad se missos suscepit ; completisque ibi uiginti uel eo amplius diebus Aquasgrani ad hiemandum profectus est.

[817] DCCCXVII. Legati Abdirahman, filii Abulaz regis Sarracenorum, de Caesaraugusta missi pacis petendae gratia uenerunt, et Compendio ab imperatore auditi Aquasgrani eum praecedere iussi sunt. Quo cum peruenisset, legatum Leonis imperatoris de Constantinopoli pro Dalmatinorum causa missum Niciforum nomine suscepit ; quem etiam, quia Cadolah, ad quem illorum confinium cura pertinebat, non aderat et tamen breui uenturus putabatur, aduentum illius iussit opperiri. Quo ueniente ratio inter eum et legatum imperatoris de questionibus quas idem detulit habita est ; et quia res ad plurimos et Romanos et Sclauos pertinebat neque sine illorum praesentia finiri posse uidebatur, illo decernenda differtur, missusque ad hoc cum Cadolane et praedicto legato in Dalmatiam Albgarius, Unrochi nepos. Legati etiam Abdirahman, cum tribus mensibus detenti essent et iam de reditu desperare coepissent, remissi sunt.

Filii quoque Godofridi regis Danorum propter assiduam Herioldi infestationem missa ad imperatorem legatione pacem petunt eamque a se seruandam pollicentur ; sed cum haec simulata magis quam ueracia uiderentur, uelut inania neglecta sunt, et auxilium contra eos Herioldo datum.

Luna Non. Febr. hora noctis secunda defecit, et cometes in signo Agitatoris apparuit.

---

348. Cf. a. 810.

349. Cadolah, « comte » et « préfet de la marche de Frioul », attesté comme tel de 817 à sa mort en 819, date à laquelle il est remplacé par Baudry. L'un et l'autre sont des Francs, représentants de l'empereur Louis.

350. C'est-à-dire de Byzantins.

351. Albgaire, attesté à partir de cette année 817 comme comte en Pannonie, recevra un comté en Alémanie après 823. Il

Tandis qu'il demeurait là, il reçut les légats des Abodrites et ceux qu'Abdirahman, fils du roi Abulaz[348], lui avait envoyés d'Hispanie. Puis, après être resté en ce lieu vingt jours et même davantage, il se rendit à Aix pour y passer l'hiver.

817. Les légats d'Abdirahman, fils d'Abulaz, roi des Sarrasins, avaient été envoyés de Saragosse et vinrent pour demander la paix ; l'empereur leur donna audience à Compiègne, puis leur enjoignit de le devancer à Aix. Quand il y fut arrivé, il reçut un légat de l'empereur Léon du nom de Nicéphore, envoyé de Constantinople à propos de l'affaire des Dalmates ; et il lui ordonna d'attendre l'arrivée de Cadolah[349] parce que ce dernier, en charge du territoire voisin du leur, n'était pas présent, mais – pensait-on – devait venir sous peu. À son arrivée, la discussion entre le légat de l'empereur et lui sur les questions soulevées par le légat eut lieu, point par point ; mais, comme l'affaire concernait un plus grand nombre de Romains[350] et de Slaves, et qu'il apparaissait qu'on ne pouvait trancher sans qu'ils fussent présents, on remet à plus tard la décision et on envoya à cet effet en Dalmatie, avec Cadolah et le légat susdit, Albgaire, neveu d'Unroch[351]. Quant aux légats d'Abdirahman qui, après avoir été retenus pendant trois mois, commençaient à désespérer de leur retour, ils reçurent leur congé.

Les fils de Godfrid, roi des Danois, en raison des attaques dont Harald les harcelait sans trêve, envoient à l'empereur une légation pour demander une paix et promettent de l'observer ; mais comme ces promesses paraissaient plus feintes que sincères, elles furent négligées comme vaines, et c'est à Harald que l'on apporta de l'aide, contre eux.

Il y eut une éclipse de lune le jour des nones de février (5 février), à la deuxième heure de la nuit, et une comète parut dans la constellation du Sagittaire.

fait partie de la prestigieuse famille d'Unroch, comte de Ternois, d'où sont issus plusieurs ducs de Frioul et rois d'Italie.

Interea Stephanus papa tertio, postquam Romam uenerat, mense, sed nondum exacto, circiter VIII. Kal. Febr. diem obiit. Cui Paschalis successor electus post completam sollemniter ordinationem suam et munera et excusatoriam imperatori misit epistolam, in qua sibi non solum nolenti, sed etiam plurimum renitenti pontificatus honorem uelut inpactum adseuerat. Missa tamen alia legatione pactum, quod cum praecessoribus suis factum erat, etiam secum fieri et firmari rogauit. Hanc legationem Theodorus nomenclator et detulit et ea quae petierat impetrauit.

Feria quinta qua cena Domini celebratur cum imperator ab ecclesia peracto sacro officio remearet, lignea porticus per quam incedebat cum et fragili materia esset aedificata et tunc iam marcida et putrefacta, quae contignationem et tabulatum sustinebant, transtra pondus aliquod ferre non possent, incedentem desuper imperatorem subita ruina cum uiginti et eo amplius hominibus, qui una ibant, ad terram usque deposuit. Qui casus cum plerosque ex his qui simul deciderant grauiter adfecisset, illi tamen nihil aliud laesionis intulit, praeter quod capulo gladii quo accinctus erat imi pectoris pars sinistra contusa est et auris dextra in parte posteriore uulnerata, femur quoque dextrum cuiusdam ligni pondere iuxta inguina conlisum. Sed instantia medicorum qui ei curam adhibebant summa celeritate conualuit. Nam uicesima postquam id acciderat die Nouiomagum profectus uenatu sese exercebat.

352. Pascal Ier (817-824).
353. Il s'agit pour le pape de se justifier auprès de l'empereur de ce que ce dernier n'a pas été consulté pour son élection.
354. L'ambassade pontificale menée par Théodore avait pour but de compléter l'accord avec les Francs établi l'année précédente lors du voyage à Reims du pape Étienne IV, pour régler les rapports entre le pape et l'empereur. Ce dernier confirme au pape les concessions territoriales faites par Charlemagne et s'engage à les défendre. Il accorde aux Romains la liberté d'élection du pape mais réaffirme les liens étroits entre le pape et l'empereur. Cf. *MGH, Cap.*, I, p. 352-355.

Pendant ce temps, le pape Étienne mourut vers le 8 des calendes de février (25 janvier), avant la fin du troisième mois qui suivit son retour à Rome. On lui élut pour successeur Pascal[352] qui, après sa consécration solennelle en bonne et due forme, envoya à l'empereur des cadeaux et une lettre d'excuse dans laquelle il l'assurait que la charge du pontificat lui avait été en quelque sorte assénée non seulement contre son gré, mais encore en dépit de ses refus réitérés[353]. Toutefois, ayant envoyé une autre légation, il sollicita le renouvellement et la confirmation du traité qui avait été conclu avec ses prédécesseurs. Cette légation, c'est Théodore, son nomenclateur, qui la conduisit et c'est lui qui obtint ce que le pape avait demandé[354].

Le jeudi où l'on célèbre la Cène du Seigneur[355], comme l'empereur revenait de l'église après la fin de l'office sacré, le portique en bois par lequel il passait, qui avait été construit avec des matériaux peu résistants – les poutres qui supportaient la charpente et la couverture, pourries et mangées par les vers, ne pouvaient plus soutenir la moindre charge – s'écroula subitement alors que l'empereur et plus de vingt personnes qui marchaient avec lui l'empruntaient, et les jeta à terre. Alors que l'écroulement avait blessé grièvement plusieurs de ceux qui étaient tombés en même temps que lui, l'empereur, lui, n'eut d'autre mal qu'une contusion que la poignée de l'épée qu'il portait lui fit aux dernières côtes à gauche, une blessure derrière l'oreille droite, et une meurtrissure à la cuisse droite, près de l'aine, produite par un lourd morceau de bois. Mais, grâce à la diligence des médecins qui lui prodiguaient leurs soins, il fut rétabli avec une rapidité extrême. Le vingtième jour après cet accident, en effet, il partit pour Nimègue et s'y livra à la chasse.

355. Le jeudi saint (qui précède le dimanche de Pâques) où la liturgie chrétienne fait mémoire du dernier repas (cena) de Jésus avec les apôtres.

Unde reuersus generalem populi sui conuentum Aquisgrani more solito habuit, in quo filium suum primogenitum Hlotharium coronauit et nominis atque imperii sui socium sibi constituit, caeteros reges appellatos unum Aquitaniae, alterum Baioariae praefecit. Conuentu peracto, cum Vosegi saltum uenandi gratia peteret, obuios habuit legatos Leonis imperatoris ; quos cum in Ingilenhaim palatio iuxta Mogontiacum ciuitatem audisset ac legationem eorum non aliam esse nisi quam Niciforus eiusdem imperatoris legatus proxime adtulerat comperisset, celeriter absolutos dimisit et quo tendebat proficiscitur.

Nuntiataque defectione Abodritorum et Sclaomiri comitibus tantum qui iuxta Albim in praesidio residere solebant ut terminos sibi commissos tuerentur per legatum mandauit. Causa defectionis erat quod regiam potestatem, quam Sclaomir eatenus post mortem Thrasconis solus super Abodritos tenebat, cum Ceadrago filio Thrasconis partiri iubebatur ; quae res illum tam grauiter exacerbauit ut adfirmaret se numquam posthac Albim fluuium transiturum neque ad palatium uenturum. Statim missa trans mare legatione iunxit amicitias cum filiis Godofridi et ut exercitus in Saxoniam Transalbianam mitteretur impetrauit. Nam et classis eorum per Albiam usque ad Esesfeld castellum uenit, quae totam Sturiae fluminis ripam deuastauit, et Gluomi custos Nordmannici limitis pedestres copias ducens simul cum Abodritis terreno itinere ad ipsum castellum accessit. Quibus cum nostri fortiter restitissent, omissa castelli obpugnatione discesserunt.

---

356. C'est « l'ordonnance de l'empire » (*ordinatio imperii*) qui organise le gouvernement de l'empire et pose les bases de la succession de Louis le Pieux. Cf. *MGH, Cap.* I, p. 270-273.

357. Sclaomir exerce le pouvoir principal sur les Abodrites depuis la mort de Thrasco, assassiné en 810, mais il est contesté par le fils de Thrasco, Céadrag ou Sédrag. L'empereur Louis le Pieux ordonne le partage de la royauté entre eux.

Il en repartit et tint à Aix, comme de coutume, l'assemblée générale de son peuple, au cours de laquelle il couronna
Lothaire, son fils premier né, et en fit son associé au titre et
à la fonction d'empereur. Quant à ses autres fils, il les plaça,
avec le nom de roi, l'un à la tête de l'Aquitaine et l'autre à
la tête de la Bavière[356]. Cette assemblée terminée, comme il
allait chasser dans les Vosges, il vit venir à lui des légats
de l'empereur Léon ; il leur donna audience dans son palais
d'Ingelheim, près de la cité de Mayence et, estimant que
leur légation n'était pas différente de celle dont avait été
tout récemment chargé auprès de lui Nicéphore, légat du
même empereur, il leur donna promptement congé et part
pour la destination prévue.

Ayant appris la défection des Abodrites et de Sclaomir,
il se contenta de donner, par un légat envoyé aux comtes qui
résidaient d'ordinaire dans les garnisons proches de l'Elbe,
instruction de veiller sur les frontières confiées à leur garde.
La cause de cette défection était l'ordre donné à Sclaomir, qui
jusqu'alors avait exercé seul le pouvoir royal sur les Abodrites
depuis la mort de Thrasco, de le partager avec Céadrag, fils
de ce dernier[357]. Cette affaire avait tellement irrité Sclaomir,
qu'il jura que désormais jamais il ne repasserait l'Elbe et
ne se rendrait au palais. Sur le champ, il envoya au-delà
de la mer une légation aux fils de Godfrid, afin de nouer
amitié avec eux et il obtint d'eux l'envoi d'une armée dans
la Saxe d'au-delà de l'Elbe. Leur flotte, en effet, remonta ce
fleuve jusqu'au château d'Esesfeld[358] et dévasta toute la rive
de la Stör, et Gluomi[359], préposé à la garde de la frontière
normande, s'approcha de ce même château par voie de terre, à
la tête de troupes à pieds, en même temps que les Abodrites ;
les nôtres leur ayant opposé une vaillante résistance, ils abandonnèrent le siège du château et se retirèrent.

358. Cf. a. 809.
359. Gluomi est un comte franc ou au service des Francs,
préposé à la garde des frontières contre les Danois.

Interea cum imperator uenatione peracta de Vosego Aquasgrani reuerteretur, nuntiatum est ei Bernhardum nepotem suum, Italiae regem, quorundam prauorum hominum consilio tyrannidem meditatum iam omnes aditus quibus in Italiam intratur, id est clusas, impositis firmasse praesidiis atque omnes Italiae ciuitates in illius uerba iurasse ; quod ex parte uerum, ex parte falsum erat. Ad quos motus comprimendos cum ex tota Gallia atque Germania congregato summa celeritate magno exercitu imperator Italiam intrare festinasset, Bernhardus rebus suis diffidens, maxime quod se a suis cotidie deseri uidebat, armis depositis apud Cauillionem imperatori se tradidit ; quem ceteri secuti non solum armis depositis se dedide- runt, uerum ultro et ad primam interrogationem omnia, uti gesta erant, aperuerunt. Huius coniurationis principes fuere Eggideo, inter amicos regis primus, et Reginhardus came- rarius eius et Reginharius Meginharii comitis filius, cuius maternus auus Hardradus olim in Germania cum multis ex ea prouincia nobilibus contra Karolum imperatorem coniu- rauit. Erant praeterea et alii multi praeclari et nobiles uiri qui in eodem scelere deprehensi sunt inter quos et aliqui epis- copi, Anshelmus Mediolanensis et Wolfoldus Cremonensis et Theodulfus Aurelianensis.

[818] DCCCXVIII. Detecta fraude et coniuratione pate- facta ac seditiosis omnibus in potestatem suam redactis imperator Aquasgrani reuertitur ; transactoque quadragesi- mali ieiunio paucis post sanctum pascha diebus coniurationis

360. Chalon-sur-Saône.
361. Sur la révolte de Hardrard, cf. a. 785.
362. Anselme, archevêque de Milan (813-818) ; Wolfold, évêque de Crémone (816-818) ; Théodulfe, évêque d'Orléans (798-818). Ce dernier était un des plus grands lettrés de la cour et il reçut de Charlemagne plusieurs missions de confiance. Il était

Pendant ce temps, l'empereur, la chasse terminée, retournait des Vosges à Aix quand on lui annonça que son neveu Bernard, roi d'Italie, ayant projeté d'instaurer une tyrannie sur le conseil de quelques hommes dévoyés, s'était assuré, après y avoir placé des garnisons, de tous les passages – ou cluses – par lesquels on entre en Italie et que toutes les cités de ce pays lui avaient prêté serment ; ce qui était en partie vrai et en partie faux. Comme, pour réprimer ces mouvements, l'empereur avait rassemblé en hâte, de tous les points de Gaule et de Germanie, une grande armée et s'avançait avec une rapidité extrême vers l'Italie, Bernard, désespérant de son sort – surtout qu'il se voyait de jour en jour abandonné par les siens – déposa les armes et vint à Chalon[360] se livrer à l'empereur. Tous les autres suivirent son exemple et non seulement se rendirent après avoir déposé les armes, mais encore exposèrent spontanément, et dès la première question qu'on leur posa, tous les événements dans leur déroulement. Les chefs de cette conjuration étaient Éggidéon, premier parmi les amis du roi, Réginhard, son chambrier, et Réginhaire, fils du comte Méginhaire, dont le grand-père maternel Hardrad avait autrefois en Germanie, avec un grand nombre de nobles de cette province, ourdi une conjuration contre l'empereur Charles[361]. Il y avait en outre beaucoup d'autres personnages illustres et nobles qui furent impliqués dans ce crime, et parmi eux quelques évêques, tels Anselme de Milan, Wolfold de Crémone et Théodulfe d'Orléans[362].

818. Après avoir découvert la fourberie, mis au jour la conjuration et avoir réduit en son pouvoir tous les séditieux, l'empereur revient à Aix. Quand le temps du jeûne de carême fut passé, peu de jours après la sainte Pâque, il ordonna que les fauteurs de la conjuration qui ont été

également abbé de Fleury (Saint-Benoît-sur-Loire). Il a toujours nié sa participation à la révolte. Il termina sa vie en réclusion à l'abbaye Saint-Aubin d'Angers en 821.

auctores, qui superius nominati sunt, simul et regem iudicio
Francorum capitali sententia condemnatos luminibus tantum
iussit orbari, episcopos synodali decreto depositos monasteriis mancipari, caeteros, prout quisque uel nocentior uel
innocentior apparebat, uel exilio deportari uel detondi atque
in monasteriis conuersari.

Atque his ita dispositis ipse cum maximo exercitu
Brittaniam adgressus generalem conuentum Venedis habuit.
Inde memoratam prouinciam ingressus captis rebellium
munitionibus breui totam in suam potestatem non magno
labore redegit. Nam postquam Mormanus, qui in ea praeter
solitum Brittonibus morem regiam sibi uindicauerat potestatem, ab exercitu imperatoris occisus est, nullus Britto
inueniebatur qui resisteret aut qui imperata facere aut qui
obsides, qui iubebantur, dare rennueret.

Qua expeditione completa cum imperator dimisso exercitu
Andecauos ciuitatem esset reuersus, Irmingardis regina, coniux
eius, quam proficiscens ibi aegrotantem dimiserat, duobus
diebus postquam ipse ad eam uenit, morbo inualescente V.
Non. Octobr. decessit. Eclypsis solis contigit VIII. Id. Iul.

Imperator per Ratumagum et per Ambianos et
Camaracum Aquasgrani ad hibernandum reuersus, cum
Heristallium uenisset, obuios habuit legatos Sigonis ducis
Beneuentanorum dona deferentes eumque de nece Grimoldi
ducis antecessoris sui excusantes. Erant ibi et aliarum

363. Bernard en meurt trois jours après (17 avril). Son
chambrier Réginhaire un peu plus tard. Sur la peine d'aveugle-
ment, cf. G. Bührer-Thierry, « Just Anger or Vengeful Anger ?
The Punishment of Blinding in the Early Medieval West », dans
B. Rosenwein dir., *Anger's Past. The Social Uses of an Emotion
in the Middle Ages*, Ithaca-London, 1998, p. 75-91.

364. Le chef breton Murman est tué dans la bataille qui l'oppose aux Francs à la limite du Vannetais et de la Cornouaille près
de Priziac, dép. Morbihan, arr. Pontivy.

365. Ermengarde, première épouse de Louis le Pieux, attestée
de 795 à sa mort le 3 octobre 818.

nommés plus haut, condamnés avec leur roi à la peine capitale par le jugement des Francs, eussent seulement les yeux crevés[363] ; et que les évêques déposés par décret synodal fussent reclus dans des monastères ; et que les autres, selon le degré de culpabilité ou d'innocence de chacun, fussent ou envoyés en exil ou tondus et placés dans des monastères.

Puis, ces affaires ainsi réglées, il attaqua la Bretagne avec une très grande armée et tint l'assemblée générale à Vannes. Puis, il pénétra dans ladite province et, après avoir pris rapidement toutes les places fortifiées des rebelles, il la réduisit tout entière à son autorité, sans grand effort. De fait, après que Murman, qui s'était arrogé sur elle au mépris de la coutume des Bretons le pouvoir royal[364], eut été tué par l'armée de l'empereur, il ne se trouva aucun Breton pour résister ou refuser d'exécuter les ordres ou de livrer les otages qu'on lui enjoignait de donner.

Une fois l'expédition achevée, alors que l'empereur, après avoir renvoyé son armée, était revenu dans la cité d'Angers, son épouse la reine Ermengarde[365], qu'il avait laissée malade à son départ de la cité, mourut deux jours après qu'il fut arrivé auprès d'elle, le 5 des nones d'octobre (3 octobre), car sa maladie avait empiré. Une éclipse de soleil se produisit le 8 des ides de juillet (8 juillet).

L'empereur, en passant par Rouen, Amiens et Cambrai, revint à Aix pour y passer l'hiver. Alors qu'il arrivait à Herstal, il vit venir à sa rencontre des légats de Sigon, duc des Bénéventains, lui apportant des cadeaux et présentant des excuses pour le meurtre du duc Grimoald son prédécesseur[366]. Il y avait là aussi des légats d'autres nations,

366. Sigon s'est fait élire duc des Bénéventains à la suite de l'assassinat, en juillet 817, de Grimoald IV, dont il était très proche. Il est soupçonné de complicité dans ce crime, raison pour laquelle il entreprend cette démarche auprès de Louis le Pieux.

nationum legati, Abodritorum uidelicet ac Bornae, ducis
Guduscanorum, et Timocianorum, qui nuper a Bulgarorum
societate desciuerant et ad nostros fines se contulerant, simul
et Liudewiti, ducis Pannoniae inferioris, qui res nouas
moliens Cadolaum comitem et marcae Foroiuliensis praefectum crudelitatis atque insolentiae accusare conabatur.
Quibus ibi auditis atque dimissis imperator Aquasgrani ad
hiemandum profectus est.

[819] DCCCXVIIII. Sclaomir Abodritorum rex, ob
cuius perfidiam ulciscendam exercitus Saxonum et orientalium Francorum eodem anno trans Albiam missus fuerat,
per praefectos Saxonici limitis et legatos imperatoris, qui
exercitui praeerant, Aquasgrani adductus est. Quem cum
primores populi sui, qui simul iussi uenerant, multis criminibus accusarent et ille rationabili defensione obiecta sibi
refellere non ualeret, exilio condempnatus est et regnum
Ceadrago Thrasconis filio datum. Simili modo et Lupus
Centulli Wasco, qui cum Berengario Tolosae et Warino
Aruerni comite eodem anno proelio conflixit – in quo et

367. Borna, duc des Guduscans *(Guduscani)*, appelé l'année
suivante « duc de Dalmatie », est attesté de 818 à sa mort en 821.
Il apparaît comme allié des Francs. Les Guduscans sont des Slaves
du sud-ouest que leur nom permet de rattacher à la Gacka, affluent
de la Save, dans l'actuelle Croatie. Les Timociens, par leur nom,
peuvent être rattachés au Timok, affluent du Danube, à la frontière
orientale de l'actuelle Serbie.

368. Ils avaient rompu leur *societas* avec les Bulgares, qui
est plus qu'une alliance. Ils avaient cessé d'être mêlés à eux.
C'est pourquoi nous traduisons *a societate desciscere* par « se
dissocier » comme nous l'avons fait dans d'autres cas au début
du texte. Cf. a. 741.

369. Liudevit, duc des Slaves de Pannonie inférieure, s'est
révolté en 819 contre les Francs et tente de constituer un empire

notamment des Abodrites et de Borna, duc des Guduscans, et ceux des Timociens[367], qui depuis peu s'étaient dissociés[368] des Bulgares et s'étaient rapprochés de nos territoires ; il y avait aussi des légats de Liudevit, duc de Pannonie infé- rieure[369] qui, ourdissant des machinations, s'efforçait de faire accuser de cruauté et d'arrogance le comte Cadolah, préfet de la marche de Frioul. Après leur avoir donné audience et congé, l'empereur se rendit à Aix pour y passer l'hiver.

819. Sclaomir, roi des Abodrites, dont on voulait punir la perfidie – raison pour laquelle on avait envoyé la même année une armée de Saxons et de Francs orientaux au-delà de l'Elbe – fut conduit à Aix par les préfets des frontières saxonnes et les légats de l'empereur qui avaient été placés à la tête de l'armée. Comme les premiers de son peuple, auxquels on avait ordonné de l'accompagner, l'accusaient de nombreux crimes et que lui-même ne réussissait pas à se disculper de ces accusations par une défense argumentée, il fut condamné à l'exil et le royaume fut donné à Céadrag, fils de Thrasco[370]. De même, le Vascon Loup Centulle[371], qui avait combattu la même année contre Bérenger, comte de

« yougoslave », après avoir défait Borna, duc des Slaves de Dalmatie (cf. a. 819). Louis le Pieux monta plusieurs expéditions, et Liudevit, en situation désespérée en 822, dut se réfugier chez les Serbes puis chez les Croates de Dalmatie. Il meurt assassiné en 823. (Cf. F. Dvornik, *Les Slaves, histoire et civilisation, de l'Antiquité aux débuts de l'époque contemporaine,* Paris, 1970, p. 72). Les informations sur Liudevit données par les *Annales* (cf. a. 819-822) sont les seules informations contemporaines sur ce personnage que l'historiographie des Slaves du Sud a mis en avant comme principal adversaire des Francs dans la région (Cf. Th. Lienhard, « Les combattants francs et slaves face à la paix : crise et définition d'une nouvelle élite dans l'espace oriental caro- lingien au début du IXe s. », dans F. Bougard, L. Feller et R. Le Jan éd., *Les élites au haut Moyen Âge,* Turnhout, 2006, p. 257-258).

370. Cf. a. 817.

371. Loup Centulle (818-819), cinquième duc des Vascons.

fratrem Garsandum singularis amentiae hominem amisit et ipse nisi sibi fugiendo consuleret prope interitum fuit – cum in conspectum imperatoris uenisset ac de perfidia cuius a memoratis comitibus inmane accusabatur se purgare non potuisset, et ipse temporali est exilio deportatus.

Conuentus Aquisgrani post natalem Domini habitus, in quo multa de statu ecclesiarum et monasteriorum tractata atque ordinata sunt, legibus etiam capitula quaedam pernecessaria, quia deerant, conscripta atque addita sunt. Quo peracto imperator inspectis plerisque nobilium filiabus Huelpi comitis filiam nomine Iudith duxit uxorem.

Iterumque conuentus mense Iulio apud Ingilunheim palatium habitus et exercitus de Italia in Pannoniam propter Liudewiti rebellionem missus, qui rebus parum prospere gestis infecto pene negotio regressus est. Et Liudewitus superbia elatus legatos quasi pacem petendo ad imperatorem misit, conditiones quasdam proponens, ad quarum concessionem ea quae iuberentur se facturum pollicebatur. Quas cum imperator non reciperet aliasque ei per suos legatos proponeret, permanendum sibi in inchoata perfidia uelut optimum iudicans missis circumquaque legatis uicinas iuxta se gentes ad bellum sollicitare curauit. Timocianorum quoque populum, qui dimissa Bulgarorum societate ad imperatorum uenire ac dicioni eius se permittere gestiebat, ne hoc efficeret ita intercepit ac falsis persuasionibus inlexit ut omisso quod facere cogitabat perfidiae illius socius et adiutor existeret.

---

372. Bérenger, comte de Toulouse, attesté de 818 à 835, fait partie de la grande famille des Unrochides. Warin est attesté de 818 à 850 environ, comme comte, d'abord d'Auvergne. Mais il est surtout connu comme comte de Mâcon.

Toulouse, et Warin, comte d'Auvergne[372] – dans ce combat, il avait perdu son frère Garsand, véritable forcené, et il s'en était fallu de peu qu'il ne fût lui-même tué s'il n'avait pris la résolution de s'enfuir – alors qu'il comparaissait devant l'empereur et ne pouvait se justifier de la perfidie dont les comtes dont nous avons parlé l'accusaient farouchement, fut lui aussi envoyé en exil pour un temps.

Une assemblée fut tenue à Aix après la Naissance du Seigneur, et là beaucoup de questions sur l'état des églises et des monastères furent traitées et réglées ; certains chapitres indispensables aux lois et qui faisaient défaut, furent ajoutés par écrit. Après quoi, l'empereur se fit présenter la plupart des filles des nobles et prit pour épouse la fille du comte Welf, nommée Judith[373].

À nouveau une assemblée fut tenue au mois de juillet, au palais d'Ingelheim, et une armée fut envoyée d'Italie en Pannonie à cause de la rébellion de Liudevit ; elle revint n'ayant remporté que peu de succès et presque rien réussi. Alors, Liudevit, gonflé d'orgueil, envoya auprès de l'empereur des légats sous prétexte de demander la paix, mettant en avant certaines conditions : il promettait que si on lui donnait satisfaction il ferait ce qu'on lui enjoindrait de faire. Or, comme l'empereur ne les acceptait pas et qu'il lui en proposait d'autres par l'intermédiaire de ses propres légats, Liudevit, jugeant qu'il était préférable pour lui de persister dans sa perfidie initiale, envoya de tous côtés des légats et s'employa à exciter à la guerre les peuples voisins. Pour éviter que le peuple des Timociens qui, s'étant dissociés des Bulgares, brûlait de rejoindre l'empereur et de se remettre en son pouvoir, ne parvînt à ses fins, Liudevit s'interposa et le charma si bien par de fausses promesses que ce peuple, oubliant ce qu'il avait projeté de faire, devint l'allié et le complice de sa perfidie.

373. Judith, seconde épouse (819-843) de Louis le Pieux, fille de Welf, comte en Bavière.

Exercitu uero de Pannonia reuerso Cadolach dux Foroiuliensis febre correptus in ipsa marca decessit. Cui cum Baldricus esset subrogatus et in Carantanorum regionem quae ad ipsius curam pertinebat fuisset ingressus, obuium ibi habuit Liudewiti exercitum ; quem iuxta Drauum fluuium iter agentem parua manu adgressus pluribus interfectis et auertit et de illa prouincia fugauit.

Borna uero dux Dalmatiae cum magnis copiis ad Colapium fluuium Liudewito ad se uenienti occurrens in prima congressione a Guduscanis deseritur ; auxilio tamen praetorianorum suorum protectus euasit. Periit in eo proelio Dragamosus socer Liudewiti, qui in exordio defectionis relicto genero Bornae se coniunxerat. Guduscani domum regressi iterum a Borna subiguntur. At Liudewitus occasionem nanctus cum ualida manu Decembrio mense Dalmatiam ingressus, ferro et igni cuncta deuastat. Cui cum Borna se penitus inparem conspiceret, omnia sua castellis inclusit et ipse cum delecta manu nunc a tergo nunc a latere insistens Liudewiti copias et noctu et interdiu, quacumque poterat, lacerauit neque eum in sua prouincia inpune uersari permisit ; ad extremum graui damno adfectum regione sua coegit excedere, tribus hominum milibus de exercitu illius interfectis et trecentis uel eo amplius caballis captis praeter sarcinas et spolia diuersi generis direpta ; quae qualiter gesta fuerint, per legatos suos imperatori nuntiare curauit.

At in partibus occiduis Pippinus imperatoris filius iussu patris Wasconiam cum exercitu ingressus sublatis ex ea

374. Cf. a. 815.

Une fois l'armée revenue de Pannonie, Cadolah, duc de Frioul, saisi par la fièvre, mourut dans cette marche. Comme Baudry[374] lui avait été donné pour successeur et que celui-ci était entré dans la région des Carinthiens qui relevait aussi de sa charge, il se trouva là face à l'armée de Liudevit. Avec une petite troupe, il l'attaqua alors qu'il avançait le long de la Drave, lui tua beaucoup d'hommes, le détourna de sa route et le chassa de cette province.

Quant à Borna, duc de Dalmatie, marchant à la tête d'importantes troupes contre Liudevit qui s'avançait vers lui sur la Kupa[375], il fut abandonné aux premiers heurts par les Guduscans ; cependant, grâce à la protection de sa garde prétorienne, il put s'échapper. Dans cette bataille périt Dragamosus, beau-père de Liudevit, qui dès le début de la défection avait abandonné son gendre pour se rallier à Borna. Les Guduscans, revenus chez eux, sont de nouveau soumis par Borna. Mais Liudevit, profitant d'une occasion favorable, entre en Dalmatie au mois de décembre avec une troupe imposante et dévaste tout par le fer et par le feu. Comme Borna comprenait qu'il était en position de faiblesse face à lui, il enferma tous ses biens dans ses châteaux et lui-même, à la tête d'une troupe d'élite, attaqua tantôt par l'arrière, tantôt par le flanc, les troupes de Liudevit, de jour comme de nuit et partout où il le put ; il les mit en pièces et ne permit pas que Liudevit parcourût impunément sa province. Pour finir, il le contraignit à quitter sa région après lui avoir fait subir de lourds dommages, trois mille hommes de son armée ayant été tués, trois cents chevaux ou même davantage capturés, en plus des bagages et des dépouilles diverses et variées qui avaient été saisies. Borna prit soin d'envoyer des légats pour rendre compte du déroulement des faits à l'empereur.

Par ailleurs, du côté occidental, Pépin, fils de l'empereur, entré avec une armée en Vasconie sur l'ordre de son père, après en avoir soumis les séditieux, pacifia si bien

375. Affluent de la Save.

seditiosis totam eam prouinciam ita pacauit ut nullus in ea rebellis aut inoboediens remansisse uideretur.

Harioldus quoque iussu imperatoris ad naues suas per Abodritos reductus in patriam quasi regnum ibi accepturus nauigauit. Cui se duo ex filiis Godofridi quasi una cum eo regnum habituri sociasse dicuntur, aliis duobus patria expulsis ; sed hoc dolo factum putatur.

Imperator conuentu dimisso primo Cruciniacum, deinde Bingiam ueniens secunda aqua Confluentem usque per Rhenum nauigauit, inde Arduennam uenandi gratia proficiscitur ; uenatorio quoque exercitio more solemni ibidem exacto Aquasgrani ad hiemandum reuertitur.

[820] DCCCXX. Mense Ianuario conuentus ibidem habitus, in quo de Liudewiti defectione deliberatum est ut tres exercitus simul ex tribus partibus ad deuastandam eius regionem atque ipsius audaciam coercendam mitterentur. Borna quoque primo per legatos, deinde ipse ueniens, quid sibi facto opus esse uideretur suggessit.

In eo conuentu Bera comes Barcinonae, qui iam diu fraudis et infidelitatis a uicinis suis insimulabatur, cum accusatore suo equestri pugna confligere conatus uincitur. Cumque ut reus maiestatis capitali sententia damnaretur, parsum est ei misericordia imperatoris, et Ratumagum exilio deportatus est.

Transacta hieme, ut primum herba pabulum iumentis praebere potuit, tres illi exercitus contra Liudewitum mittuntur. Quorum unus de Italia per Alpes Noricas, alter

---

376. Kreuznach, Rhénanie–Palatinat, sur la basse Nahe.

377. Bingen, sur le Rhin, au confluent de la Nahe, à l'ouest de Francfort.

378. Le comte Bera, attesté comme premier comte franc de Barcelone (801-820), après la prise de la ville à laquelle il avait contribué. Banni pour trahison en 820, il fut exilé à Rouen et mourut en 844.

379. Il fait appel au jugement de Dieu et la défaite le désigne comme coupable : c'est une ordalie.

toute la province qu'il semblait ne rester plus personne là-bas pour se rebeller ou désobéir.

Harald, également, sur ordre de l'empereur, fut reconduit par les Abodrites à ses bateaux et navigua jusqu'à sa patrie pour y accéder à la royauté. Or, deux des fils de Godfrid, à ce qu'on dit, s'associèrent à lui pour obtenir la royauté, après avoir chassé les deux autres fils de leur patrie ; mais on pense que cela fut accompli par ruse.

L'empereur après avoir congédié l'assemblée, se rendit d'abord à Kreuznach[376] puis à Bingen[377], et navigua sans encombre sur le Rhin jusqu'à Coblence ; de là, il se rend dans l'Ardenne pour chasser. Après s'être livré, selon la coutume annuelle, à la pratique de la chasse, il revient passer l'hiver à Aix.

820. Au mois de janvier, se tint, en ce même lieu, une assemblée dans laquelle on traita de la défection de Liudevit en décidant d'envoyer en même temps trois armées, de trois côtés différents, pour dévaster sa région et réprimer son audace. Borna également, en dépêchant pour commencer des légats puis en se déplaçant en personne, suggéra ce que, à son avis, il fallait absolument faire.

Au cours de cette assemblée, Béra, comte de Barcelone[378], que ses voisins accusaient depuis longtemps de fraude et de manquement à sa parole, entreprend de combattre à cheval son accusateur et il est vaincu[379] ; alors qu'il était condamné à la peine capitale pour crime de majesté, la vie sauve lui fut accordée par la miséricorde de l'empereur et il fut déporté en exil à Rouen.

Une fois l'hiver passé, dès que l'herbe put offrir du fourrage aux chevaux, les trois armées en question sont envoyées affronter Liudevit. La première d'entre elles pénétra depuis l'Italie par les Alpes noriques[380], la deuxième

---

380. Les Alpes noriques doivent leur nom à l'ancienne province romaine du Norique. Elles se situent entre la vallée de l'Inn au nord-ouest, celle de l'Ems au nord, et celle de la Drave au sud.

per Carantanorum prouinciam, tertius per Baioariam et Pannoniam superiorem intrauit : et duo quidem, id est dexter ac sinister, tardius ingressi sunt, eo quod unus Alpium transitu hostium manu resistente prohibebatur, alter et longitudine itineris et Drauo flumine, quod traiciendum erat, impediebatur ; medius autem, qui per Carantanos intrabat, quamquam in tribus locis ei resisteretur, feliciore usus fortuna ter hoste superato, Drauo etiam transmisso celerius ad destinata loca peruenit. Contra haec Liudewitus nihil molitus munitione tantum castelli quod in arduo monte construxerat se suosque continuit et nec belli nec pacis uel per semet ipsum uel per legatos ullum cum eis sermonem habuisse dicitur. Exercitus uero, postquam in unum conuenerunt, totam pene regionem ferro et igni deuastantes haud ullo graui damno accepto domum reuersi sunt. Is tamen, qui per Pannoniam superiorem iter fecerat, in transitu Draui fluminis ex locorum et aquarum insalubritate soluti uentris incommodo grauiter adfectus est, et pars eius non modica hoc morbo consumpta est. Hi tres exercitus de Saxonia et orientali Francia et Alamannia, Baioaria quoque atque Italia congregati sunt. Quibus domum reuersis Carniolenses, qui circa Sauum fluuium habitant et Foroiuliensibus pene contigui sunt, Baldrico se dediderunt ; idem et pars Carantanorum, quae ad Liudewiti partes a nobis defecerat, facere curauit.

Foedus inter nos et Abulaz regem Hispaniae constitutum et neutrae parti satis proficuum consulto ruptum bellumque aduersus eum susceptum est.

381. La Carinthie s'étend sur le Sud de l'Autriche actuelle, dont elle constitue un Land, et le Nord de la Slovénie.
382. L'annaliste s'exprime comme s'il avait sous les yeux une carte où il distingue la droite de la gauche.
383. La Carniole correspond aux deux tiers ouest de l'actuelle Slovénie. En 820, elle fait partie de la marche de Frioul avant de devenir une marche de Carniole en 828.

par la province des Carinthiens[381], la troisième par la Bavière et la Pannonie supérieure. Deux armées – celle de droite et celle de gauche[382] – ne pénétrèrent qu'après un certain temps chez l'ennemi, étant donné que la première ne pouvait franchir les Alpes en raison de la résistance d'une troupe ennemie, et que la deuxième avait pour handicap et la longueur du chemin, et la Drave qu'il lui fallait traverser ; mais celle du milieu, qui venait par le pays des Carinthiens, eut meilleure fortune, bien qu'elle eût rencontré de la résistance en trois endroits, et battit l'ennemi trois fois ; elle traversa la Drave et arriva même fort rapidement à destination. Liudevit, qui n'avait pris aucune disposition contre ces mouvements, se contenta de se tenir enfermé avec les siens, à l'abri des fortifications d'un château qu'il avait fait construire sur un mont escarpé et, à ce que l'on dit, ni par lui-même, ni par des légats, il n'entama de pourparlers, ni sur la guerre ni sur la paix. Quant aux armées, après avoir opéré leur jonction, elles dévastèrent presque toute la région par le fer et par le feu, et rentrèrent chez elles sans avoir subi aucun dommage d'importance. Toutefois, celle qui avait fait route par la Pannonie supérieure fut gravement affectée par la dysenterie au passage de la Drave, à cause de l'insalubrité des eaux du lieu, et une partie non négligeable fut emportée par cette maladie. Les trois armées en question avaient été levées en Saxe, en Francie orientale, en Alémanie, ainsi qu'en Bavière et en Italie. Quand elles furent rentrées chez elles, les habitants de la Carniole[383], qui vivent sur les bords de la Save et sont presque voisins des Frioulans, se livrèrent à Baudry ; une partie des Carinthiens, qui nous avait fait défection pour suivre le parti de Liudevit, eut soin de faire de même.

Le traité conclu entre Abulaz, roi d'Hispanie, et nous[384], qui ne donnait entière satisfaction à aucune des parties, fut rompu à dessein et une guerre fut entreprise contre lui.

384. Cf. a. 812.

In Italico mari octo naues negotiatorum de Sardinia ad Italiam reuertentium a piratis captae ac dimersae sunt : de Nordmannia uero tredecim piraticae naues egressae primo in Flandrensi litore praedari molientes ab his qui in praesidio erant repulsae sunt ; ubi tamen ab eis propter custodum incuriam aliquot casae uiles incensae et paruus pecoris numerus abactus est. In ostio Sequanae similia temptantes resistentibus sibi litoris custodibus, quinque suorum interfectis inritae recesserunt. Tandem in Aquitanico litore prosperis usae successibus uico quodam, qui uocatur Buyn, ad integrum depopulato cum ingenti praeda ad propria reuersae sunt.

Hoc anno propter iuges pluuias et aerem nimio humore resolutum magna incommoda contigerunt. Nam et hominum et boum pestilentia tam inmane longe lateque grassata est ut uix ulla pars totius regni Francorum ab hac peste inmunis atque intacta posset inueniri. Frumenta quoque et legumina imbrium adsiduitate corrupta uel colligi non poterant uel collecta conputrescebant. Vinum etiam, cuius paruus prouentus eodem anno fuit, propter caloris inopiam acerbum et insuaue fiebat. In quibusdam uero locis de inundatione fluminum aquis in plano stagnantibus autumnalis satio ita impedita est ut penitus nihil frugum ante uerni temperiem seminaretur. Luna defecit VIII. Kal. Decembr. hora noctis secunda.

Imperator post peractum Carisiaci conuentum autumnalemque uenationem ex more completam Aquasgrani reuersus est.

---

385. Bouin, dép. Vendée, arr. Sables-d'Olonne.

En mer d'Italie, huit bateaux marchands qui revenaient de Sardaigne en Italie furent pris par des pirates et coulés. Et treize bateaux pirates venus du pays des hommes du Nord tentèrent d'abord de piller le littoral de Flandre, mais furent repoussés par ceux qui se trouvaient là en garnison ; toutefois, en raison de l'incurie des gardes, ils incendièrent quelques masures de peu de valeur et enlevèrent un peu de bétail. À l'embouchure de la Seine, ils tentèrent la même chose, mais en raison d'une vigoureuse résistance de la part des gardes du littoral, ils se retirèrent sans avoir réussi, cinq des leurs ayant été tués. Enfin, plus heureux sur le littoral d'Aquitaine, ils ravagèrent entièrement un certain *vicus* appelé Bouin[385] et regagnèrent leur pays avec un immense butin.

Cette année-là[386], à cause de pluies continuelles et d'une atmosphère alourdie par l'humidité excessive, il y eut d'importants dommages : une épidémie, qui touchait les hommes et les bêtes, se répandit si cruellement et si grandement qu'on pouvait à peine trouver dans tout le royaume des Francs un seul endroit indemne et à l'abri de ce fléau. Le blé et les légumes eux aussi, gâtés par l'abondance continuelle des pluies, ou bien ne pouvaient être récoltés, ou bien, une fois récoltés, pourrissaient. Le vin même, dont il n'y eut qu'une faible production cette même année, faute de chaleur, fut aigre et insipide. En quelques endroits, enfin, les eaux répandues des fleuves qui avaient débordé dans la plaine empêchèrent les semailles d'automne, au point qu'on ne put semer aucune céréale avant le printemps. Il y eut une éclipse de lune le 8 des calendes de décembre (24 novembre) à la deuxième heure de la nuit.

L'empereur, après avoir tenu à Quierzy l'assemblée et mené à son terme la chasse d'automne comme de coutume, revint à Aix.

386. Ici commencerait la partie rédigée par Hilduin, abbé de Saint-Denis. Cf. Introduction, vol. I, p. XXXII.

[821] DCCCXXI. Conuentus mense Febr. Aquis habitus et in eo de bello Liudewitico tractatum ac tres exercitus ordinati qui futura aestate perfidorum agros per uices uastarent. Simili modo de marca Hispana constitutum et hoc illius limitis praefectis imperatum est. Iterumque conuentus mense Maio Nouiomagi habendus condictus est comitesque, qui illuc uenirent, deputati.

Eo domnus imperator post festi paschalis expletionem per Mosam nauigauit ; ibique constitutam annis superioribus atque conscriptam inter filios suos regni partitionem recensuit ac iuramentis optimatum, qui tunc adesse potuerant, confirmauit. Susceptisque ibidem Paschalis Romani pontificis legatis, Petro uidelicet Centumcellensi episcopo et Leone nomenclatore, eisdemque celeriter absolutis, comitibus etiam, qui aderant, ad expeditionem Pannonicam destinatis ipse paululum ibi remoratus Aquasgrani reuersus est. Et post paucos dies per Arduennam iter faciens Treueros ac Mettis uenit ; indeque Rumerici castellum petens reliquum aestiui caloris et autumni dimidium exercitatione uenatoria in Vosegi saltu atque secretis exegit.

Interea Borna dux Dalmatiae atque Liburniae defunctus est, et petente populo atque imperatore consentiente nepos illius nomine Ladasclauus successor ei constitutus est. Adlatum est et de morte Leonis Constantinopolitani imperatoris, quod conspiratione quorundam optimatum suorum et praecipue Michahelis comitis domesticorum in ipso palatio sit interemptus ; qui suffragio ciuium et praetorianorum militum studio infulas imperii suscepisse dicitur. Fortunatus patriarcha

---

387. Pascal Ier (817-824).
388. Cf. a. 801.
389. Borna, cf. a. 818. La Liburnie est associée à la Dalmatie, au nord-ouest.

821. Une assemblée eut lieu à Aix au mois de février ; on y débattit de la guerre contre Liudevit et trois armées furent mises sur pied afin de dévaster en représailles les terres des traîtres l'été suivant. De semblable façon, on arrêta des mesures au sujet de la marche d'Hispanie et ordre de faire de même fut donné aux préfets de cette frontière. On décida de tenir de nouveau une assemblée au mois de mai à Nimègue et l'on délégua des comtes pour s'y rendre.

Le seigneur empereur s'y rendit en naviguant sur la Meuse, après la fin de la célébration des fêtes de Pâques ; et là, il réexamina le partage du royaume entre ses fils, établi et enregistré les années précédentes, et le fit confirmer par le serment des grands qui avaient alors pu être présents. Là même, il reçut les légats du pontife romain Pascal[387] – Pierre, évêque de Civitavecchia, et le nomenclateur Léon[388] – et leur donna promptement congé ; après avoir désigné ceux des comtes présents qu'il chargeait de l'expédition en Pannonie, il repartit pour Aix, n'étant resté que très peu de temps à Nimègue. Et quelques jours après, en traversant l'Ardenne, il s'en vint à Trèves et à Metz ; de là, gagnant Remiremont, il passa le reste des chaleurs de l'été et la moitié de l'automne à s'adonner à la chasse au cœur de la forêt des Vosges.

Pendant ce temps, Borna, duc de Dalmatie et de Liburnie étant décédé[389], son neveu nommé Ladislav, fut établi comme son successeur à la demande du peuple et sur consentement de l'empereur. On rapporta aussi, à propos de la mort de Léon, empereur de Constantinople, qu'il avait été tué dans le palais même, victime d'une conspiration de certains de ses grands et, en particulier, du comte des domestiques Michel[390] ; ce dernier, à ce que l'on dit, fut ceint du bandeau impérial par le suffrage des citoyens et le zèle des gardes

390. Léon V l'Arménien, empereur en 813, après la déposition de Michel Ier Rhangabé, a été assassiné le 24 décembre 820. Michel II l'Amorien (dit aussi Psellos = le Bègue) lui succède de 820 à 829.

Gradensis, cum a quodam presbitero suo nomine Tiberio apud imperatorem fuisset accusatus, quod Liudewitum ad perseuerandum in perfidia, qua coeperat, hortaretur eumque ad castella sua munienda artifices et murarios mittendo iuuaret et ob hoc ad palatium ire iuberetur, primo uelut iussionem impleturus in Histriam profectus est, inde simulato reditu ad Gradum ciuitatem nullo suorum praeter eos cum quibus hoc tractauerat suspicante nanctus occasionem clam nauigauit, ueniensque Iaderam Dalmatiae ciuitatem Iohanni praefecto prouinciae illius fugae suae causas aperuit, qui eum statim naui impositum Constantinopolim misit.

Medio mense Octobrio conuentus generalis apud Theodonis uillam magna populi Francorum frequentia celebratur, in quo domnus Hlotharius, primogenitus domni imperatoris Hludowici, Irmingardam Hugonis comitis filiam solemni more duxit uxorem. Illuc etiam legati sanctae Romanae ecclesiae, Theodorus primicerius ac Florus superista, cum magnis uenere muneribus. Adfuerunt et comites in eodem conuentu iam de Pannonia regressi, qui depopulata desertorum et Liudewito adhaerentium uniuersa regione, cum nullus eis copiam pugnandi fecisset, domum regressi sunt. Eminuit in hoc placito piissimi imperatoris misericordia singularis, quam ostendit super eos qui cum Bernhardo nepote suo in Italia contra caput ac regnum suum coniurauerunt : quibus ibi ad praesentiam uenire iussis non solum uitam et membra concessit, uerum etiam possessiones iudicio legis

---

391. Fortunat, patriarche (803-826) de Grado où avait été transféré le patriarcat antique d'Aquilée, occupe un siège difficile à gérer entre l'empereur franc et l'empereur byzantin. Il a soutenu les deux successivement.

392. Ermengarde, fille du comte Hugues de Tours (cf. a. 811), de la grande famille des Étichonides.

393. Le primicier des notaires est à la tête de la chancellerie pontificale : il est le plus haut dignitaire de la cour.

394. Le *superista* est le « maître de la milice » du palais pontifical.

prétoriens. Fortunat, patriarche de Grado[391], fut accusé auprès de l'empereur par un de ses prêtres, nommé Tibère, d'avoir exhorté Liudevit à persévérer dans la perfidie en laquelle il s'était engagé et de l'avoir aidé à fortifier ses châteaux en lui fournissant des ouvriers maçons ; et il reçut ordre de venir au palais pour ce motif. Il commença par faire mine de vouloir exécuter l'ordre, partit pour l'Istrie et, de là, après avoir simulé un retour à Grado et sans qu'aucun des siens – exceptés ceux avec lesquels il avait arrêté son projet – en eût le moindre soupçon, il s'embarqua secrètement à la première occasion ; arrivé à Zadar, cité de Dalmatie, il découvrit la cause de sa fuite à Jean, préfet de cette province, qui sur le champ le mit dans un bateau et l'envoya à Constantinople.

Au milieu du mois d'octobre se tient à Thionville une assemblée générale et le peuple des Francs y vient en grand nombre : le seigneur Lothaire, fils premier né du seigneur empereur Louis, y prit solennellement pour épouse Ermengarde, fille du comte Hugues[392] ; les légats de la sainte Église de Rome, le primicier Théodore[393] et le *superista* Florus[394], y vinrent aussi avec d'importants cadeaux. Il y eut aussi dans la même assemblée les comtes revenus de Pannonie qui, après avoir ravagé tout le pays des traîtres et partisans de Liudevit, ne trouvant aucun ennemi leur donnant loisir de combattre, étaient rentrés chez eux. C'est dans ce plaid que la singulière miséricorde du très pieux empereur donna tout son éclat, miséricorde qu'il montra envers ceux qui, avec son neveu Bernard[395], avaient fomenté une conjuration en Italie contre sa vie et sa royauté. Leur ayant ordonné de comparaître en sa présence, non seulement il leur fit grâce de la vie et de leurs membres, mais encore il leur restitua, avec une grande générosité, leurs possessions

395. Bernard, roi d'Italie (797-818) est le fils de Pépin Ier d'Italie, frère de Louis le Pieux. Il avait été gracié de sa condamnation à mort après la révolte en 818 et il eut « seulement » les yeux crevés (cf. a. 818).

in fiscum redactas magna liberalitate restituit. Adalhardum quoque de Aquitania, ubi exulabat, euocatum Corbeiae monasterio, ut prius fuerat, abbatem ac rectorem esse iussit ; cum quo et Bernharium fratrem eius reconciliatum eidem monasterio reddidit. Completisque his, quae ob regni utilitatem inchoauerat, et sacramento, quod apud Nouiomagum pars optimatum iurauerat, generaliter consummato ipse Aquasgrani reuertitur, filium autem Hlotharium post nuptias ritu solemni celebratas ad hiemandum Wormatiam misit.

De parte Danorum omnia quieta eo anno fuerunt, et Harioldus a filiis Godofridi in societatem regni receptus ; quae res tranquillum inter eos huius temporis statum fecisse putatur. Sed quia Ceadragus Abodritorum princeps perfidiae et cuiusdam cum filiis Godofridi factae societatis notabatur, Sclaomir emulus eius in patriam remittitur ; qui, cum in Saxoniam uenisset, aegritudine decubuit perceptoque baptismi sacramento defunctus est.

Autumnalis satio iugitate pluuiarum in quibusdam locis impedita est. Cui hiems in tantum prolixa successit et aspera ut non solum minores riui ac mediocres fluuii, uerum ipsi maximi ac famosissimi amnes, Rhenus uidelicet ac Danubius Albisque ac Sequana caeteraque per Galliam atque Germaniam oceanum petentia flumina, adeo solida glacie stringerentur ut tricenis uel eo amplius diebus plaustra huc atque illuc commeantia uelut pontibus iuncta sustinerent ; cuius resolutio non modicum uillis iuxta Rheni fluenta constitutis damnum intulit.

[822] DCCCXXII. In regione Thuringorum quodam in loco iuxta fluuium cespis longitudine pedum quinquagenum, latitudine quattuordenum, altitudine sesquipedali de terra

---

396. Adalard (752-826), frère de Wala et cousin de Charlemagne, abbé de Corbie, conseiller depuis 810 de Bernard, roi d'Italie, a été écarté en 814, après l'avènement de Louis le Pieux et retenu au monastère Saint-Philibert de Noirmoutier. Il retrouve sa fonction à Corbie en 821 et fonde en 822 l'abbaye de Corvey en Saxe. Il meurt en 826.

confisquées par jugement légal. Il rappela aussi, d'Aquitaine où il l'avait exilé, Adalard[396] ; il le rétablit comme recteur et abbé du monastère de Corbie, ce qu'il était précédemment, et renvoya avec lui dans le même monastère son frère Bernhaire, après réconciliation. Ayant ainsi terminé toutes les affaires entreprises pour le bien du royaume et fait confirmer par tous le serment qu'une partie seulement des grands avaient prêté à Nimègue, l'empereur revient à Aix et, après la célébration solennelle des noces de son fils Lothaire, il l'envoya passer l'hiver à Worms.

Du côté des Danois, tout fut tranquille cette année-là et Harald fut associé par les fils de Godfrid à la royauté : on pense que cela explique le calme qui régna alors entre eux. Mais, comme on soupçonnait Céadrag, prince des Abodrites, de perfidie et d'une alliance avec les fils de Godfrid, son rival Sclaomir est renvoyé dans sa patrie[397] ; ce dernier, arrivé en Saxe, tomba malade, reçut le sacrement du baptême et mourut.

Des pluies continuelles empêchèrent en certains endroits les semailles d'automne. Cela fut suivi d'un hiver si long et si rigoureux que non seulement les petits ruisseaux et les rivières moyennes, mais encore les plus grands et les plus célèbres cours d'eau, tels que le Rhin, le Danube, l'Elbe, la Seine, et tous les fleuves qui vont, à travers la Gaule et la Germanie, se jeter dans l'océan, furent pris d'une glace tellement solide que, pendant plus de trente jours, ils portèrent les chariots de transport d'une rive à l'autre comme s'il y avait des ponts ; et la fonte de cette glace causa des dommages non négligeables aux domaines établis sur les bords du Rhin.

822. Dans le pays des Thuringiens, en un lieu situé près d'un fleuve, une plaque de gazon longue de cinquante pieds, large de quatorze et haute d'un pied et demi fut, sans l'action

397. Sclaomir avait été écarté de la royauté des Abodrites et retenu en exil par les Francs en 819. Ces derniers avaient imposé Céadrag, fils de Thrasco (cf. a. 819).

sine manibus et praecisus et sublatus est et ab eo loco in quo sumptus est uiginti quinque pedum spatio distans inuentus est. Item in parte orientali Saxoniae, quae Soraborum finibus contigua est, in quodam deserto loco iuxta lacum, qui dicitur Arnseo, in modum aggeris terra intumuit et limitem unius leugae longitudine porrectum sub unius noctis spatio absque humani operis molimine ad instar ualli subrexit.

Winigisus dux Spolitinus iam senio confectus habitu saeculari deposito monasticae conuersationi se mancipauit ac non multo post tactus corporis infirmitate decessit ; in cuius locum Suppo Brixiae ciuitatis comes substitutus est.

Domnus imperator consilio cum episcopis et optimatibus suis habito fratribus suis, quos inuitos tondere iussit, reconciliatus est et tam de hoc facto quam et de his quae erga Bernhardum filium fratris sui Pippini necnon et his quae circa Adalhardum abbatem et fratrem eius Walahum gesta sunt publicam confessionem fecit et paenitentiam egit. Quod tamen in eo conuentu, quem eodem anno mense Augusto Attiniaci habuit, in praesentia totius populi sui peregit ; in quo, quicquid similium rerum uel a se uel a patre suo factum inuenire potuit, summa deuotione emendare curauit.

Exercitus de Italia propter Liudewiticum bellum conficiendum in Pannoniam missus est, ad cuius aduentum Liudewitus Siscia ciuitate relicta ad Sorabos, quae natio magnam Dalmatiae partem optinere dicitur, fugiendo se contulit et uno ex ducibus eorum, a quo receptus est, per

---

398. Arendsee, au nord de Magdebourg.

399. Suppo, comte de Brescia, est duc de Spolète de 822 à 824.

400. Ses trois jeunes frères (illégitimes) : Drogon (801-855), évêque de Metz à partir de 823 ; Hugues, dit Hugues l'Abbé (802/806-844) et Thierry, né en 807.

401. Souvent interprétée comme une humiliation de l'empereur devant les évêques, faute d'une bonne connaissance du sens de la pénitence chrétienne au IXe s., la « Pénitence d'Attigny » est de fait une réconciliation de l'empereur avec les grands et le peuple : Louis réaffirme et consolide son pouvoir (Cf. M. de Jong, *The*

d'aucune main, détachée du sol et emportée, avant d'être retrouvée à vingt-cinq pieds de son emplacement d'origine. Pareillement, dans la partie orientale de la Saxe qui confine au territoire des Sorabes, en un lieu désolé près du lac nommé Arendsee[398], la terre se gonfla à la manière d'un talus et, sans la moindre intervention humaine, dressa, en une nuit, comme un retranchement faisant barrière sur une distance d'une lieue.

Winigise, duc de Spolète, déjà affaibli par la vieillesse, quitta l'habit séculier pour se consacrer à la vie monastique et mourut peu après, atteint par la maladie. On établit à sa place Suppo, comte de la cité de Brescia[399].

Le seigneur empereur, après avoir tenu conseil avec ses évêques et ses grands, se réconcilia avec ses frères qu'il avait ordonné de tondre contre leur gré[400] ; tant pour ce fait que pour ce qu'il avait commis à l'encontre de Bernard, fils de son frère Pépin, et à l'encontre de l'abbé Adalard et de son frère Wala, il fit une confession publique et fit pénitence. Cela, il l'accomplit lors de l'assemblée qu'il tint à Attigny au mois d'août de la même année, en présence de tout son peuple ; et là, toutes les fautes semblables qu'il avait pu découvrir dans ses propres actes ou dans ceux de son père, il prit soin de les corriger avec la plus grande dévotion[401].

Une armée fut envoyée d'Italie en Pannonie pour y mettre fin à la guerre contre Liudevit. À l'approche de cette armée, Liudevit abandonna la cité de Sisak[402] pour s'enfuir chez les Serbes[403] – peuple qui, dit-on, occupe une grande partie de la Dalmatie – et, après avoir tué par ruse l'un de leurs chefs qui l'avait accueilli, il soumit sa

Penitential State, Authority and Atonement in the Age of Louis the Pious, 814-840, Cambridge, 2009, p. 822 et s.)

402. Sisak, en Croatie centrale au confluent de la Kupa, de la Save et de l'Odra.

403. L'annaliste désigne ces Slaves du Sud comme *Sorabi,* du même nom que les Sorabes, Slaves du Nord-Est, mais il s'agit bien des Serbes dont nous avons ici la première mention. Sur ces événements, cf a. 818.

dolum interfecto ciuitatem eius in suam redegit dicionem.
Missis tamen ad exercitum imperatoris legatis suis ad eius
praesentiam se uelle uenire promisit.

Saxones interea iussu imperatoris castellum quoddam
trans Albiam in loco, cui Delbende nomen, aedificant,
depulsis ex eo Sclauis, qui illum prius occupauerant, praesidiumque Saxonum in eo positum contra incursiones illorum.

Comites marcae Hispanicae trans Sicorim fluuium in
Hispania profecti uastatis agris et incensis compluribus uillis
et capta non modica praeda regressi sunt. Simili modo post
aequinoctium autumnale a comitibus marcae Brittanicae in
possessionem cuiusdam Brittonis, qui tum rebellis extiterat,
nomine Wihomarcus, expeditio facta, et omnia ferro et igni
uastata sunt.

Peracto conuentu, quod Attiniaci habebatur, domnus
imperator uenandi gratia Arduennam petiit ; Hlotharium uero
filium suum in Italiam misit, cum quo Walahum monachum
propinquum suum, fratrem uidelicet Adalhardi abbatis, et
Gerungum ostiariorum magistrum una direxit, quorum
consilio et in re familiari et in negotiis ad regni commoda
pertinentibus uteretur. Pippinum autem in Aquitaniam ire
praecepit, quem tamen prius filiam Theotberti comitis
Matricensis in coniugium fecit accipere et post nuptias
celebratas ad occiduas partes proficisci. Ipse uero peracta
autumnali uenatione trans Rhenum ad hiemandum in loco,
qui Franconofurd appellatur, profectus est.

---

404. Delbende, près de la forêt Delvunder (Sachsenwald)
et du fleuve Delvenau, qui fait frontière entre le Lauenbourg et
le Mecklembourg.

405. Le Sègre, qui prend sa source dans la Cerdagne française
(Pyrénées-Orientales), est un affluent de la rive gauche de l'Èbre.

406. Wiomarc'h, est à la tête de la Domnonée, partie nord
de la Bretagne.

407. Gerung, maître des huissiers, est attesté de 822 (c'est
ici la première fois) à 840/844, en particulier par Ermold le Noir

cité à son pouvoir. Cependant, par l'intermédiaire de légats qu'il envoya auprès de l'armée de l'empereur, il promit de comparaître devant lui.

Pendant ce temps, les Saxons construisent, sur ordre de l'empereur, un château au-delà de l'Elbe, en un lieu nommé Delbende[404], dont ils avaient chassé les précédents occupants, des Slaves. Ils y laissèrent une garnison saxonne pour s'opposer à leurs incursions.

Les comtes de la marche d'Hispanie franchirent le Sègre[405] et passèrent en Hispanie. Ils dévastèrent les cultures, incendièrent de nombreux domaines et s'emparèrent d'un butin considérable avant de s'en revenir. Pareillement, après l'équinoxe d'automne, les comtes de la marche de Bretagne menèrent une expédition sur les terres d'un certain Breton du nom de Wiomarc'h[406] qui s'était alors rebellé, et ils dévastèrent tout par le fer et par le feu.

Une fois l'assemblée d'Attigny terminée, le seigneur empereur gagna l'Ardenne pour y chasser. Il envoya son fils Lothaire en Italie avec son parent le moine Wala – c'est-à-dire le frère de l'abbé Adalard – ainsi que le maître des huissiers Gerung[407], afin qu'il pût bénéficier de leurs conseils, tant pour les questions d'ordre familial que pour les affaires qui regardaient le bien du royaume. Quant à Pépin, il lui ordonna de se rendre en Aquitaine, mais il lui fit d'abord épouser la fille de Théotbert, comte de Madrie[408], et ne le fit partir pour les régions de l'Ouest qu'une fois les noces célébrées. Lui-même, les chasses d'automne terminées, traversa le Rhin pour aller passer l'hiver au lieu appelé Francfort.

évoquant le baptême du roi Harald en 826 à Ingelheim, et par plusieurs lettres de l'évêque Frothaire de Toul qui lui sont adressées (cf. Ph. Depreux, *Prosopographie...*, p. 213-214).

408. Le *pagus Matruencis* a donné son nom au plateau de Madrie (dép. Eure), entre les vallées de la Seine et de l'Eure.

Ibique generali conuentu congregato necessaria quaeque ad utilitatem orientalium partium regni sui pertinentia more solemni cum optimatibus, quos ad hoc euocare iusserat, tractare curauit. In quo conuentu omnium orientalium Sclauorum, id est Abodritorum, Soraborum, Wilzorum, Beheimorum, Maruanorum, Praedenecentorum, et in Pannonia residentium Abarum legationes cum muneribus ad se directas audiuit. Fuerunt in eodem conuentu et legationes de Nordmannia, tam de parte Harioldi quam filiorum Godofridi ; quibus omnibus auditis ac dimissis ipse in eodem loco constructis ad hoc opere nouo aedificiis, sicut dispositum habuerat, hiemauit.

[823] DCCCXXIII. Mense Maio conuentus in eodem loco habitus, in quo non uniuersi Franciae primores, sed de orientali Francia atque Saxonia, Baioaria, Alamannia atque Alamanniae contermina Burgundia et regionibus Rheno adiacentibus adesse iussi sunt. In quo inter caeteras barbarorum legationes, quae uel iussae uel sua sponte uenerunt, duo fratres, reges uidelicet Wilzorum, controuersiam inter se de regno habentes ad praesentiam imperatoris uenerunt, quorum nomina sunt Milegastus et Cealadragus. Erant idem filii Liubi regis Wilzorum ; qui licet cum fratribus suis regnum diuisum teneret, tamen, propter quod maior natu erat, ad eum totius regni summa pertinebat. Qui cum

409. Première mention de ce peuple slave qui gagne en importance vis-à-vis des Francs à l'Est au cours du IXe s.

410. Les Prédénécentins (*Predenecentini*), par leur nom, peuvent être rattachés à l'actuel district serbe de Branicevo à une cinquantaine de kilomètres à l'est de Belgrade. Mais le rédacteur des *Annales* les identifie plus loin (a. 824) aux

Et là, il réunit l'assemblée générale et, suivant la coutume annuelle, il prit soin de traiter avec les grands, convoqués à cet effet, de toutes les mesures à prendre dans l'intérêt des parties orientales du royaume. Lors de cette assemblée, il donna audience aux légations chargées de cadeaux que lui avaient dépêchées tous les Slaves orientaux – à savoir les Abodrites, les Sorabes, les Wilzes, les Bohémiens, les Moraves[409] et les Prédénécentins[410] – ainsi que les Avars installés en Pannonie[411].

Il y eut également, lors de cette même assemblée, des légations du pays des Normands[412], venues tant de la part de Harald que de celle des fils de Godfrid. Après les avoir toutes reçues en audience et leur avoir donné congé, l'empereur passa l'hiver en ce même lieu, où, à cet effet, il avait fait construire de nouveaux bâtiments, comme il se l'était proposé.

823. Au mois de mai se tint au même lieu une assemblée à laquelle reçurent l'ordre d'assister, non pas tous les grands de Francie mais seulement ceux de Francie orientale et de Saxe, de Bavière, d'Alémanie, de Burgondie qui est limitrophe de l'Alémanie, et des régions riveraines du Rhin. À cette assemblée, parmi les légations des barbares venues sur ordre ou de leur plein gré, comparurent devant l'empereur deux frères – à savoir les rois des Wilzes – qui se disputaient la royauté ; ils se nommaient Milégast et Céaladrag. Ils étaient les fils de Liub, roi des Wilzes[413]. Bien que ce dernier tînt avec ses frères le royaume qui avait été divisé, cependant, du fait qu'il était l'aîné, c'était le royaume tout

---

Abodrites. La distinction entre différents peuples slaves n'est claire ni pour lui, ni pour nous.

411. Une petite principauté des Avars s'est maintenue en Pannonie, sous autorité carolingienne, après leur défaite en 796.

412. C'est à dire la Scandinavie (cf. a. 810).

413. Milégast et Céaladrag, fils de Liub, rois des Wilzes sont sans doute les petits-fils de Dragavit (cf. a. 789).

commisso cum orientalibus Abodritis proelio interisset, populus Wilzorum filium eius Milegastum, quia maior natu erat, regem sibi constituit ; sed cum is secundum ritum gentis commissum sibi regnum parum digne administraret, illo abiecto iuniori fratri regium honorem deferunt : quam ob causam ambo ad praesentiam imperatoris uenerunt. Quos cum audisset et gentis uoluntatem proniorem in iunioris fratris honorem agnouisset, statuit ut is delatam sibi a populo suo potestatem haberet, ambos tamen muneribus donatos et sacramento firmatos in patriam remisit.

Accusatus est in eodem placito apud imperatorem Ceadragus Abodritorum princeps, quod se erga partem Francorum parum fideliter ageret et ad imperatoris praesentiam iam diu uenire dissimulasset. Propter quod ad eum legati directi sunt, cum quibus ille iterum quosdam ex primoribus gentis suae ad imperatorem misit ; perque illorum uerba promisit se ad proximum hiemis tempus ad illius praesentiam esse uenturum.

Hlotharius uero, cum secundum patris iussionem in Italia iustitias faceret et iam se ad reuertendum de Italia praepararet, rogante Paschale papa Romam uenit et honorifice ab illo susceptus in sancto paschali die apud sanctum Petrum et regni coronam et imperatoris atque augusti nomen accepit ; inde Papiam regressus mense Iunio ad imperatorem uenit. Qui cum imperatori de iustitiis in Italia a se partim factis partim inchoatis fecisset indicium, missus est in Italiam Adalhardus comes palatii, iussumque est ut Mauringum Brixiae comitem secum adsumeret et inchoatas iustitias perficere curaret.

414. Adalard (II), comte du palais, attesté à partir de 822, donné comme conseiller à Lothaire en Italie, est appelé Adalard « le jeune » (cf. a. 824). Il ne doit pas être confondu avec Adalard (I), proche de Charlemagne et abbé de Corbie jusqu'à sa mort début 826. Adalard le jeune reçoit l'année suivante le duché de Spolète mais meurt quelques mois après.

entier dans son ensemble qui relevait de sa personne. Or, comme il avait péri dans un combat contre les Abodrites orientaux, le peuple des Wilzes s'établit pour roi son fils Milégast parce qu'il était l'aîné. Mais comme Milégast exerçait peu dignement la royauté qu'on lui avait confiée selon le rite de sa nation, il fut renversé et les Wilzes transfèrent à son frère cadet l'honneur royal. C'est la raison pour laquelle tous deux vinrent se présenter devant l'empereur. Après leur avoir donné audience et avoir compris que la volonté de la nation wilze penchait en faveur du frère cadet, il décida que ce dernier devait détenir le pouvoir qui lui avait été transféré par son peuple, tout en les renvoyant tous deux dans leur patrie, dotés de cadeaux et fidélisés par un serment.

Dans le même plaid, une accusation fut portée devant l'empereur contre Céadrag, prince des Abodrites : on lui reprochait de se montrer peu fidèle à l'égard des Francs et d'éviter depuis longtemps, par des ruses, de comparaître devant l'empereur. C'est pourquoi on lui envoya des légats qu'il fit accompagner, à leur retour auprès de l'empereur, de quelques-uns des grands de son peuple. Par leur intermédiaire il promit que l'hiver suivant il comparaîtrait devant l'empereur.

Quant à Lothaire, alors qu'il exerçait la justice en l'Italie suivant l'ordre de son père et qu'il se préparait déjà à revenir d'Italie, sur les prières du pape Pascal, il vint à Rome ; il y fut accueilli par lui avec de grands honneurs, le saint jour de Pâques, à Saint-Pierre, et il reçut et la couronne du royaume, et le titre d'empereur et d'auguste. Il revint ensuite à Pavie et alla au mois de juin trouver l'empereur. Après qu'il eut rendu compte à l'empereur des procédures qu'il avait soit achevées, soit engagées en Italie, Adalard, comte du palais[414], fut envoyé en Italie et reçut l'ordre de s'adjoindre Mauring, comte de Brescia[415], pour s'appliquer à achever les procédures engagées.

---

415. Mauring, comte de Brescia, adjoint à Adalard, reçoit le duché de Spolète à la mort de ce dernier, mais meurt rapidement lui-aussi (cf. a. 824).

Drogonem fratrem eius sub canonica uita degentem Mettensi ecclesiae clero eiusdem urbis consentiente atque eligente rectorem constituit eumque ad pontificatus gradum censuit promoueri.

In eodem conuentu tempus et locus alterius conuentus habendi condictus est, Nouember uidelicet mensis et Compendium palatium ; peractoque placito et dimissis primoribus, cum imperator iam inde digredi statuisset, adlatum est ei de interitu Liudewiti, quod relictis Sorabis, cum Dalmatiam ad Liudemuhslum auunculum Bornae ducis peruenisset et aliquantum temporis cum eo moratus fuisset, dolo ipsius esset interfectus.

Nuntiatum est etiam Theodorum sanctae Romanae ecclesiae primicerium et Leonem nomenclatorem, generum eius, in patriarchio Lateranense primo excaecatos ac deinde fuisse decollatos et hoc eis ob hoc contigisse quod se in omnibus fideliter erga partes Hlotharii iuuenis imperatoris agerent ; erant et qui dicerent uel iussu uel consilio Paschalis pontificis rem fuisse perpetratam. Ad quod explorandum ac diligenter inuestigandum missi sunt Adalungus abbas monasterii sancti Vedasti et Hunfridus comes Curiensis. Sed antequam illi fuissent profecti, uenerunt legati Paschalis pontificis, Iohannes episcopus Siluae-Candidae et Benedictus archidiaconus sanctae sedis apostolicae, rogantes imperatorem ut illam infamiam a pontifice auferret qua ille in memoratorum hominum necem consensisse credebatur. Quibus cum ille, iuxta quod ratio postulabat, respondisset eosque dimisisset,

416. C'est à dire qu'il vit sous la règle des chanoines.

417. Drogon, fils de Régine, concubine de Charlemagne, est évêque de Metz de 823 à 855. Il joua un rôle très important auprès de son frère l'empereur, dont il a été l'archichapelain.

418. Théodore est d'abord apparu avec le titre de nomenclateur en 815 et en 817. Il est primicier en 821 et ici en 823. Il avait transmis la fonction de nomenclateur à Léon, son gendre, pratique qui témoigne du contrôle des grandes familles romaines sur les charges pontificales.

Drogon, son frère, qui menait la vie canonique[416], fut institué par l'empereur, avec le consentement et par l'élection du clergé de la ville, recteur pour l'Église de Metz, et l'empereur jugea bon qu'il fût élevé au rang d'évêque[417].

À cette assemblée on détermina la date et le lieu où devrait se tenir la prochaine assemblée : au mois de novembre et au palais de Compiègne. Une fois le plaid terminé et les grands congédiés, alors que l'empereur s'apprêtait déjà à partir, il fut informé de la mort de Liudevit. Ce dernier, ayant quitté les Serbes, alors qu'il était parvenu en Dalmatie chez Liudemuhsl, oncle maternel du duc Borna, avait demeuré quelque temps chez lui et avait été tué par la ruse de son hôte.

On apprit aussi que Théodore, primicier de la sainte Église romaine, et le nomenclateur Léon, son gendre[418], avaient eu les yeux crevés et avaient ensuite été décapités au patriarcat du Latran[419], et que cela leur était arrivé parce qu'ils avaient en toutes choses servi fidèlement les intérêts du jeune empereur Lothaire. Et il y avait des gens pour dire que la chose avait été perpétrée sur ordre ou, du moins, sur avis du pontife Pascal. Pour avoir des informations et mener une enquête rigoureuse sur cette affaire, on envoya Adalung, abbé du monastère de Saint-Vaast[420] et Hunfrid, comte de Coire[421]. Mais avant que ces derniers ne fussent partis, arrivèrent les légats du pontife Pascal, Jean, évêque de Silva-Candida, et Benoît, archidiacre du saint Siège apostolique ; ils demandaient à l'empereur d'épargner au pontife le déshonneur d'être réputé avoir consenti au meurtre des hommes que nous avons mentionnés. L'empereur leur répondit selon ce que commandait la raison et leur donna

419. C'est-à-dire au Latran (basilique et palais), siège de l'évêque de Rome, patriarche d'Occident.

420. Adalung, abbé de Lorsch (804-838) et de Saint-Vaast d'Arras.

421. Hunfrid, comte de Coire, en Rhétie, aujourd'hui en Suisse, ch.-l. du canton des Grisons.

praedictos legatos suos ad inuestigandam rei ueritatem, sicut prius disposuit, Romam ire praecepit ; ipse uero reliquum aestatis tempus in pago Wormacense ac deinde in Arduenna transigens peracta autumnali uenatione ad Kal. Nouembr., sicut condixerat, Compendium uenit.

Legati Romam uenientes rei gestae certitudinem adsequi non potuerunt, quia Paschalis pontifex et se ab huius facti communione cum magno episcoporum numero iureiurando purificauit et interfectores praedictorum hominum, quia de familia sancti Petri erant, summopere defendens mortuos uelut maiestatis reos condemnabat, iure caesos pronuntiauit atque ob hoc cum praedictis, qui ad eum missi fuerant, legatis Iohannem Siluae-Candidae episcopum et Sergium bibliothecarium, Quirinum quoque subdiaconum ac Leonem magistrum militum ad imperatorem misit. Qui cum tam per illos quam per suos legatos de sacramento pontificis et excusatione reorum comperisset, nihil sibi ultra in hoc negotio faciendum ratus, memoratum Iohannem episcopum et socios eius ad pontificem dato conueniente responso remisit.

Cedragus Abodritorum princeps pollicitationibus suis adhibens fidem cum quibusdam primoribus populi sui Compendium uenit dilatique per tot annos aduentus sui rationem coram imperatore non inprobabiliter reddidit. Qui licet in quibusdam causis culpabilis appareret, tamen propter merita parentum suorum non solum inpunitus, uerum muneribus donatus ad regnum redire permissus est.

422. L'expression « famille de saint Pierre » désigne l'entourage pontifical.

423. Le bibliothécaire Serge (responsable des archives pontificales), le sous-diacre Quirinus (qui devient primicier en 828) et

congé ; puis il ordonna à ses légats susdits de se rendre à Rome pour enquêter sur la vérité des faits, comme il l'avait auparavant décidé. Et il passa le reste de l'été dans le *pagus* de Worms ; il se rendit ensuite dans l'Ardenne et, après avoir terminé la chasse d'automne, il se rendit à Compiègne aux calendes de novembre, comme il l'avait fixé.

Les légats, arrivés à Rome, ne purent parvenir à une connaissance certaine des faits, à la fois parce que le pontife Pascal, avec un grand nombre d'évêques, se purifia par serment de toute participation à ce crime et parce qu'il mit tout en œuvre pour défendre les meurtriers des susdits hommes, en raison de leur appartenance à la famille de saint Pierre[422]. Il condamnait ceux qui étaient morts comme coupables de crime de majesté et proclama que c'était à bon droit qu'ils avaient été tués. Et c'est pour cela qu'il envoya auprès de l'empereur avec les légats susdits qui lui avaient été dépêchés, Jean, évêque de Silva-Candida, et le bibliothécaire Serge, ainsi que le sous-diacre Quirinus et le maître de la milice Léon[423]. L'empereur, lorsqu'il fut informé tant par eux que par ses légats du serment solennel du pape et de la mise hors de cause des accusés, jugea qu'il ne fallait pas pousser plus loin cette affaire, renvoya vers le pontife l'évêque Jean en question et ses compagnons après leur avoir donné la réponse qui convenait.

Céadrag, prince des Abodrites, restant fidèle à ses promesses, vint avec certains grands de son peuple à Compiègne et expliqua devant l'empereur de manière relativement plausible les raisons qui l'avaient empêché de venir pendant si longtemps. Et bien qu'il parût coupable dans certaines affaires, en raison des mérites de ses parents il échappa à toute poursuite, et eut même la permission de repartir dans son royaume, doté des cadeaux.

---

le maître de la milice Léon (chef de l'armée pontificale, appelé *superista* en 821), n'étaient pas mentionnés ci-dessus dans la légation envoyée par le pape Pascal : il s'agit d'une ambassade beaucoup plus importante que la précédente.

Venerat et Harioldus de Nordmannia, auxilium petens contra filios Godofridi, qui eum patria pellere minabantur ; ob cuius causam diligentius explorandam ad eosdem filios Godofridi Theotharius et Hruodmundus comites missi fuerunt, qui et causam filiorum Godofridi et statum totius regni Nordmannorum diligenter explorantes aduentum Harioldi praecesserunt et imperatori omnia quae in illis partibus comperire potuerunt patefecerunt. Cum quibus et Ebo Remorum archiepiscopus, qui consilio imperatoris et auctoritate Romani pontificis praedicandi gratia ad terminos Danorum accesserat et aestate praeterita multos ex eis ad fidem uenientes baptizauerat, regressus est.

Hoc anno prodigia quaedam extitisse narrantur, in quibus praecipua fuerunt in Aquense palatio terrae motus et in territorio Tullense iuxta uillam Commerciacum puella quaedam annorum fere XII ab omni cibo per decem menses abstinens. Et in Saxonia in pago, qui uocatur Firihsazi, uiginti tres uillae igne caelesti concrematae, et fulgora sereno atque interdiu de caelo cadentia. Et in territorio Cumetensi Italiae ciuitatis in uico Grabadona in ecclesia sancti Iohannis baptistae imago sanctae Mariae puerum Iesum gremio continentis ac magorum munera offerentium in absida eiusdem ecclesiae depicta et ob nimiam uetustatem obscurata et pene abolita tanta claritate per duorum dierum spatia effulsit ut omnem splendorem nouae picturae suae uetustatis pulchritudine cernentibus penitus uincere uideretur. Magorum tamen imagines praeter munera, quae offerebant, minime

---

424. Le comte Théothaire (*Theotharius*) a déjà été mentionné parmi les négociateurs des affaires danoises (cf. a. 811).
425. Ebbon, archevêque de Reims (816-835, puis 840-841).
426. Commercy, dép. Meuse, ch.-l. d'arr.

Harald aussi était venu du pays des Normands pour demander de l'aide contre les fils de Godfrid qui menaçaient de le chasser de sa patrie ; à cause de cela, furent envoyés pour mener une enquête plus rigoureuse auprès des fils de Godfrid, les comtes Théothaire[424] et Hruotmund. Ils enquêtèrent rigoureusement sur l'affaire des fils de Godfrid et la situation de tout le royaume des Normands ; ils arrivèrent avant Harald et dévoilèrent à l'empereur tout ce qu'ils avaient pu découvrir dans ces régions-là. Avec eux revint aussi Ebbon, archevêque de Reims[425] qui, sur décision de l'empereur et sous l'autorité du pontife romain, s'était rendu dans le pays des Danois pour prêcher et avait, l'été précédent, baptisé un grand nombre d'entre eux qui venaient à la foi.

On rapporte que cette année-là, un certain nombre de prodiges se produisirent. Les plus remarquables furent : dans le palais d'Aix, un tremblement de terre ; non loin de Toul, près du domaine de Commercy[426], une jeune fille, à peine âgée de douze ans, qui s'abstint pendant dix mois de toute nourriture ; en Saxe, dans un *pagus* appelé Firihsazi[427], vingt-trois domaines qui furent brûlés par un feu céleste et la foudre qui s'abattit en plein jour, dans un ciel serein ; non loin de la cité de Côme, en Italie, dans la localité de Gravedona[428], dans l'église de saint Jean-Baptiste, une image de sainte Marie tenant l'enfant Jésus sur ses genoux et des Mages offrant des cadeaux, peinte dans l'abside de ladite église, noircie et presque effacée en raison de son extrême vétusté, qui brilla pendant deux jours d'un si grand éclat qu'elle paraissait à ceux qui la regardaient surpasser totalement, dans la beauté de sa vétusté, toute la splendeur d'une peinture nouvelle ; mais cette clarté illumina très peu la représentation des Mages, à l'exception des cadeaux qu'ils

427. Firihsazi, probablement entre les embouchures de la Weser et de l'Elbe.
428. Gravedona, sur la rive ouest du lac de Côme, en Lombardie.

claritas illa inradiauit. Et in multis regionibus fruges gran-
dinis uastatione deletae atque in quibusdam locis simul cum
ipsa grandine ueri lapides atque ingentis ponderis decidere
uisi ; domus quoque de caelo tactae hominesque ac caetera
animalia passim fulminum ictu praeter solitum crebro exani-
mata dicuntur. Secuta est ingens pestilentia atque hominum
mortalitas, quae per totam Franciam inmaniter usquequaque
grassata est et innumeram hominum multitudinem diuersi
sexus et aetatis grauissime seuiendo consumpsit.

[824] DCCCXXIIII. Rex Bulgarorum Omortag uelut
pacis faciendae gratia legatos ad imperatorem cum litteris
misit. Quos ille cum audisset ac litteras, quae adlatae
fuerant, legisset, rei nouitate non inmerito permotus ad
explorandam diligentius insolitae et numquam prius
in Franciam uenientis legationis causam Machelmum
quendam de Baioaria cum ipsis legatis ad memoratum
regem Bulgarorum direxit.

Hiemps aspera ualdeque prolixa facta est, quae non
solum caetera animalia, uerum etiam homines quosdam
inmanitate frigoris extinxit. Luna defecit III. Non. Mart.
hora noctis secunda. Suppo dux Spolitinus decessisse
nuntiatur.

Interea legati Romani pontificis Romam regressi eundem
ualida infirmitate detentum ac morti iam proximum inuenerunt ; qui etiam paucis post aduentum illorum exactis diebus
uita decessit. In cuius locum cum duo per contentionem
populi fuissent electi, Eugenius tamen archipresbyter tituli
sanctae Sabinae uincente nobilium parte subrogatus atque
ordinatus est. Cuius rei nuntium cum Quirinus subdiaconus,

---

429. Francie (*Francia*) désigne ici l'ensemble de l'empire franc.
430. Omortag (814-831) a succédé à Kroum (803-814) à
la tête des Bulgares.
431. Mort du pape Pascal Ier, le 11 février 824.

offraient. Et dans de nombreuses régions les moissons furent détruites, ravagées par la grêle ; et dans certains lieux on vit tomber en même temps que la grêle de véritables pierres d'un poids considérable ; on dit aussi que des maisons furent un peu partout frappées par la foudre, ainsi que des hommes et en outre des animaux, bien plus fréquemment que d'habitude. Il s'ensuivit une terrible épidémie et une importante mortalité des hommes, qui s'étendit de façon monstrueuse partout dans la Francie entière[429] ; s'acharnant cruellement, elle emporta une multitude innombrable de gens d'âge et de sexe différents.

824. Le roi des Bulgares, Omortag[430], envoya à l'empereur des légats avec une lettre, comme pour faire la paix. À leur écoute et à la lecture de la lettre qui lui avait été apportée, celui-ci fut troublé, non sans raison, par la nouveauté de la chose ; aussi, pour examiner avec assez de rigueur la raison de la venue inhabituelle et encore jamais vue de cette légation en Francie, dépêcha-t-il de Bavière avec ces mêmes légats un certain Machelm auprès du roi des Bulgares en question.

L'hiver fut rude et fort long, et causa par un froid cruel la mort non seulement d'animaux, mais aussi de quelques hommes. Il y eut une éclipse de lune le 3 des nones de mars (5 mars), à la deuxième heure de la nuit. On apprend la nouvelle de la mort de Suppo, duc de Spolète.

Pendant ce temps, les légats du pontife romain, à leur retour à Rome, le trouvèrent miné par une grave maladie et déjà très proche de la mort ; il quitta d'ailleurs la vie quelques jours après leur arrivée[431]. À sa place, alors que deux hommes avaient été élus en raison de tensions au sein du peuple, c'est pourtant Eugène, archiprêtre du titre de Sainte-Sabine, qui, le parti des nobles ayant eu le dessus, obtint la succession et l'ordination[432]. Quand le sous-diacre Quirinus – l'un de

---

432. Eugène, titulaire de l'église Sainte-Sabine, devient le pape Eugène II (mai 824-août 827).

unus ex his qui priori legatione fungebantur, ad imperatorem detulisset, conuentu circiter VIII. Kal. Iul. pronuntiato atque Compendio habito ipse ad Brittanicam expeditionem per se faciendam animo intento Hlotharium filium imperii socium Romam mittere decreuit, ut uice sua functus ea, quae rerum necessitas flagitare uidebatur, cum nouo pontifice populoque Romano statueret atque firmaret. Et ille quidem ad haec exsequenda post medium Augustum in Italiam profectus est, imperator uero iter, quod in Brittaniam facere parauerat, propter famem, quae adhuc praeualida erat, usque ad initium autumni adgredi distulit. Tum demum adunatis undique omnibus copiis Redonas ciuitatem terminis Brittaniae contiguam uenit et inde diuiso in tres partes exercitu duabusque partibus filiis suis Pippino et Hludowico traditis tertiaque secum retenta Brittaniam ingressus totam ferro et igni deuastauit. Consumptisque in hac expeditione XL uel eo amplius diebus, acceptis, quos perfido Brittonum populo imperauerat, obsidibus Ratumagum ciuitatem, ubi coniugem se operiri iusserat, ad XV. Kal. Decembr. reuersus est.

Nam et illuc legatos Michahelis imperatoris, qui ad eum mittebantur, sibi occurrere iussit, cum quibus et Fortunatus patriarcha Veneticorum regressus ad eius uenit praesentiam. Sed legati imperatoris litteras et munera deferentes, pacis confirmandae causa se missos esse dicentes pro Fortunato nihil locuti sunt ; inter caetera tamen ad legationem suam pertinentia quaedam de imaginum ueneratione protulerunt, propter quae se Romam ire atque apostolicae sedis praesulem consulere debere dixerunt. Quos cum legatione

433. Lothaire est associé à l'empire depuis l'*ordinatio* de 817 (cf. a. 817).

434. Michel II (820-829).

435. Fortunat, mentionné comme « patriarche de Grado » en 821, est appelé ici « patriarche des Vénètes » : le siège patriarcal est à Grado.

436. La question des images en Orient, un temps réglée par le concile de Nicée II en 787 (cf. a. 794), est à nouveau l'occasion

ceux qui avaient été missionnés pour la précédente légation – eut apporté la nouvelle à l'empereur, ce dernier, après avoir convoqué puis tenu une assemblée à Compiègne vers le 8 des calendes de juillet (8 juillet), décida, comme lui-même avait l'intention de mener une expédition en Bretagne, d'envoyer à Rome son fils Lothaire, associé à l'empire[433], pour qu'il puisse accomplir à sa place ce que les contraintes de la situation semblaient réclamer et, avec le nouveau pontife et le peuple romain, prendre des décisions et les confirmer. Et Lothaire partit en Italie, pour exécuter cela, après le milieu du mois d'août, mais l'empereur, en raison de la famine qui restait très intense, différa jusqu'au début de l'automne l'expédition en Bretagne qu'il avait projetée. À ce moment-là seulement, il rassembla de toutes parts l'ensemble des troupes et vint en la cité de Rennes, aux frontières de la Bretagne. De là, il divisa son armée en trois parties, en confia deux à ses fils Pépin et Louis, et gardant la troisième avec lui, il entra en Bretagne qu'il dévasta entièrement par le fer et par le feu. Après quarante jours ou plus passés en cette expédition, il reçut les otages qu'il avait réclamés au peuple perfide des Bretons et revint le 15 des calendes de décembre (17 novembre) en la cité de Rouen, où il avait ordonné à son épouse de l'attendre.

C'est en effet en ce même lieu qu'il avait ordonné aux légats de l'empereur Michel[434] qui lui avaient été envoyés, de venir le rencontrer ; avec eux revint également le patriarche des Vénètes, Fortunat[435], qui comparut devant lui. Mais les légats de l'empereur, qui apportaient une lettre et des cadeaux, ne prononcèrent pas un mot en faveur de Fortunat, disant qu'ils n'avaient été envoyés que pour confirmer la paix. Cependant, entre autres choses relevant de leur légation, ils exposèrent certains points concernant la vénération des images[436], à propos desquels, dirent-ils, ils

de troubles à Constantinople à partir du règne de l'empereur Léon V (813-820). Les historiens parlent d'un « second iconoclasme » qui prend fin en 843.

eorum audita ac responso reddito absolueret, Romam, ut se
uelle dicebant, ducere iussit ; Fortunatum etiam de causa
fugae ipsius percontatus ad examinandum eum Romano
pontifici direxit. Ipse Aquasgrani, ubi hiemare statuerat,
profectus est.

Quo cum uenisset et ibi natalem Domini celebrasset,
allatum est ei quod legati regis Bulgarorum essent in
Baioaria ; quibus obuiam mittens ipsos quidem usque ad
tempus congruum ibidem fecit operiri. Caeterum legatos
Abodritorum, qui uulgo Praedenecenti uocantur et contermini Bulgaris Daciam Danubio adiacentem incolunt, qui
et ipsi aduentare nuntiabantur, ilico uenire permisit. Qui
cum de Bulgarorum iniqua infestatione quererentur et
contra eos auxilium sibi ferri deposcerent, domum ire
atque iterum ad tempus Bulgarorum legatis constitutum
redire iussi sunt.

Suppone apud Spoletium, sicut dictum erat, defuncto
eundem ducatum Adalhardus comes palatii, qui iunior uocabatur, accepit. Qui cum uix quinque menses eodem honore
potiretur, correptus febre decessit. Cui cum Moringus
Brixiae comes successor esset electus, nuntio honoris sibi
deputati accepto decubuit et paucis interpositis diebus uitam
finiuit.

Aeblus et Asinarius comites cum copiis Wasconum ad
Pampilonam missi, cum peracto iam sibi iniuncto negotio

437. La Dacie correspond approximativement aux états actuels
de Roumanie et de Moldavie. L'annaliste, depuis Aix-la-Chapelle,
fait sans doute quelques confusions en rattachant les Prédénécentins
aux Abodrites qui sont localisés par les sources beaucoup plus au
nord (cf. a. 822).

devaient aller à Rome et consulter le prélat du Siège apostolique. Lorsque l'empereur, après avoir entendu leur légation et avoir répondu, leur eut donné congé, il ordonna qu'on les conduisît à Rome, comme ils disaient le vouloir ; quant à Fortunat, il l'interrogea sur la raison de sa fuite puis l'envoya au pontife romain pour qu'on examine son cas. Lui-même partit pour Aix, où il avait décidé de passer l'hiver.

Quand il y fut arrivé et qu'il y eut célébré la Naissance du Seigneur, on lui rapporta que des légats du roi des Bulgares se trouvaient en Bavière. Au-devant d'eux, il envoya des hommes pour leur ordonner d'attendre là jusqu'au moment opportun. En outre, aux légats des Abodrites, appelés couramment Prédénécentins, qui, voisins des Bulgares, habitent la Dacie[437] qui borde le Danube, et qui avaient fait annoncer leur possible venue, il donna aussitôt autorisation de venir. Et comme ils se plaignaient des offensives constantes que leur faisaient injustement subir les Bulgares et demandaient qu'on leur apportât de l'aide contre eux, ils reçurent l'ordre de rentrer chez eux et de revenir à nouveau au moment fixé pour la légation des Bulgares.

Suppo étant mort à Spolète, comme il a été dit plus haut, Adalard qu'on appelait « le jeune », comte du palais, reçut le duché. Alors qu'il n'était que depuis cinq mois à peine en possession de cet honneur, il contracta une fièvre et décéda. Mauring, comte de Brescia, lui fut choisi comme successeur : mais en apprenant la nouvelle de l'honneur qui lui était assigné, il dut s'aliter et, quelques jours après, il quitta la vie.

Comme les comtes Èble et Asnar[438], envoyés avec des troupes de Vascons à Pampelune, s'en revenaient après

---

438. Èble est un Vascon du nord des Pyrénées et Asnar un Vascon du sud des Pyrénées, peut-être comte d'Aragon. Un usage historiographique est d'appeler « Gascons » les premiers et « Basques » les seconds. On voit ici que, sous le même nom de *Vasconi*, ils ont été distingués dans les traitements qui leur sont réservés.

reuerterentur, in ipso Pirinei iugo perfidia montanorum in insidias deducti ac circumuenti capti sunt, et copiae, quas secum habuere, pene usque ad internicionem deletae ; et Aeblus quidem Cordubam missus, Asinarius uero misericordia eorum qui eum ceperant, quasi qui consanguineus eorum esset, domum redire permissus est.

Hlotharius uero iuxta patris mandatum Romam profectus ab Eugenio pontifice honorifice suscipitur. Cui cum iniuncta sibi patefaceret, statum populi Romani iam dudum quorundam praesulum peruersitate deprauatum, memorati pontificis beniuola adsensione ita correxit ut omnes, qui rerum suarum direptione grauiter fuerant desolati, de receptione bonorum suorum, quae per illius aduentum Deo donante prouenerat, magnifice sunt consolati.

Hoc anno paucis ante solstitium aestiuale diebus in territorio Augustodunense aere in tempestatem subita mutatione conuerso ingens fragmentum ex glacie simul cum grandine decidisse narratur, cuius longitudo quindecim, latitudo septem, crassitudo duos pedes habuisse dicitur.

[825] DCCCXXV. Sacro paschali festo sollempniter Aquisgrani celebrato, arridente etiam uerna temperie imperator uenandi gratia Nouiomagum profectus legatos Bulgarorum circa medium Maium Aquasgrani uenire praecepit. Nam sic illo reuerti statuit, habiturus ibi conuentum, quod de Brittania regressus eo se tempore ibidem habere uelle optimatibus indicauerat.

Quo cum peracta uenatione fuisset reuersus, Bulgaricam legationem audiuit ; erat enim de terminis ac finibus inter

439. C'est un des objets de la *Constitutio Romana* de novembre 824 (*MGH, Capitularia.*, I, p. 323-324) qui impose, sous l'autorité de l'empereur, des restitutions de biens d'Église indûment occupés sous couvert de l'autorité pontificale. Mais

avoir accompli la tâche dont ils avaient été chargés, ils furent, au plus haut même des Pyrénées, pris en embuscade par la perfidie des montagnards, encerclés et capturés ; et les troupes qu'ils avaient avec eux furent presque anéanties. Èble fut envoyé à Cordoue, tandis qu'Asnar, grâce à la miséricorde de ceux qui l'avaient pris, au motif qu'il était du même sang qu'eux, eut l'autorisation de rentrer chez lui,

Quant à Lothaire, parti à Rome suivant la mission confiée par son père, il fut reçu par le pape Eugène avec honneur. Il lui exposa ce qu'on lui avait ordonné et, avec l'approbation bienveillante du pontife en question, il s'efforça de corriger l'état dans lequel se trouvait le peuple romain, corrompu depuis quelque temps déjà par le dévoiement de certains évêques, de sorte que tous ceux qui, leurs possessions ayant été accaparées, s'étaient retrouvés dans un état de désolation, furent consolés avec magnificence par leurs biens récupérés grâce à la venue de Lothaire et avec l'aide de Dieu[439],

Cette année-là, peu de jours avant le solstice d'été, dans le territoire d'Autun, on rapporte que, par un changement brutal, le temps vira à la tempête, et qu'il tomba, avec de la grêle, un énorme bloc de glace, long, à ce qu'on dit, de quinze pieds, large de sept, et épais de deux.

825. Après avoir célébré solennellement la sainte fête de Pâques à Aix, alors que le printemps souriait déjà, l'empereur alla chasser à Nimègue et ordonna aux légats des Bulgares de venir à Aix vers le milieu du mois de mai. Car il avait décidé de revenir là pour y tenir l'assemblée dont il avait, à son retour de Bretagne, indiqué à ses grands qu'il voulait la tenir en ce lieu, à cette date.

Une fois la chasse terminée, il revint là et donna audience à la légation bulgare : il s'agissait de fixer les limites de

surtout elle place toute l'administration romaine sous le contrôle des *missi* de l'empereur auquel tous les sujets du pape doivent prêter serment de fidélité. Voir L. Halphen, *Charlemagne et l'empire carolingien,* 1947, rééd. 1995, p. 223-225.

Bulgaros ac Francos constituendis. Adfuerunt in eodem conuentu pene omnes Brittaniae primores, inter quos et Wihomarcus, qui perfidia sua et totam Brittaniam conturbauerat et obstinatione stultissima ad memoratam expeditionem illo faciendam imperatoris animum prouocauerat, tandem saniore usus consilio ad fidem imperatoris, ut ipse dicebat, uenire non dubitauit. Cui cum imperator et ignosceret et muneribus donatum una cum caeteris gentis suae primoribus domum remeare permitteret, promissam fidem, ut prius consueuerat, gentilicia perfidia commutauit ac uicinos suos incendiis et direptionibus, in quantum potuit, infestare non cessans, donec ab hominibus Lantberti comitis in domo propria circumuentus atque interfectus est. Imperator uero audita Bulgarorum legatione per eosdem, qui ad eum missi fuerant, legatos regi eorum missis litteris, prout uidebatur, respondit.

Dimissoque conuentu in Vosegum ad Rumerici montem uenandi gratia profectus filium suum Hlotharium ex Italia regressum ibique ad se uenientem suscepit ; ac peracta uenatione Aquasgrani rediens generalem populi sui conuentum more sollempni mense Augusto habuit. In quo conuentu inter ceteras legationes, quae de diuersis partibus uenerunt, etiam et filiorum Godefridi de Nordmannia legatos audiuit ac pacem, quam idem sibi dari petebant, cum eis in marca eorum mense Octobrio confirmari iussit. Completisque omnibus negotiis, quae ad illius conuentus rationem pertinere uidebantur, Nouiomagum cum filio maiore secessit, minorem uero filium suum Hludowicum in Baioariam direxit. Ipse autem autumnali uenatione completa circa hiemis initium Aquasgrani reuersus est.

---

440. Lambert Ier, comte de Nantes, de la grande famille des Widonides, à qui avait été confiée la marche de Bretagne avant 818, fut duc de Spolète de 834 à sa mort en 837.

territoires entre les Bulgares et les Francs. Assistèrent à cette même assemblée presque tous les grands de Bretagne, et parmi eux Wiomarc'h qui, par sa perfidie, avait jeté le trouble dans toute la Bretagne, et par sa si folle obstination provoqué la colère de l'empereur, le poussant à organiser là-bas l'expédition militaire déjà évoquée ; rendu enfin à de plus sages desseins, il n'hésita pas à revenir dans la fidélité de l'empereur, à ce qu'il disait. Mais, alors même que l'empereur tout à la fois lui pardonnait et lui permettait, après l'avoir gratifié de cadeaux, de rentrer chez lui avec les autres grands de sa nation, par une perfidie propre à cette nation, il trahit la fidélité promise comme il en avait l'habitude auparavant, et ne cessa de harceler ses voisins autant qu'il le put par des incendies et des pillages, jusqu'à ce qu'il fût assiégé dans sa propre demeure et tué par les hommes du comte Lambert[440]. L'empereur, après avoir donné audience à la légation des Bulgares, donna à la lettre de leur roi une réponse appropriée par l'intermédiaire des mêmes légats qui lui avaient été envoyés.

Une fois l'assemblée congédiée, il alla chasser dans les Vosges, près de Remiremont, et là, il reçut son fils Lothaire, venu le rejoindre à son retour d'Italie. La chasse terminée, il retourna à Aix et, au mois d'août, y tint l'assemblée générale de son peuple selon la coutume annuelle. Lors de cette assemblée, parmi les délégations venues de diverses régions, il donna audience aux légats des fils de Godfrid venus du pays des Normands et la paix dont ils demandaient l'obtention, il ordonna qu'elle fût confirmée avec eux, dans leur marche, au mois d'octobre. Une fois traitées toutes les affaires qui paraissaient relever de la compétence de cette assemblée, il se retira à Nimègue avec son fils aîné et envoya son cadet, Louis, en Bavière[441]. Puis, après la chasse d'automne, vers le début de l'hiver, il retourna à Aix.

441. Louis « le Germanique » avait été fait roi de Bavière en 817. Il régna sur la Francie orientale après le partage de Verdun en 843.

In territorio Tullense iuxta Commerciacum uillam puella quaedam nomine N. annorum circiter duodecim post sacram communionem, quam in pascha de sacerdotis manu sumendo perceperat, primo pane, deinde aliis omnibus cibis et potibus abstinendo in tantum ieiunasse perhibetur ut nulla penitus corporis alimenta percipiens sine omni uictus desiderio plenum triennium compleuerit. Coepit autem ieiunare anno incarnationis dominicae DCCCXXIII, sicut in ipsius anni descriptione superius adnotatum est ; et hoc anno, id est DCCCXXV, circa Nouembris mensis initium peracto ieiunio escam sumere ac more caeterorum mortalium manducando uiuere coepit.

[826] DCCCXXVI. Cum regi Bulgarorum legati sui quid egerint renuntiassent, iterum eum, quem primo miserat, ad imperatorem cum litteris remisit, rogans ut sine morarum interpositione terminorum definitio fieret uel, si hoc non placeret, suos quisque terminos sine pacis foedere tueretur. Cui imperator, quia fama erat Bulgarorum regem a suo quodam optimate aut regno pulsum aut interfectum, respondere distulit ; illoque expectare iusso propter famae certitudinem comperiendam Bertricum palatii comitem ad Baldricum et Geroldum comites et Auarici limitis custodes in Carantanorum prouinciam misit. Qui cum reuersus nihil certi super his, quae fama uulgauerat, reportasset, imperator legatum ad se euocatum sine litteris remeare fecit.

Sur le territoire de Toul, près du domaine de Commercy, on rapporte qu'une jeune fille du nom de N., âgée de douze ans environ, après la sainte communion qu'à Pâques elle avait reçue de la main du prêtre, s'abstenant d'abord de pain puis de toute autre nourriture et boisson, poussa si loin son jeûne qu'elle passa trois années complètes sans absorber le moindre aliment charnel et sans même aucun désir de nourriture. Elle commença à jeûner en l'année 823 de l'Incarnation du Seigneur, comme on l'a noté plus haut dans ce qui a été écrit sur cette année-là, et lors de l'année dont on parle maintenant, c'est-à-dire en 825, vers le début du mois de novembre, elle mit fin à son jeûne et recommença à prendre de la nourriture et à vivre en mangeant comme les autres mortels.

826. Comme ses légats avaient rapporté au roi des Bulgares ce qu'ils avaient fait, ce dernier envoya de nouveau à l'empereur, avec une lettre, l'homme qu'il lui avait envoyé en premier lieu, demandant que la démarcation des limites fût fixée sans aucun délai, ou, si cela ne convenait pas, que chacun veillât sur ses limites, sans traité de paix. Or, parce qu'une rumeur disait que le roi des Bulgares avait été, ou chassé de la royauté ou tué par l'un de ses grands, l'empereur différa sa réponse au légat ; il lui ordonna d'attendre et afin de vérifier que la rumeur était fondée, il envoya Bertry, comte du palais[442] dans la province des Carinthiens, auprès des comtes Baudry et Gérold[443], gardiens de la frontière avec les Avars. Mais Bertry, à son retour, n'ayant rien rapporté de certain sur ce que la rumeur avait répandu, l'empereur appela auprès de lui lc légat et le fit repartir sans lettre.

442. Bertry, comte du palais, n'apparaît qu'à cette occasion.
443. Les comtes Baudry et Gérold (c. 811-832) sont appelés ici *Auarici limitis custodes* (« gardiens de la frontière avec les Avars ») et plus bas, la même année, *Pannonici limitis praefecti* (« préfets de la frontière de Pannonie »).

Interea Pippinus rex, filius imperatoris, ut iussus erat, cum suis optimatibus et Hispanici limitis custodibus circa Kal. Febr. Aquasgrani – nam ibi tunc imperator hiemauerat – uenit ; cum quibus cum de tuendis contra Sarracenos occidentalium partium finibus esset tractatum atque dispositum, Pippinus in Aquitaniam regressus aestatem in deputato sibi loco transegit.

Imperator uero medio mense Maio Aquis egressus circa Kal. Iun. ad Ingilenheim uenit ; habitoque ibi conuentu non modico multas et ex diuersis terrarum partibus missas legationes audiuit et absoluit. Inter quas praecipua caeterisque praeminens erat legatio sanctae sedis apostolicae, Romanae uidelicet ecclesiae, qua fungebatur Leo Centumcellensis episcopus et Theofilactus nomenclator, et de partibus transmarinis Dominicus abbas de monte Oliueti ; legati quoque filiorum Godofridi regis Danorum, pacis ac foederis causa directi et de Sclauorum regionibus quidam Abodritorum primores Ceadragum ducem suum accusantes. Accusabatur et Tunglo, unus de Soraborum primoribus, quod et ipse dicto audiens non esset. Quorum utrique denuntiatum est, quod si medio Octobrio ad imperatoris generalem conuentum uenire distulisset, condignas perfidiae suae poenas esse daturum. Venerunt et ex Brittonum primoribus quos illius limitis custodes adducere uoluerunt.

Eodem tempore Herioldus cum uxore et magna Danorum multitudine ueniens Mogontiaci apud sanctum Albanum cum his quos secum adduxit baptizatus est ; multisque muneribus ab imperatore donatus per Frisiam, qua uenerat uia, reuersus est. In qua prouincia unus comitatus, qui Hriustri uocatur, eidem datus est, ut in eum se cum rebus suis, si necessitas exigeret, recipere potuisset.

444. Ce *comitatus* de Rüstringen, en Basse-Saxe, est appelé plus haut (a. 793) *pagus* de Rüstringen.

Pendant ce temps, le roi Pépin, fils de l'empereur, comme il en avait reçu l'ordre, vint avec ses grands et les gardiens de la frontière hispanique, autour des calendes de février (1ᵉʳ février) à Aix – l'empereur y passait alors l'hiver. Après qu'il eut été discuté et décidé avec eux des défenses des régions occidentales contre les Sarrasins, Pépin retourna en Aquitaine et passa l'été au lieu qui lui avait été fixé.

L'empereur, lui, à la mi-mai, quitta Aix et vint, autour des calendes de juin (1ᵉʳ juin), à Ingelheim ; il y tint une assemblée d'importance et donna audience puis congé à beaucoup de légations envoyées de divers pays de la terre. La principale, et qui l'emportait sur toutes les autres, était la légation du saint Siège apostolique – l'Église de Rome – dont étaient chargés Léon, évêque de Civitavecchia, le nomenclateur Théophylacte et, pour les pays d'au-delà des mers, Dominique, abbé du Mont des Oliviers ; les fils de Godfrid, roi des Danois, envoyèrent aussi des légats pour demander un traité de paix ; et certains grands des Abodrites vinrent également du pays des Slaves, portant des accusations contre leur duc Céadrag. Une accusation fut aussi portée contre Tunglon, l'un des grands des Serbes, de faire la sourde oreille à ce qu'on lui disait ; et il fut signifié aux deux accusés que, s'ils différaient leur venue à l'assemblée générale que tiendrait l'empereur à la mi-octobre, ils subiraient un châtiment à la mesure de leur perfidie. Vinrent aussi certains des grands de Bretagne, que voulurent amener les gardiens de cette frontière.

À la même époque, vint Harald, accompagné de son épouse et d'un grand nombre de Danois, et à Mayence, dans l'église Saint-Alban, il fut baptisé avec ceux qu'il avait amenés avec lui ; comblé de présents par l'empereur, il retourna chez lui en passant par la Frise suivant la route qu'il avait empruntée pour venir. Dans cette province, un comté appelé Rüstringen[444] lui fut donné pour qu'il pût s'y retirer avec ses biens, en cas de nécessité.

Baldricus uero et Geroldus comites ac Pannonici limitis praefecti in eodem conuentu adfuerunt et adhuc de motu Bulgarorum aduersum nos nihil se sentire posse testati sunt. Venit cum Baldrico presbyter quidam de Venetia nomine Georgius, qui se organum facere posse adserebat ; quem imperator Aquasgrani cum Thancolfo sacellario misit et ut ei omnia ad id instrumentum efficiendum necessaria prae-berentur imperauit.

Condictoque ac pronuntiato ad medium Octobrium gene-rali conuentu, caeteris omnibus more sollempni absolutis ipse trans Rhenum ad uillam, quae Salz uocatur, cum suo comitatu profectus est. Ibi ad eum legati Neapolitanorum uenerunt, atque inde accepto responso ad sua regressi sunt. Ibi ad eius notitiam perlatum est de fuga ac perfidia Aizonis, quomodo fraudulenter Ausonam ingressus et a populo illo, quem dolo deceperat, receptus Rotam ciuitatem destruxit, castella eiusdem regionis, quae firmiora uidebantur, commu-niuit missoque ad Abdiraman regem Sarracenorum fratre suo auxilium, quod petebat, iussu eiusdem regis contra nostros accepit. Sed imperator licet huius rei nuntium grauiter ferret, nihil tamen inconsulte gerendum iudicans consiliariorum suorum aduentum statuit operiri ; transactaque autumnali uenatione circa Kal. Octobr. per Moenum fluuium usque ad Franconofurd secunda aqua nauigauit.

Inde ad Ingilunhaim medio Octobrio ueniens gene-ralem ibi, ut condictum erat, populi sui conuentum habuit. In quo et Ceadragum Abodritorum ducem necnon et Tunglonem, qui apud eum perfidiae accusabantur, audiuit : et Tunglonem quidem accepto ab eo filio eius obside domum redire permisit ; Ceadragum uero caeteris

445. Saltz, cf. a. 790.
446. Aizon, chef goth, est peut-être Ayshûn, chef musulman. D'où des interprétations différentes de cet épisode qui témoigne de toute façon de la difficulté pour les Francs de s'imposer au-delà des Pyrénées. Cf. Ph. Sénac, *Les Carolingiens et al-Andalus (VIIIe-IXe s.)*, Paris, 2002, p. 91-94.

À cette même assemblée assistèrent Baudry et Gérold, comtes et préfets de la frontière de Pannonie, et ils témoignèrent de ce qu'ils n'avaient encore pu rien apprendre des mouvements des Bulgares contre nous. Avec Baudry vint un prêtre de Vénétie, nommé Georges, qui assurait être capable de fabriquer un orgue. L'empereur l'envoya à Aix avec le sacellaire Thanculf et ordonna de lui fournir tout ce qui était nécessaire à la fabrication de cet instrument.

L'assemblée générale ayant été fixée et annoncée pour la mi-octobre, et toutes les autres affaires ayant été traitées selon la coutume annuelle, l'empereur partit avec sa suite au-delà du Rhin, dans le domaine appelé Saltz[445]. Là vinrent le trouver des légats des Napolitains qui repartirent chez eux après avoir reçu sa réponse. Là, on lui apporta la nouvelle de la fuite et de la trahison d'Aizon[446], de la manière dont, entré dans Ausone[447] frauduleusement et accueilli par la population qu'il avait trompée par sa ruse, il avait détruit la cité de Roda[448], renforcé les châteaux de cette région qui paraissaient les plus sûrs, envoyé son frère auprès d'Abdirahman, roi des Sarrasins[449], et reçu, sur l'ordre de ce roi, le secours qu'il demandait contre les nôtres. L'empereur, pourtant profondément affecté par cette nouvelle, jugeant qu'il ne fallait rien faire sans réflexion, décida d'attendre l'arrivée de ses conseillers. Après la chasse d'automne, vers les calendes d'octobre (1er octobre), il descendit le Main sans encombre jusqu'à Francfort.

De là, il vint, à la mi-octobre, à Ingelheim où il tint, comme convenu, l'assemblée générale de son peuple. Il y reçut en audience Céadrag, duc des Abodrites, et Tunglon, qui étaient accusés de trahison envers lui. Après avoir reçu de Tunglon son fils comme otage, il lui permit de retourner chez lui ; quant à Céadrag, après avoir donné congé à tous

447. Aujourd'hui Vich, en Catalogne.
448. Roda, sur le Ter, près de Vich.
449. 'Abd al-Rahmân II (822-852).

Abodritis dimissis secum retinuit missisque ad populum Abodritorum legatis, si eum sibi uulgus regnare uellet perquirere iussit. Ipse autem Aquasgrani, ubi hiemare constituerat, profectus est. Cumque legati, quos ad Abodritos miserat, reuersi nuntiassent uariam gentis illius super rege suo recipiendo sententiam, meliores tamen ac praestantiores quosque de illius receptione concordare, acceptis ab eo, quos imperauit, obsidibus in regnum suum eum fecit restitui.

Dum haec aguntur, Hildoinus abbas monasterii sancti Dionisii martyris Romam mittens adnuente precibus eius Eugenio sanctae sedis apostolicae tunc praesule ossa beatissimi martyris Christi Sebastiani accepit et ea apud Suessonam ciuitatem in basilica sancti Medardi collocauit. Ubi dum adhuc inhumata in loculo, in quo adlata fuerant, iuxta tumulum sancti Medardi iacerent, tanta signorum ac prodigiorum multitudo claruit, tanta uirtutum uis in omni genere sanitatum per diuinam gratiam in nomine eiusdem beatissimi martyris enituit ut a nullo mortalium eorundem miraculorum aut numerus conprehendi aut uarietas uerbis ualeat enuntiari. Quorum quaedam tanti stuporis esse narrantur ut humanae inbecillitatis fidem excederent, nisi certum esset dominum nostrum Iesum Christum, pro quo idem beatissimus martyr passus esse dinoscitur, omnia quae uult facere posse per diuinam omnipotentiam, in qua illi omnis creatura in caelo et in terra subiecta est.

[827] DCCCXXVII. Imperator Helisachar presbyterum et abbatem et cum eo Hildibrandum atque Donatum

450. Hilduin (?-840), abbé de Saint-Denis et de Saint-Médard de Soissons, est archichapelain de l'empereur de 818 à 830. L'éditeur des *MGH* et d'autres historiens, à sa suite, lui ont attribué les années 820-829 de ce texte (cf. a. 820).

les autres Abodrites, il le retint auprès de lui et envoya au peuple des Abodrites des légats, avec ordre d'enquêter pour savoir si la population, dans son ensemble, voulait que Céadrag régnât sur elle. De son côté, l'empereur partit pour Aix, où il avait décidé de passer l'hiver. Et comme les légats qu'il avait envoyés chez les Abodrites avaient annoncé, à leur retour, que cette nation était divisée sur le fait de reprendre son roi, mais que les plus grands et les plus considérables en étaient d'accord, il reçut de Céadrag les otages qu'il avait exigés et le fit rétablir dans sa royauté.

Pendant que ces événements se déroulaient, Hilduin[450], abbé du monastère de saint Denis martyr, envoya chercher à Rome les ossements du très saint martyr du Christ Sébastien, – Eugène, alors à la tête du saint Siège apostolique, avait accédé à ses prières – et les fit placer à Soissons dans la basilique de saint Médard. Là, tandis que ces ossements, encore abrités dans le coffre dans lequel on les avait apportés, se trouvaient déposés auprès du tombeau de saint Médard, signes et prodiges se firent jour en si grand nombre, miracles et guérisons en tout genre furent si éclatants, par la grâce divine au nom de ce même très bienheureux martyr, que nul mortel ne pourrait ou appréhender le nombre de ces miracles ou en exprimer par des mots la diversité. Certains d'entre eux suscitèrent, à ce que l'on raconte, un tel étonnement qu'ils excéderaient ce que peut croire la faiblesse humaine, s'il n'était certain que notre Seigneur Jésus-Christ – pour qui ce même très saint martyr, comme on le sait, souffrit – peut faire tout ce qu'il veut par sa toute-puissance divine, par laquelle lui est soumise toute créature au ciel et sur la terre.

827. L'empereur envoya Hélisachar, prêtre et abbé[451], et avec lui les comtes Hildebrand[452] et Donat, contenir

---

451. Hélisachar, chancelier (808-819) de Louis le Pieux, abbé de Saint-Aubin d'Angers et de Saint-Riquier.
452. Hildebrand est probablement comte de Melun. Il meurt en 836.

comites ad motus Hispanicae marcae componendos misit.
Ante quorum aduentum Aizo Sarracenorum auxilio fretus
multa eiusdem limitis custodibus aduersa intulit eosque assi-
duis incursionibus in tantum fatigauit ut quidam illorum
relictis, quae tueri debebant, castellis recederent. Defecit
ad eum et filius Berani nomine Willemundus necnon et
alii conplures nouarum rerum gentilicia leuitate cupidi ;
iunctique Sarracenis ac Mauris Ceritaniam et Vallensem
rapinis atque incendiis cotidie infestabant. Cumque ad
sedandos ac mitigandos Gothorum atque Hispanorum in
illis finibus habitantium animos Helisachar abbas cum aliis
ab imperatore missus multa et propria industria et sociorum
consilio prudenter administrasset, Bernhardus quoque
Barcinonae comes Aizonis insidiis et eorum qui ad eum
defecerant calliditati ac fraudulentis machinationibus perti-
nacissime resisteret atque eorum temerarios conatus irritos
efficeret, exercitus a rege Sarracenorum Abdiraman ad
auxilium Aizoni ferendum missus Caesaraugustam uenisse
nuntiatur, supra quem Abumaruan regis propinquus dux
constitutus ex persuasionibus Aizonis haud dubiam sibi
uictoriam pollicebatur. Contra quem imperator filium suum
Pippinum Aquitaniae regem cum inmodicis Francorum
copiis mittens regni sui terminos tueri praecepit. Quod ita

453. Béra, comte de Barcelone (801-820).
454. L'expression *res nouae*, que nous traduisons ici par
« révolte », est attestée chez les auteurs antiques comme César
ou Cicéron.
455. La Cerdagne est la haute vallée du Sègre (dép. Pyrénées
orientales) ; le Vallès est un département au nord-ouest de
Barcelone.
456. Cette distinction entre les Goths et les Hispaniques
indique que la population chrétienne de la région n'est pas homo-
gène : les premiers sont les descendants des habitants de la marche
de Gothie avant la conquête franque et les seconds les réfugiés
venus d'Espagne méridionale à la suite de la conquête musulmane.
457. Bernard de Septimanie, fils de Guillaume de Gellone,
cousin de l'empereur, a repris Barcelone aux Sarrasins en 827.

les soulèvements de la marche d'Hispanie. Avant leur
arrivée, Aizon, fort de l'aide des Sarrasins, porta de
nombreuses attaques contre les gardiens de cette même
frontière et les épuisa par de continuelles incursions, à tel
point que certains d'entre eux abandonnèrent les châteaux
qu'ils devaient pourtant défendre, pour se replier. Firent
défection au profit d'Aizon, un fils de Bera[453], nommé
Willemundus et beaucoup d'autres, poussés à la révolte[454]
par la légèreté coutumière à leur nation ; et réunis aux
Sarrasins et aux Maures, ils harcelaient quotidiennement,
par le pillage et l'incendie, la Cerdagne et le Vallès[455]. Alors
que l'abbé Hélisachar, avec les autres envoyés de l'empereur, avait pris, par son efficacité personnelle et grâce aux
conseils de ses compagnons, beaucoup de sages décisions
pour apaiser et ramener au calme les esprits des Goths et
des Hispaniques[456] qui habitaient ces territoires, et que,
de son côté, Bernard, comte de Barcelone[457], opposait
une résistance acharnée aux pièges tendus par Aizon, à
la ruse et aux machinations frauduleuses de ceux qui avaient
fait défection au profit de ce dernier, et rendait vains leurs
efforts téméraires, on annonce qu' une armée envoyée par
Abdirahman, roi des Sarrasins, était arrivée à Saragosse
pour porter secours à Aizon ; placé comme duc de cette
armée, Abumarwan, proche du roi[458], assurait, sur les propos
persuasifs d'Aizon, que sa victoire était certaine. Contre ce
dernier, l'empereur envoya son fils Pépin, roi d'Aquitaine,
avec des forces franques considérables, lui enjoignant de
veiller sur les limites de son propre royaume. Cet ordre

Il est comte de Barcelone de 827 à 832, puis de 836 à sa mort
en 844. Proche de Louis le Pieux, il est devenu chambrier (cf. a.
828). Son épouse, l'Austrasienne Dhuoda, composa un célèbre
traité d'éducation intitulé *Manuel pour mon fils*.
    458. Le nom de cet Abû Marwân peut être rapproché de
celui des Marwânides, branche des califes omeyyades de Damas
(661-750). Il est donc probablement parent avec l'émir de
Cordoue.

factum esset ni ducum desidia, quos Francorum exercitui praefecerat, tardius quam rerum necessitas postulabat, is, quem ducebant, ad marcam uenisset exercitus. Quae tarditas in tantum noxia fuit ut Abumaruan uastatis Barcinonensium ac Gerundensium agris uillisque incensis, cunctis etiam, quae extra urbes inuenerat, direptis cum incolomi exercitu Caesaraugustam se prius reciperet quam a nostro exercitu uel uideri potuisset. Huius cladis praesagia credita sunt uisae multoties in caelo acies et ille terribilis nocturnae coruscationis in aere discursus.

Imperator autem duobus conuentibus habitis, uno apud Niumagam propter falsas Hohrici filii Godefridi regis Danorum pollicitationes, quibus se illo ad imperatoris praesentiam uenturum promiserat, altero apud Compendium, in quo et annualia dona suscepit et his qui ad marcam Hispanicam mittendi erant quid uel qualiter agere deberent imperauit, ipse inter Compendium et Carisiacum caeteraque his uicina palatia usque ad hiberni temporis initium conuersatus est.

Interea reges Danorum, filii uidelicet Godofridi, Herioldum de consortio regni eicientes Nordmannorum finibus excedere conpulerunt.

Bulgari quoque Sclauos in Pannonia sedentes misso per Drauum nauali exercitu ferro et igni uastauerunt et expulsis eorum ducibus Bulgaricos super eos rectores constituerunt.

Eugenius papa mense Augusto decessit. In cuius locum Valentinus diaconus a Romanis et electus et ordinatus uix unum mensem in pontificatu compleuit. Quo defuncto Gregorius presbyter tituli sancti Marci electus, sed non

---

459. Il s'agit des comtes Hugues de Tours et Matfrid d'Orléans.
460. Horic est attesté avec d'autres princes régnant sur les Danois à partir de 814, puis seul après 827 – date à laquelle il élimine le roi Harald – jusqu'à sa mort en 854. Cf. N. Lund, « L'an 845 et les relations franco-danoises dans la première moitié du IXe s. », dans P. Bauduin dir., *Les fondations scandinaves en*

aurait été exécuté si, à cause de la négligence des ducs qu'il avait placés à la tête des Francs[459], l'armée qu'ils amenaient n'était arrivée dans la marche plus tard que l'urgence de la situation ne l'exigeait. Ce retard fut si dommageable qu'Abumarwan, après avoir dévasté les champs autour de Barcelone et de Gérone, avoir brûlé les domaines et avoir pillé tout ce qu'il avait trouvé hors des murs des villes, se retira dans Saragosse avec son armée intacte, avant même d'avoir donné à la nôtre ne serait-ce que l'occasion de la voir ! On prit pour présages de cette catastrophe le fait que l'on vit des éclairs dans le ciel à de nombreuses reprises et un terrifiant tracé de feu nocturne à travers les airs.

L'empereur, lui, après avoir tenu deux assemblées, l'une à Nimègue, à propos des fausses promesses de Horic, fils de Godfrid, roi des Danois[460], promesses par lesquelles il s'était engagé à paraître en présence de l'empereur dans cette ville, l'autre à Compiègne, assemblée au cours de laquelle il reçut les dons annuels et ordonna à ceux qui devaient être envoyés vers la marche d'Hispanie ce qu'ils avaient à faire et comment ils devaient le faire, se partagea entre Compiègne, Quierzy et les autres palais voisins de ceux-là, jusqu'au début de l'hiver.

Pendant ce temps, les rois des Danois, c'est-à-dire les fils de Godfrid, chassant Harald de l'association à la royauté, le forcèrent à quitter le territoire des Normands.

Quant aux Bulgares, envoyant une flotte armée par la Drave, ils dévastèrent par le fer et par le feu les terres des Slaves établis en Pannonie, chassèrent leurs ducs et leur imposèrent des dirigeants bulgares.

Le pape Eugène mourut au mois d'août. Le diacre Valentin, qui avait été élu et ordonné par les Romains pour lui succéder, exerça le pontificat à peine un mois. À sa mort, c'est Grégoire[461], prêtre du titre de Saint-Marc, qui

Occident et les débuts du duché de Normandie, Caen, 2005, p. 25-36.
461. Grégoire IV (827-844).

prius ordinatus est quam legatus imperatoris Romam uenit et electionem populi qualis esset examinauit.

Legati Michahelis imperatoris de Constantinopoli ad imperatorem quasi propter foedus confirmandum missi Septembrio mense Conpendium uenerunt ; quos ille ibi benigne receptos et audiuit et absoluit.

Corpora beatissimorum Christi martyrum Marcellini et Petri de Roma sublata et Octobrio mense in Franciam translata et ibi multis signis atque uirtutibus clarificata sunt.

[828] DCCCXXVIII. Conuentus Aquisgrani mense Februario factus est ; in quo cum de multis aliis causis tum praecipue de his, quae in marca Hispanica contigerunt, ratio habita et legati, qui exercitui praeerant, culpabiles inuenti et iuxta merita sua honorum amissione multati sunt. Similiter et Baldricus dux Foroiuliensis, cum propter eius ignauiam Bulgarorum exercitus terminos Pannoniae superioris inpune uastasset, honoribus, quos habebat, priuatus et marca, quam solus tenebat, inter quattuor comites diuisa est. Halitgarius Camaracensis episcopus et Ansfridus abba monasterii Nonantulae Constantinopolim missi et a Michahele imperatore, sicut ipsi inde reuersi retulerunt, honorifice suscepti sunt.

Imperator Iunio mense ad Ingilinheim uillam uenit ibique per aliquot dies placitum habuit ; in quo cum de filiis suis Hlothario et Pippino cum exercitu ad marcam Hispanicam mittendis consilium inisset et, id quomodo fieret, ordinasset, missos etiam Romani pontificis Quirinum primicerium ac

462. Éginhard est à l'origine de cette translation des reliques de deux saints martyrs du IIIe siècle depuis Rome. Elle a donné lieu à la rédaction, par l'auteur de la *Vie de Charlemagne*, de son œuvre la plus importante en son temps : la *Translation des reliques des saints Marcellin et Pierre*. G. Waitz éd., *MGH, Scriptores*, 15/1, Hannover, 1887, p. 238-264 ; éd. et trad. en allemand : *Einhard, Translation und Wunder der Heiligen Marcellinus und Petrus, Lateinisch/Deutsch,* Acta Einhardi, II, Jahrbuch der Einhard-Gesellschaft e. V., Seligenstadt, 2015. Une nouvelle traduction en français annotée est en préparation.

463. C'est-à-dire de leur charge et des biens qui y étaient attachés.

fut élu ; mais il ne fut ordonné qu'après la venue à Rome d'un légat de l'empereur et l'examen par lui de la validité de l'élection par le peuple.

Des légats de l'empereur Michel vinrent en septembre de Constantinople à Compiègne, dans l'intention de confirmer un traité ; l'empereur les reçut avec bienveillance, leur donna audience et leur donna congé.

Les corps des très saints martyrs du Christ Marcellin et Pierre furent enlevés de Rome et c'est au mois d'octobre qu'eut lieu leur translation en Francie[462] ; et là, de nombreux signes et miracles manifestèrent leur éclatante grandeur.

828. Une assemblée se tint à Aix au mois de février, au cours de laquelle on traita de nombreuses affaires, mais tout particulièrement de celles qui concernaient la marche d'Hispanie ; les légats qui commandaient l'armée furent jugés coupables et furent, comme ils le méritaient, châtiés par la perte de leur honneur[463]. De la même manière, Baudry, duc de Frioul, parce qu'à cause de sa mollesse, il avait laissé l'armée des Bulgares dévaster en toute impunité les terres limitrophes de la Pannonie supérieure, fut privé des honneurs qu'il avait ; et la marche qu'il tenait seul fut divisée entre quatre comtes. Halitgaire, évêque de Cambrai[464], et Ansfrid, abbé du monastère de Nonantola[465], envoyés à Constantinople, furent reçus en audience avec les honneurs par l'empereur Michel, ainsi qu'ils le racontèrent eux-mêmes à leur retour.

Au mois de juin, l'empereur se rendit au domaine d'Ingelheim et y tint un plaid qui dura plusieurs jours. Là, comme il avait pris la décision d'envoyer ses fils Lothaire et Pépin avec une armée vers la marche d'Hispanie et avait réglé le déroulement de cette expédition, il donna congé, après avoir donné audience à leur légation, aux envoyés du

---

464. Halitgaire, évêque de Cambrai (817-831), est connu aussi pour la rédaction d'un manuel de pénitence ou Pénitentiel.

465. Ansfrid, abbé de Saint-Sylvestre de Nonantola (821 - ap. 828).

Theofilactum nomenclatorem, qui ad eum illo uenerant, audita illorum legatione dimisisset, ad uillam Franconofurd profectus est. Ibique aliquandiu moratus Wormatiam uenit atque inde Theodonis uillam perrexit ; de quo loco Hlotharium filium suum cum magnis Francorum copiis ad Hispanicam marcam direxit. Qui cum Lugdunum uenisset, consedit nuntium opperiens qui se de Sarracenorum aduentu faceret certiorem ; in qua expectatione cum Pippino fratre conloquitur et comperto quod Sarraceni ad marcam uenire aut timerent aut nollent, redeunte in Aquitaniam fratre ipse ad patrem Aquasgrani reuertitur.

Interea, cum in confinibus Nordmannorum tam de foedere inter illos et Francos confirmando quam de Herioldi rebus tractandum esset et ad hoc totius pene Saxoniae comites simul cum markionibus illo conuenissent, Herioldus rerum gerendarum nimis cupidus condictam et per obsides firmatam pacem incensis ac direptis aliquot Nordmannorum uillulis inrupit. Quod audientes filii Godofridi contractis subito copiis ad marcam ueniunt et nostros in ripa Egidore fluminis sedentes ac nihil tale opinantes transito flumine adorti castris exuunt eisque in fugam actis cuncta diripiunt ac se cum omnibus copiis suis in sua castra recipiunt. Deinde inito consilio ut ultionem huius facti praeuenirent, missa legatione ad imperatorem, quam inuiti et quanta necessitate

---

466. Quirinus est mentionné comme sous-diacre romain en 823 et 824. Il est devenu primicier. Le nomenclateur Théophylacte était déjà mentionné comme tel en 826 (cf. a. 823, 824, 826).

pontife romain, le primicier Quirinus[466] et le nomenclateur Théophylacte, qui étaient venus le trouver en ce lieu, puis il partit pour le domaine de Francfort. Après y avoir séjourné un certain temps, il vint à Worms et, de là, continua jusqu'à Thionville ; de cet endroit, il envoya son fils Lothaire vers la marche d'Hispanie avec de nombreuses troupes franques. Quand ce dernier fut arrivé à Lyon il s'y arrêta pour y attendre des nouvelles à même de lui confirmer l'avancée des Sarrasins ; durant cette attente, il s'entretient avec son frère Pépin et, ayant compris que les Sarrasins redoutaient de venir vers la marche ou ne voulaient pas le faire, alors que son frère rentrait en Aquitaine, il retourne auprès de son père à Aix.

Pendant ce temps, comme aux confins du territoire des Normands il fallait confirmer leur alliance avec les Francs et aussi traiter des affaires de Harald, et que les comtes de presque toute la Saxe ainsi que les marquis[467] s'étaient rassemblés, Harald, trop pressé de régler ces affaires, rompit la paix jurée et garantie par des otages, en incendiant et en pillant quelques petits domaines des Normands. En l'apprenant, les fils de Godfrid rassemblent immédiatement des troupes et se rendent vers la marche ; après avoir traversé l'Eider[468], ils attaquent les nôtres qui campaient sur la rive du fleuve et ne s'attendaient à rien de tel ; ils les chassent hors de leurs positions et, après les avoir mis en fuite, pillent tout et se retirent dans leur camp avec armes et bagages. Ensuite, en vertu d'un conseil tenu selon lequel il fallait prévenir toute vengeance de ces actes, une légation fut envoyée auprès de l'empereur : c'était à leur corps défendant, exposa-t-elle, mais contraints par une grande

467. C'est la première et la seule fois que le titre de marquis (*markio* ou *marchio*) pour désigner un comte à la tête d'une marche (*marca*) apparaît dans notre texte.
468. L'Eider est considéré comme marquant la limite entre le royaume de Danemark et l'empire franc.

coacti id fecerint exposuerunt, se tamen ad satisfactionem esse paratos, et hoc in imperatoris esset arbitrio qualiter ita fieret emendatum, ut de reliquo inter partes pax firma maneret.

Bonefacius comes, cui tutela Corsicae insulae tunc erat commissa, adsumpto secum fratre Berehario necnon et aliis quibusdam comitibus de Tuscia Corsicam atque Sardiniam parua classe circumuectus, cum nullum in mari piratam inuenisset, in Africam traiecit et inter Uticam atque Kartaginem egressus, innumeram incolarum multitudinem subito congregatam offendit ; cum qua et proelium conseruit et quinquies uel eo amplius fusam fugatamque profligauit magnaque Afrorum multitudine prostrata, aliquantis etiam sociorum suorum per temeritatem amissis in naues suas se recepit atque hoc facto ingentem Afris timorem incussit.

Luna Kal. Iul. primo diluculo in occasu suo defecta est ; similiter et in VIII. Kal. Ian., id est in natale Domini, media nocte obscurata est.[a]

Imperator circa missam sancti Martini Aquasgrani ad hiemandum uenit ibique positus totum hiberni temporis spatium in diuersis conuentibus ob necessaria regni negotia congregatis inpendit.

[829] DCCCXXVIIII. Post exactam hiemem in ipso sancto quadragesimali ieiunio paucis ante sanctum pascha diebus Aquisgrani terrae motus noctu factus uentusque tam uehemens coortus ut non solum humiliores domos, uerum

---

a. Ferunt in regione Wasconia trans Garonnam fluuium in pago Aginnense annonam de caelo pluere similem frumento, sed paululum breuiora ac rotundiora grana habere ; de qua domno imperatori adlatum est ad Aquis palatium *add. in recensione* C.

469. Boniface, d'origine bavaroise, comte de Lucques, est attesté de 823 à 838 et fait ici figure de marquis de Toscane.

470. Les manuscrits de la classe C ajoutent ici : « On rapporte que, au pays des Vascons, au-delà de la Garonne, dans le territoire d'Agen, tomba une pluie semblable à une pluie de blé, mais dont

nécessité que les fils de Godfrid avaient agi ainsi ; ils étaient cependant prêts à lui donner satisfaction ; et l'affaire devait être remise à la décision de l'empereur pour savoir quelle réparation il exigerait afin que la paix conclue entre les parties demeurât assurée à l'avenir.

Le comte Boniface[469], à qui la protection de l'île de Corse avait alors été confiée, prit avec lui son frère Bérard et aussi d'autres comtes ; il fit depuis la Toscane le tour de la Corse et de la Sardaigne avec une petite flotte et, n'ayant rencontré aucun pirate en mer, gagna l'Afrique et débarqua entre Utique et Carthage. Il se heurta à une innombrable foule d'habitants qui s'étaient rassemblés immédiatement ; il engagea le combat contre eux et les mit en fuite jusqu'à cinq fois et même plus ; après avoir abattu un grand nombre d'Africains, ayant même perdu un nombre important de ses compagnons par sa témérité, il se replia vers ses navires ; et il inspira une grande crainte aux Africains par cette expédition.

Aux calendes de juillet (1er juillet), au point du jour, il y eut une éclipse de la lune au moment de son coucher ; de même, le 8 des calendes de janvier (25 décembre), c'est-à-dire le jour de la Naissance du Seigneur, elle s'obscurcit au milieu de la nuit[470].

L'empereur arriva à Aix aux alentours de la messe de la Saint-Martin[471] pour y passer l'hiver ; et là, il employa tout le temps de l'hiver en diverses assemblées convoquées pour régler les affaires indispensables au gouvernement.

829. Une fois l'hiver passé, au temps du saint jeûne de carême, quelques jours avant la sainte Pâque, un tremblement de terre se produisit de nuit à Aix et il se leva un vent si violent qu'il arracha une grande partie des toits, non seulement des plus humbles demeures, mais aussi de

les grains étaient un peu plus petits et un peu plus arrondis ; on en porta au seigneur empereur au palais d'Aix ».
471. Saint-Martin : 11 novembre.

etiam ipsam sanctae Dei genitricis basilicam, quam capellam
uocant, tegulis plumbeis tectam non modica denudaret parte.
Imperator uero in diuersis occupationibus usque ad Kal.
Iul. Aquisgrani moratus tandem ad generalem conuentum
Wormatiae habendum cum comitatu suo mense Augusto
statuit proficisci. Sed priusquam inde promoueret, nuntium
accepit Nordmannos uelle Transalbianam Saxoniae regionem
inuadere atque exercitum eorum, qui hoc facturus esset,
nostris finibus adpropinquare. Quo nuntio commotus misit
in omnes Franciae partes et iussit ut cum summa festinatione tota populi sui generalitas post se in Saxoniam ueniret,
indicans simul uelle se apud Nouesium medio circiter Iulio
Rhenum transire.

Sed ubi uana esse compererat, quae de Nordmannis
fama disperserat, sicut prius dispositum habebat, medio
mense Augusto Wormatiam uenit ibique habito generali
conuentu et oblata sibi annua dona sollempni more suscepit
et legationes plurimas, quae tam de Roma et Beneuento
quam et de aliis longinquis terris ad eum uenerant, audiuit
atque absoluit. Hlotharium quoque filium suum finito
illo conuentu in Italiam direxit ac Bernhardum comitem
Barcinonae, qui eatenus in marca Hispaniae praesidebat,
camararium in palatio suo constituit. Aliis etiam causis,
quae ad illius placiti completionem pertinere uidebantur,
congruo modo dispositis atque completis populoque ad
sua ire dimisso ipse ad autumnalis uenationis exercitium
Franconouurdum uillam profectus est ; qua transacta ad
hiemandum Aquasgrani reuersus est, ubi et missam sancti
Martini ac festiuitatem beati Andreae apostoli necnon et
ipsum sacrosanctum Dominicae natiuitatis diem cum magna
laetitia et exultatione celebrauit.

---

472. Neuss, Rhénanie-du-Nord-Westphalie, sur la rive gauche
du Rhin en face de l'actuelle Düsseldorf.

la basilique-même de la sainte mère de Dieu – qu'on appelle La Chapelle – bien qu'elle fût recouverte de lames en plomb.

L'empereur, que diverses occupations avaient retenu à Aix jusqu'aux calendes de juillet (1er juillet), décida enfin de partir au mois d'août avec sa suite pour tenir l'assemblée générale à Worms. Mais avant qu'il ne prît la route, il reçut la nouvelle que les Normands voulaient envahir la partie de la Saxe au-delà de l'Elbe et que, dans ce dessein, leur armée s'approchait de nos frontières. Ébranlé par cette nouvelle, il envoya des émissaires dans toutes les parties de la Francie, donnant l'ordre qu'en toute hâte la totalité de son peuple se rendît en Saxe à sa suite ; et il indiqua en même temps qu'il comptait franchir le Rhin à Neuss[472], vers le milieu du mois de juillet.

Cependant, lorsqu'il eut appris que la rumeur qui courait sur les Normands était sans fondement, il se rendit à Worms, comme il se l'était proposé, au milieu du mois d'août ; et là, il tint l'assemblée générale, reçut selon la coutume les dons qui lui étaient offerts chaque année, donna audience et congé à de très nombreuses légations qui étaient venues le trouver tant de Rome et de Bénévent que d'autres terres lointaines. Une fois l'assemblée terminée, il envoya en Italie son fils Lothaire et établit comme chambrier de son palais Bernard, comte de Barcelone, qui jusqu'alors commandait la marche d'Hispanie[473]. Après que d'autres affaires qui apparaissaient comme de la compétence de ce plaid eurent été mises en ordre et menées à bien comme il convenait, et que le peuple eut été renvoyé chez lui, l'empereur se rendit au domaine de Francfort pour la chasse d'automne. Lorsqu'elle fut achevée, il retourna passer l'hiver à Aix et il y célébra la messe de la Saint-Martin, la fête du bienheureux apôtre André[474] et le très saint jour de la Nativité du Seigneur, dans l'allégresse et les transports de joie.

473. Cf. a. 827.
474. Saint-André : 30 novembre.

INDICES

Les *indices* portent sur les traductions de la version brève (I) et de la version longue (II) des *ARF*. Le nombre suivant l'indication du volume correspond à l'entrée de l'année.

INDEX DES NOMS DE LIEUX

INDEX DES NOMS DE PERSONNES

INDEX DES NOMS DE PEUPLES

TABLE DES MATIÈRES

LES CLASSIQUES DE L'HISTOIRE AU MOYEN ÂGE

publiés sous le patronage de l'Association Guillaume Budé

ABBON.
Le Siège de Paris
par les Normands. (1 vol.)

ADALBÉRON DE LAON.
Poème au Roi Robert. (1 vol.)

ANNALES DU ROYAUME
DES FRANCS. (2 vol.)

ASSER.
Histoire du roi Alfred. (1 vol.)

BERNARD GUI.
Manuel de l'Inquisiteur. (1 vol.)

BERNARD ITIER.
Chronique (1 vol.)

LA CHANSON DE LA CROISADE
ALBIGEOISE. (3 vol.)

CHRONIQUE DES ABBÉS
DE FONTENELLE
(Saint-Wandrille). (1 vol.)

LA CHRONIQUE DE SAINT-
MAIXENT (751-1140). (1 vol.)

PHILIPPE DE COMMYNES.
Mémoires. (3 vol.)

LE DOSSIER DE L'AFFAIRE
DES TEMPLIERS. (1 vol.)

ÉGINHARD.
Vie de Charlemagne. (1 vol.)

ERMOLD LE NOIR.
Louis le Pieux et Épîtres
au Roi Pépin. (1 vol.)

FOULQUES DE CAMBRAI.
La Fondation de l'abbaye
de Vaucelles (1 vol.)

GERBERT D'AURILLAC.
Correspondance. (1 vol.)

LA GESTE DES ROIS
DES FRANCS. (1 vol.)

LES GESTES DES ABBÉS
DE SAINT-GERMAIN
D'AUXERRE. (1 vol.)

LES GESTES DES ÉVÊQUES
D'AUXERRE. (3 vol.)

GRÉGOIRE DE TOURS.
- La Gloire des martyrs. (1 vol.)
- Histoire des Francs. (1 vol.)
- La Vie des Pères. (1 vol.)

GUIBERT DE NOGENT.
Autobiographie. (1 vol.)

GUILLAUME DE POITIERS.
Histoire de Guillaume
le Conquérant. (1 vol.)

HISTOIRE ANONYME DE
LA PREMIÈRE CROISADE. (1 vol.)

LOUP DE FERRIÈRES.
Correspondance (829-886). (2 vol.)

NITHARD.
Histoire des fils
de Louis le Pieux (1 vol.)

RICHER.
Histoire de France (888-895) (2 vol.)

SUGER.
- Œuvres. (2 vol.)
- Vie de Louis VI Le Gros. (1 vol.)

THOMAS BASIN.
- Apologie ou plaidoyer
pour moi-même. (1 vol.)
- Histoire de Charles VII. (2 vol.)
- Histoire de Louis XI. (3 vol.)

VIE DU PAPE LÉON IX.
(Brunon, évêque de Toul). (1 vol.)

VIE D'ISARN, abbé de Saint-Victor
de Marseille (XIe siècle). (1 vol.)

VIE DE CHARLES IV
DE LUXEMBOURG. (1 vol.)

GEOFFROY DE VILLEHARDOUIN.
La conquête de Constantinople.
(2 vol.)

YVES DE CHARTRES.
Correspondance. (1 vol. paru)

Ce volume,
le cinquante-huitième
de la collection
« Les Classiques de l'Histoire au Moyen Âge »
publié aux Éditions Les Belles Lettres
a été achevé d'imprimer
en juillet 2022
sur les presses
de la Nouvelle Imprimerie Laballery
58500 Clamecy, France

N° d'éditeur : 10235
N° d'imprimeur : 207401
Dépôt légal : septembre 2022